D0988877

NUESTRA SEÑORA
DE LA NOCHE

Esta obra ha sido Finalista del
Premio Primavera 2006, convocado
por Espasa Calpe y Ámbito Cultural,
y concedido por el siguiente Jurado:
Ana María Matute, Ángel Basanta,
Antonio Soler, Ramón Pernas
y Pilar Cortés.

NUESTRA SEÑORA DE LA NOCHE

Mayra Santos-Febres

ESPASA

ESPASA ℂ AUTOR

© Mayra Santos-Febres, 2006
© Espasa Calpe, S. A., 2006

Diseño de colección: Tasmanias
Ilustración de cubierta: Tasmanias, basada en la fotografía *The Bridgeman Art Library*,
de Evelyn De Morgan
Foto de la autora (contracubierta): Luis Alcalá del Olmo

Depósito legal: M. 13.854-2006
ISBN: 84-670-2136-5

Espasa, en su deseo de mejorar sus publicaciones, agradecerá cualquier
sugerencia que los lectores hagan al departamento editorial por correo
electrónico: sugerencias@espasa.es

Impreso en España/Printed in Spain
Impresión: Rotapapel, S. L.

Editorial Espasa Calpe, S. A.
Vía de las Dos Castillas, 33. Complejo Ática - Edificio 4
28224 Pozuelo de Alarcón (Madrid)

¿A qué otra cosa se debe nuestra
gran hambre de historia,
nuestro aferramiento a un sinfín de culturas,
nuestro deseo incontrolable de conocimiento,
sino a la pérdida del mito, del hogar mítico,
del vientre mítico?

El origen de la tragedia, FRIEDRICH NIETZSCHE

Nera sum sed formosa…
Cantar de los Cantares

Negra soy, pero
hermosa

REVELACIÓN

[anotación manuscrita: caro lujoso y con una negra adentro]

[anotación manuscrita al margen derecho: y Isabel = la madama del portugués]

El cadillac del licenciado Canggiano paró en la rotonda del casino. Un botones abrió la puerta y ofreció la mano para ayudar a la elegante dama que de seguro se bajaría de aquel carruaje lujoso. No se esperaba la mano enguantada que en su muñeca llevaba un semanario de oro macizo al que le colgaba una medallita de la Virgen de la Caridad. Tampoco se esperaba que aquel guante dejara ver, ya a la altura del codo, un brazo duro, negro, que brillaba contra la noche cerrada, los reflectores del baile, el traje en seda cruda. Una gargantilla de brillantes adornaba el cuello de la dama, también negro. Una cascada de bucles caía a ras de aquel cuello. Los ojos del botones se posaron en el mentón y en la cara. Del cadillac se bajó Isabel Luberza Oppenheimer. La Negra Luberza. La Madama del Portugués. El botones no pudo hacer otra cosa sino tragar.

En esos mismo momentos el representante de Distrito Pedro Nevárez entraba al baile de la Cruz Roja. También entraba el magistrado Hernández, el senador Villanueva y esposa. El obispo MacManus.

Todos la miraron espantados. Espantados vieron cómo el licenciado Canggiano le brindaba el brazo y la convidaba a pasar por la puerta ancha del casino. En la entrada, un mozo confundido tomó de manos de La Negra la invitación impresa en papel dorado con la insignia de la cruz. Cotejaba listas de invitados y encontraba su nombre entre ellos. Paso firme a la entrada del casino. Mano firme sobre el brazo de Canggiano. Sólo él notaba el leve temblor de sus dedos, el pulso que le brincaba.

—No se apure, doña Isabel. Ya pasó lo peor.
—No esté tan seguro, Canggiano.

A la derecha, el representante Nevárez y esposa la miran de reojo. Hace una semana hablaba con ella. «Paso el sábado Isabelita, para que hablemos de la donación a la campaña.» Ella ya le tiene su carne preparada. Lisandra, la niña. Se la trajo de Colombia. «No llores niña, no te asustes. No llores más. Si todo sale bien, ésta es la última vez que tienes que acostarte con el representante.» Unos pasos más adelante el secretario de Obras Públicas hablaba con el ingeniero Valenzuela. «Doña Isabel, pero qué elegancia. Me gustaría ir a visitarla para hablarle de un asunto que quizás pudiera interesarle.» Que fueran a verla a su mansión del barrio Bélgica la semana entrante. «Yo siempre ando muy interesada en oír propuestas.» Al fondo del pasillo de entradas tertuliaban los tres hermanos Ferráns, Juan Isidro, Valentín y Esteban. Le regalaron una sonrisa lisonjera. Sus mujeres permanecieron calladas e inasibles agarrándolos fuertemente del antebrazo. La felicitaron por tan gran corazón. Por darse tanto a los necesitados.

—Cómo no voy a ayudar, si en carne propia sé lo que es la necesidad.

Canggiano le servía de Lazarillo. Los Colomé, los Tommei, los Valle. Allí estaban las familias más selectas del pueblo. En cada estación se paraba con el licenciado, quien conducía las introducciones como si ella nunca los hubiera visto, como si el día anterior, la semana pasada, no tuviera a muchos de esos hombres en su bar. Pero hacía su debut en el casino, al otro lado del río, vestida de seda y brillantes. Entraba por la puerta grande. Nadie osó detenerla. Casi no paraba de temblar.

Entonces lo vio, al peor de todos. Esmoquin, barbilla cerrada, ojos verdes contra una piel pecosa, blanca, enmarcada en el negrísimo de su pelo engominado hacia atrás. Tenía un brazo acodado contra la barra, un trago en una mano, probablemente un whisky. Fumaba. Su mujer lo acompañaba, nívea, parloteando sin parar en una tertulia que la llevaba a posar la mano sobre el hombro del Amado, «¿Verdad querido?», intentando atraer su aprobación. Allí estaba el licenciado Fornarís con su esposa legítima del brazo. Las miradas hasta entonces lisonjeras se le hicieron inversas, revelaron su mueca escarnecida. «Aunque te vistas de seda...» Los ojos del licenciado la traspasaron, sin más, sin anunciarse, como si una fuerza extraña los hiciera gravitar hasta donde estaba ella, al otro lado del salón. Fernando se le quedó mirando y las conversaciones se evaporaron en el aire. Isabel tuvo que detenerse, fingir. Apretó duro el antebrazo de Canggiano, quien se detuvo en seco. Contuvo la respiración, *uno... dos... tres... cuatro... cinco*, pero no caía de nuevo en ella misma. Fernando Fornarís hizo ademán de caminar, pero también se contuvo. Cristina siguió el gesto con su vista hasta la misma dirección. Los dos la vieron, aparición detenida. «Asísteme en la zozobra, protégeme, Madre.» Isabel, con sus dedos enguantados, restregó la medalla de la Cachita, para siempre colgada de su muñeca. Su cara se deshizo queriendo sostenerse del aire.

El licenciado Canggiano la supo leer. «Con su permiso, caballeros, que aún no he bailado ni una sola pieza con la señora.» Hizo una venia ante sus comensales y condujo suavemente a Isabel hasta la pista. De espaldas aún quemaban las miradas de Fernando Fornarís y esposa, aunque menos. Así de espaldas ya comenzaba a sobrevivir a aquella aparición.

—Ahora sí está pasando lo peor, Canggiano.

—Si no se siente bien me avisa y nos vamos ahora mismo.

—No me puedo dar ese lujo, me sienta como me sienta. Usted sujéteme fuerte, hasta que se vayan ellos.

LAS TRES MARÍAS

Eran tres ustedes, tres las que fueron al sepulcro al otro día al amanecer. María la Madre, María Magdalena, María Salomé la de Cleofás, como si fueran una. Dicen que fueron a penar, dicen que venían amanecidas y caminaban solas como siempre han caminado las mujeres sobre la faz de la tierra. Eran tres y venían, dicen, a enfrentar el sepulcro del Hijo, vaina de carne, una de las que despoja el Señor.

Eran tres ustedes, y yo me hinco ante las tres y las llamo Virgen Protectora. Ante ti me hinco, porque sólo tú sabes de la carne amanecida. De la vaina despojada. Porque sólo tú sabes lo que he tenido que dejar en el camino para salvarme de la basura que dicen que soy. Ando sola por El Camino y soy tantas como tú. Vengo del baile, del sepulcro y de la nada. Serán todas las Marías cuando termine esta gruta, para que se hagan compañía en el camino y me protejan del mal que me asedia. Para que me protejan del Enemigo, ustedes mujeres acompañándose, muchas como yo, Madre, Magdalena, Esposa, juntas por el sendero entre las fieras, amparadas por su santa empresa.

Si me ayudan, levantaré la gruta que haga honor a tu nombre. Si me ayudan, donaré a las obras que te hagan gloria. Aunque el mismo que reciba la prebenda no me permita pisar tus recintos. Látigo del Enemigo, tentáculo de la Bestia. Lo haré aunque a mis espaldas me tiren dentelladas y zarpazos. Por ti Santa Madre, por ti Virgen Caída, por ti Esposa del Señor. Lo haré aunque la última mujer cubierta en bubas escupa sobre la tierra de mi sepulcro. Ayúdame a encontrar lo que perdí. Que nunca conocerlo no sea mi castigo. Sólo Dios sabía el camino que me deparaba la vida. Sólo tú supiste que iba a caer postrada a tus pies. Tú conoces lo que guarda mi corazón, Madre. Concédeme lo que te pido y cuídame en mis trabajos, una y tres las Marías que siempre te habitan, aunque parezcas una, sentada en tu trono de estrellas.

Madre Santa
Amén, Jesús.

1

La vieja se despierta. Torre de paciencia ruega por nosotros, espejo de humildad ruega por nosotros, vaso de sabiduría ruega por nosotros, yo, una mosca, peor, una mosca parada en un balde de mierda, la mierda misma, yo. Las voces de su cabeza no se aquietan. Y toda la noche así, la vieja. A su lado, el Nene duerme un sueño intranquilo. Hay que dejarlo dormir. No lo levantes, María Candelaria. Doña Montse, doña Montse, doña Montse, encienda las velas. Sisisisí sin decir mi nombre verdadero. Tan ángel el Nene, tan ángel como son los ángeles cuando descansan de la venganza del Señor. Afuera se seca el frescor de las madrugadas contra la maleza. Comienza otro día. Vendrán gentes de mil partes al Santuario. Gruta de la Virgen Santa de la Montserrate, Hormigueros. Virgen negra con niño blanco en el regazo. La vieja lo sabe, lo presiente, hoy vendrán cientos, a hacer promesas, a alzar sus plegarias a la Madre de Todos, Intercesora de los atribulados. Y a mí que me parta un rayo, dice la vieja, a mí que la zarpa tenebrosa de la Bestia me manosee la entrepierna del ardor. Busca la palangana, le echa agua con una lata mohosa y se lava la cara. Se lava los brazos, las tetas caídas, la piel del vientre oscuro como el reverso de una centella. Se lava la entrepierna, canosa ya. «Si hasta se parecen», le decía don Armando. «Si hasta tienen la misma cara y la misma piel.» Al fondo los observaba aquella estatua tan humana de una Virgen Negra que le dejó en la casa. Mis hermanas no la quieren. Ella asustada, ay no don Armando, es como si nos viera. Pero él, déjate de cosas, María Candela, le decía. Se le trepaba encima apurado, mira que cada vez me dejan bajar menos la cuesta hasta el Santuario, la besaba con hambre, con prisa, mira que esas dos me tienen preso en la casa, no me dejan ni respirar. Don Armando el viejo fue quien la trajo hasta esta loma. Le puso una casita, tú serás mi enfermera, la visitó. Pero esas hermanas suyas, esas Arpías... Si me viera ahora que perdí hasta el semblante, ahora que estoy vieja. Si me pudiera ver con la cabeza entre las piernas como una ciguatera prendiendo velas. Las combato, hoy me sale otra y las combato, me pongo derechita y con la piel lustrosa porque me echo aceite de coco y crema Palmers que compro en el pueblo. ¿Madre, hoy qué vamos a comer?

La vieja se lava los pies, se los seca con cuidado para que la humedad no le manche sus ropas. Abuela Rafaela, abuela Rafaela tú vas a terminar mal, pero nunca me dijo que iba a ser así, con el nombre cambiado, cuidando a una virgen más prieta que un tizón en este pueblo de mierda. El aire se cuela por los tablones del cuarto. Todo resuena en la vieja, sus pasos, sus tripas, su piel gastada. Yo que vine aquí a cuidar a don Armando. Se reponía de un infarto. Con la medicina que encontró entre mis piernas, ¿cómo no se iba a reponer? El Nene se revuelca en la cama. Habla, murmura algo. Hormigueros, por las que me corrieron por la espalda, Hormigueros, por las que me corrieron entre las piernas, ese Nene es un primor. La vieja lo observa con cautela. Comprueba que sigue dormido. Con tiento sale del único cuarto de la casita de madera curtida. Camina hasta el traspatio a encender el fogón. Estará soñando el Nene la misma pesadilla. Pero ella se la espantará. Este muchachito es hijo mío porque tiene el color exactísimo de la abuela Rafaela. Le espantará las pesadillas con un guarapillo de naranjo que tendrá listo para cuando se levante. Yo le hubiese puesto Rafael, pero se llama Roberto. Le digo el Nene y él me dice Madrina y no doña Montse, doña Montse como si fuese mi nombre y yo sisisisí, ya voy, qué quiere usted señora, qué quiere usted señor, al licenciado ese melancólico que les compró la finca a las Arpías. Ojalá regrese pronto el licenciado. Ya se nos acabó la compra del mes.

Un poco más de yesca y el fogón estará listo. La vieja coge un cartón manchado de grasa. Le echa aire al fuego. El fuego enciende. La casita de tablones apolillados rechina contra la brisa como una máquina mohosa. La vieja camina hasta la gruta de la Virgen. Virgen Santa de la Montserrate, Madre de Clemencia, Honor del Caribe, Protectora, tu Pueblo te aclaaama, Virgen puta que me dejó sin nombre. Cerca de la gruta crecen plantas curativas —albahaca, tomillo, naranjo, orégano brujo, sábila para la tos—. Arranca unas cuantas hojas del palo de naranjo. Señor señor ampáranos, señor señor protégenos, señor de los ojos verdes, para dónde en la llanura se pierde tu presencia todopoderosa. Camina de nuevo hasta el fogón y echa las hojas a un cacharro de agua hirviente. El ceño se le frunce. Ya pronto le empezará el dolor de cabeza. Las Arpías, Eulalia y Pura… las Arpías… Nosotras le cuidamos al muchachito, se lo criamos licenciado, no se apure; cuando soy yo la que me levanto al amanecer, enciendo los anafres y le cuelo el guarapillo de naranjo, el de guanábano para los gases, la yerbabruja cuando por poco se le pudren los oídos. Todos los días lo mismo, primero el hermano «desvalido» y ahora el Nene, si no fuera un primor,… Las voces que no se callan, el dolor en las sienes la quiere reventar. La vieja camina hasta el tendedero improvisado en uno de los flancos de la casita. Desamarra un paño seco, lo moja con el agua verde del guarapillo. Camina de nuevo hasta el Santuario, hasta las yerbas que crecen a la vera de la gruta. Arranca dos hojas de yerba mora, les pasa saliva por el envés y se las pega a la frente. Las amarra con el paño tibio de aguas de naranjo. Le hace dos nudos fuertes al paño contra su cabeza. La tibieza de las aguas, el olor de las hojas le aquieta un poco la pulsión. Hablan con el licenciado, rosario en mano, y se quedan con todo lo que Él le deja al Nene. Virgen del Santuario, que las parta un rayo y las destripe. Ya las voces se apagan, son su propia voz.

—Madrina, soñé que me picaba un alacrán.

Contra el dintel de la puerta aparece el Nene. La vieja se le acerca, lo levanta en vilo, lo abraza contra sus tetas caídas. «Ya pasó, Alma mía, no te apures. Yo estoy aquí. Vente para que te tomes tu guarapillo.» La vieja María de la Candelaria mira al Nene, las miradas del Nene, sus ojitos verdes que se pierden por la loma. El Nene observa todo con sus ojos grandes, verdes, por donde se cuela la pregunta de siempre. Escápate de la pregunta, María.

—Y en el sueño, ¿qué pasó con el alacrán?

—Lo pisé, Madrina, otra vez y otra, hasta hacerlo una plastita en el piso.

—Muy bien hecho, corazón. Muerte a lo que pique al Nene.

—Tengo hambre, Madrina.

—Voy a ver si queda harina de maicena, para hacerte una cremita. ¿Quieres funche, Nene?

—Dame…

El Nene mira para lejos y la vieja sabe lo que le va a preguntar: ¿Cuándo viene mi papá? Ella no sabrá qué responderle. ¿Por qué no vive con nosotros? ¿Por qué viene en un carro grande, grande y con el mismo carro se va? ¿Por qué yo tengo los ojos verdes, como él, pero el pelo crespo como el tuyo? Candela roja por dentro, me quemas completa, Madre, ¿qué tú tienes ahí, un tizón? La vieja camina hasta dentro de la casita. Sacude una lata, queda un poco de harina para la maicena del Nene.

—Hoy subo a la casa grande a pedirle a las Arpías tu mesada.

—Él siempre se va.

—Se acabó el bacalao y el arroz. La gallina está al poner; no la podemos echar al caldero todavía.

—Madrina, ¿tú eres mi mamá?

Virgen Protectora que te le apareciste al ganadero, Madre que lo salvaste del toro bravo, eso fue hace un siglo. ¿Qué vas a aparecerte después? Muda se quedó muda se quedó muda por dentro la vieja.

—Madre es la que cría, Nene.

—Pero ¿quién es mi mamá?

—¿Tú me quieres, Nene? Porque yo te adoro.

La vieja abraza al niño, lo mece, le soba los rizos apretados contra la cabecita color canela. Virgen negra con niño blanco en el regazo. El Nene le clava los ojitos. Ella se los besa, uno a uno. Si pudiera le besaba las pestañas, los pelos de las cejas, los poros de los párpados.

—¿Tú me quieres? Nene.

—Sí, Madrina…

—Pues entonces yo soy tu mamá. Vente, vamos a la gruta a rezar. Y ya verás cómo pronto tu papá viene.

La vieja camina con el Nene de nuevo hasta la gruta. Lo toma de la manita suave, de algodón, tersura, manita clara sin ser blanca, mancha en la manita del pecado del Señor. La manita del Nene se pierde entre los dedos rugosos de la vieja. La vieja abre la puerta.

—Ve buscando los «Tres estrellas», Nene.

—¿Éstos son, Madrina?

—No, los de palo largo. Vamos, prende uno.

El Nene resuena la cabeza de un fósforo contra la caja. Se hace la luz. Al fondo de la gruta, sobre un altar de piedras cubierto con flores de monte, está la Virgen, sentada en un trono dorado. Níveo el color de sus vestidos, inmaculados. Sobre ellos un gran manto azul la cubre hasta el borde de su faz. Sólo se le ven las manos, oscuras, el rostro, casi sin facciones, oscuro también. Titilan los ojos solos en la tersura de la porcelana negra. Una cofia de encajes le enmarca la cara. Detrás, sobre la cabeza engalanada, titila su corona de doce estrellas. En la falda, sosteniéndole con una mano, descansa el Divino Niño. Clara su tez, casi blanca; tiene el pelo color miel, los ojos claros, verdes. «Ésos somos tú y yo, Madrina.» El Niño abre sus brazos para acoger a los peregrinos, a los descartados. El Nene camina hasta la figura y abraza al Divino Niño.

La vieja prende las velas, cambia el agua de las flores, abre la única ventana del recinto. Entra una brisa con olor a pasto y a ganado. Salvaste al ganadero del toro que embestía, salvaste al mundo entero y a mí, ¿qué?... Se hincan ambos.

—Madrina, ¿tú crees que mi mamá sea tan bonita como la Virgen?

—Sí, Nene, ya, vamos a rezar.

Fuente de Gracia, bendíceme, Vara de Paciencia, guíame, Bastón de Jacob, condúceme, Rosa de los Vientos, provéeme. Alivia las voces de mi cabeza. Alivia mi rabia. Y protégeme al Nene que es lo único que tengo. Virgen Negra con niño blanco en el regazo, devuélveme la capacidad para poder decir otra cosa, no más mande, lo que usted quiera, ahora mismito, no más no se apure, sisisisí. Otra cosa es lo que tengo que decir, denme lo que es mío, lo que es del Nene. No me puedo morir sin que me salga. Aquí te enciendo una vela de dos centavos, toma, te la prendo Virgen, Montserrate, Montserrate, joya al tumulto de mis piernas. Que venga el Padre, que se presencie ante el Hijo olvidado. Que nos traiga maná y nos deje riquezas, que me ponga a mí en mi justo lugar. María Candelaria Fresnet en mi trono de estrellas y que me libere del Hijo y las preguntas del Hijo. No las puedo contestar. Te prometo entonces, Madre, que no te vendo más, que te retiro del negocio y de la gruta, que me doy a ti, sisisisí, completa. No más velas y peregrinos, no más santuarios donde exhibirte al desesperado. Te lo prometo, Madre Santa, y si no, ya tú verás lo que te va a pasar. Hay que comer, el Nene tiene que comer y su hambre sí que no. Así que mira a ver lo que haces, María Madre carcelera. Amén, Jesús.

—Y vente, Nene, para hacerte tu fuchecito. Vamos a ver qué se me ocurre para el almuerzo.

VISITACIÓN PRIMERA

Esta vida de inquietud, es muy diferente a la vez.
Es la inquietud de una fuerza implacable sobre
una intención insondable.
Que te contempla con aspecto vengador.

El corazón de las tinieblas, JOSEPH CONRAD

1

La primera vez que Luis Arsenio Fornarís visitó el Elizabeth's Dancing Place ya parecía un hombre. Tenía la sombra cerrada de una barba apretándole la cara, el pelo negrísimo de su padre cayéndole en ondas cortas sobre la frente y unos ojos verdes y pequeños de gato acorralado. Era ancho, no muy alto, con una piel blanquísima y llena de pecas. Aquella era la misma piel que habían traído los Fornarís desde Córcega y las mismas pecas que marcaban los antebrazos de los hombres de su especie. En la cara no tenía una sola mancha. Una barba cerrada le protegía el rostro del sol implacable del Caribe.

Al Elizabeth's Dancing Place entraba todo el mundo. No había miramientos de edad, color, procedencia o pecas en la piel. Mae Lin, la anfitriona a quien nadie nunca le conoció edad ni ruta, le abría la puerta con el mismo aire distante de una fantasía. Su mano flotaba hasta la perilla de la puerta, sus ojos y una leve sonrisa eran bienvenida habitual. A veces susurraba al visitante un inaudible «welcome», o un «vuelvan pronto». Pero la mayoría de las veces se limitaba a mirar tras unas pestañas turbias, con unos ojos que le rasgaban el pecho a cualquiera.

El zarpazo de la mirada de Mae Lin lo puso nervioso de entrada. Pero Luis Arsenio Fornarís sabía que llevaba las de ganar. De seguro se le acercaría una de las chicas del

Elizabeth's antes que a cualquiera de sus amigos, imberbes todavía. Desde el coche se lo venían advirtiendo.

—¿Por qué no dejamos a Luis Arsenio? Con esa barba de viejo, nos va a ganar las muchachas más hermosas.

—Dicen que Isabel acaba de llegar de Francia con cargamento nuevo.

—Tú te imaginas, estrenarse con una francesa.

—Las europeas son caras, sólo pueden pagarlas los políticos.

—Y los soldados.

—Ésos lo que quieren es carne local, preferiblemente oscura. Como si no les bastara revolcarse con las negras de su país.

—No pueden, allá es contra la ley.

—¿Contra qué ley?

—La de segregación, animal.

La conversación seguía entre risotadas. Había que estrenarse en temas de hombre y de paso distraer los nervios que tiraban bajo la piel. Era la manera más eficaz de espantar el miedo. Aquella noche, si el plan se daba según lo estipulado, Luis Arsenio, Esteban, Pedrito y Alejandro Villanúa se convertirían en hombres de verdad, según la usanza de los machos de su estirpe. Es decir, que toda pose estudiada dejaría de revelarse vacía. A partir de esa noche, la fuma de Tiparillos en los patios del colegio, el traguito de ron robado de la licorera familiar, las erecciones imprevistas en medio de los cursos de matemáticas tomarían peso y cordura. Estarían respondiendo a estímulos concretos, tan concretos como el recuerdo de una carne real, abierta y tirada entre las sábanas de una de las camas del Elizabeth's Dancing Place.

Luis Arsenio escuchaba cómo sus amigos hablaban de política en el carro de los Ferráns que Esteban logró agenciar. Les había costado a cada uno la mitad de su mesada comprar el silencio del chofer de la familia. Pero valía la pena. Estaban a punto de escaparse a un puterío. Y no a cualquier puterío sino al más famoso de la isla. El chofer pasaba frente al cine Fox Delicias (punto de encuentro acordado), tomaba la calle Comercio y se alejaba rumbo al río Portugués. Atrás quedaba la plaza, repleta en su mayoría de soldados con pase de civil, preguntándoles a los obreros: «Excuse me, my friend, but don't you know where I can buy me a good time around here?». Ya todos sabían qué responder a esa pregunta, con comisión segura, «el Elizabeth's Dancing Place».

La conversación cambiaba de tema. Alejandro Villanúa hacía de abogado del diablo, defendiendo a los nuevos amos con el arrojo de un recién converso. Ya bastaba de morales pacatas de pueblo pequeño. Cualquiera tenía derecho a pasearse por la plaza. No era cierto que los soldados la estuvieran contaminando, paseándose por ella con mujeres de la vida. Es más, pasearse por la plaza era derecho individual e inapelable, aunque costara la incomodidad de alguna hija de familia. En la protección de estos derechos se basaba el pragmatismo moderno que había convertido a América en modelo de prosperidad y democracia.

—«And we, the people undivided», Alejo, pero eso no quita que los otros días a Margarita Vilá un soldado la agarrara del brazo y se la quisiera llevar de todas maneras. Ésas no son formas, hermano.

—Nos tratan a todos como si fuéramos sus peones.

—Si don Franco supiera lo que la Margarita hace a sus espaldas, con soldado y lo que no es soldado…

—Jamás se enterará, si a Margara quien único la trata es la sirvienta.

—De allí habrá aprendido las malamañas. Esas negras son un tizón…

—Cualquiera diría que te mueres por encamarte con una.

—Yo no, don Franco. Dicen que tiene una que Isabel trajo de la Martinica, que lo trae loco y con la bolsa suelta. Y doña Luisa…

—¿Te crees que no lo sabe? ¿Para qué menear el bote que la pasea?

Andaban en plena carretera rural, adentrándose en el barrio Cuatro Calles. Poco a poco se perdían de vista las casitas donde se apiñaban los braceros y lavanderas nacidos en las trastiendas de alguna casa señorial. Las ramas de los flamboyanes trenzaban techos falsos que a veces se rasgaban contra el cielo y dejaban ver una nube iluminada por los rieles de la luna. Por un segundo se imaginó la casa de su amigo Esteban, idéntica a la suya. La casa de Margarita Vilá, idéntica a la suya. Cada cosa en su lugar, observando las buenas costumbres, el gusto y el rigor castizo. La porcelana encima de las estanterías de caoba, los manteles de mundillo blanco. Los candelabros se balanceaban del techo por una tensa cuerda que revelaba un peso mayor al de los hierros en volutas suspendiendo burbujas de cristal. Los escaparates del chinero reflejaban un tenue temblor, imperceptible casi, desdibujando las imágenes lustrosas de la misma mirada que de repente los descubría. Los pisos lustrosos de mármol en forma de ajedrez o de losa nativa dibujaban una imitación de arabescos mozárabes bajo unos pies que se negaban a querer estar ahí. Era la tensión y esas ganas de huir. ¿Por qué sería siempre así?

Luis Arsenio recordó el día exacto en que lo empezó a notar. Tendría no más de nueve años. Su padre llegó a la casa un poco más temprano de lo habitual y lo encontró despierto, jugando solo en el salón de estar entre las patas del piano de cola que los abuelos insistieron en comprarle para sus lecciones. Más que tocarlo, a Arsenio le gustaba enroscarse a explorar las cuerdas que le salían por la panza. Un arca de Noé desvencijada, un arpa patas arriba, una maquinilla gigantesca con las teclas vendadas, un barco encallado... En eso estaba, imaginándose a qué se parecían los intestinos del piano, cuando llegó su padre. Era raro oírlo llegar. Luis Arsenio se quedó callado, inmóvil, como esperando a que pasara un accidente, a que algo a punto de caer se estrellara finalmente contra el suelo. Se sentía culpable, pero no sabía de qué; como si fuera una travesura estar presente en aquel instante misterioso en que su padre llegaba a la casa. Fernando Fornarís se quitó el sombrero, lo colgó del gancho habitual, respiró profundo. Se restregó los ojos brevemente. Abrió los ojos de nuevo, pestañeando. Miraba la estancia de lo que era su hogar como un sonámbulo. Sus ojos no eran de él; las cosas de aquella casa no eran suyas. Y allí, en medio de su delirio, el licenciado Fornarís descubrió a su hijo debajo del piano. Sus miradas se cruzaron, la de Luis Arsenio, el hijo, y la de Fernando Fornarís, el padre, cercados ambos por el territorio de aquella sala. Su padre le sonrió levemente. Lo llamó con un gesto de la mano. Luis Arsenio caminó despacio y cuando llegó sintió un enorme deseo de abrazársele a las piernas. Pero su padre se le adelantó y lo levantó en vilo. Le dio un beso en la mejilla, un beso suave y atento, como cuando Arsenio era más niño y él llegaba de aquellos largos viajes a la capital. Así abrazados, los dos se pusieron a contemplar el salón, envueltos en una complicidad que los hacía acurrucarse el uno al otro, como esperando a que algún carruaje viniera a rescatarlos de la zozobra silenciosa de aquella casa.

Esteban fumaba un Tiparillo. Luis Arsenio le pidió otro. Buscó entre sus bolsillos con qué encender el tabaco que le pasaba su cómplice.

—Vigila que las sotanas no anden cerca.

Todos rieron al unísono. Aquella frase era la usual cuando salían a fumar a los patios del colegio. Y era perfecta ahora que se encontraban en medio de la escapada. Luis Arsenio logró atajar el aire que entraba por su ventanilla y encender su cigarrillo. Contempló cómo el viento se llevaba el suspiro de sus pulmones llenos de humo ventana afuera, quién sabe adónde. Humo en huida.

—Repasemos la estrategia que ya nos vamos acercando. Pagamos por cabeza para no confundirnos con las cuentas después. Pedimos una mesa apartada y tragos.

—¿Cómo tragos? Yo no quiero meterme en líos con la justicia.

—Pero Pedrito, ¿entonces para qué vas a un puterío?

—En el Elizabeth's se va a hacer una de las dos cosas. O a beber o a lo que ya tú sabes…

—Lo que tenemos que hacer es ponernos al trote. Enseguida agarramos a la fulana que nos guste…

—¿Y si a todos nos gusta la misma?

—Qué va a ser, si a Villanúa tan sólo le gustan las martiniquesas.

—Déjense de joder, muchachos. La pavera nos va a delatar.

—Ojalá me tope con mi padre en el Elizabeth's. ¿Te imaginas lo orgulloso que se va a sentir?

—O lo aliviado. Al menos no te tuvo que llevar él.

—Sí, pero si me agarra el mío…

—Ay Arsenio, tú no tienes por qué preocuparte. Tu padre es el único hombre de Ponce que nunca va al Elizabeth's. Eso lo sabe el pueblo entero.

El chofer agarró una carretera vecinal que parecía boca de lobo. Al fondo se sentía una música retumbando en la distancia y unas luces tímidas que surgían de entre la maleza. La carretera estaba pavimentada, lo que no era muy usual en ruralía; pero aun con todo y brea, uno que otro hoyo hacía trastabillar los muelles de las ruedas. El carro se sacudía como yola avanzando a contracorriente. El conductor, «esta Isabel está del mero», no había dicho palabra desde que abandonó el pueblo, pero ahora soltaba maldiciones a diestra y siniestra. Subieron una lomita y bajaron por un rellano hasta un ranchón que más parecía tabacalero que para tráficos de carne. El chofer apagó el motor y se bajó para abrir las puertas de sus pasajeros. Esteban le dio otra propina, «para que llenes el tanque y en la casa no se enteren» y acordó horas de regreso. El chofer clavó los ojos en cada uno de los muchachos. No ostentaba la mirada baja ni la sonrisita agradecida de un servidor alquilado. Era evidente que el territorio lo tenía envalentonado. Era evidente además, pensó Arsenio, que el Elizabeth's se regía por reglas distintas a las del resto del pueblo. Que allí no era igual la distancia entre los servidores y los servidos, que los cuerpos y sus humores se atrevían a proponerse más cercanos. Convenía tener esa barba cerrada de los hombres de su estirpe, aupar el mentón, sostener en desafío la mirada del chofer si se quería sobrevivir al territorio agreste del Elizabeth's.

A lo lejos, haciéndole coro al motor del carro, se oía el rumor del río.

El pueblo entero lo sabía. Su padre, el licenciado Fernando Fornarís, no pisaba el Elizabeth's ni bajo amenaza de muerte. Tan fácil que se le hubiese hecho. El Elizabeth's quedaba justo a la ribera del Portugués, en un terreno aledaño a las fincas de la familia. Era cuestión de argumentar que había asuntos de tierras que resolver, quedarse en el campo, cruzar. Su madre, doña Cristina, no se habría dado cuenta, ahogada como siempre en sus atenciones para con Luis Arsenio, único hijo. Y cuando no, ahogada en otros licores. No habría hecho falta ni mentir para escaparse al

Dancing. Además Arsenio lo hubiera entendido. Los besos de su madre daban miedo.

Hubiera sido tan fácil para su padre ir al Elizabeth's. Quizás por eso ahora se encontraba Luis Arsenio bajándose del carro con Esteban, Pedrito Serrano y con el pelmazo de Alejo Villanúa, parados como cuatro idiotas en el mismo medio de un camino pedregoso, de espaldas a un zafio chofer que se alejaba sin despedirse. Quizás por eso se apuntó a la aventura y ni pensó qué estaría dispuesto a hacer una vez cruzara el umbral del puterío. Pero había que cruzarlo primero, franquear las veinte zancadas del camino hasta la puerta. Así lo hizo. Así lo hicieron todos, empujados por una misma corriente, tirando al suelo cigarrillos, alisándose chaquetas y partiduras, balanceando su peso en cada escalón que conducía hasta la puerta de entradas. Allí, Mae Lin, de talle diminuto, se reclinaba contra los barandales. Tenía largos cabellos negros que le peinaban el nacimiento de las nalgas y un traje oriental tan ajustado que parecía pintado sobre la misma piel. Tan sólo sus tacones altísimos en punta de aguja evidenciaban que estaba allí en lides de batalla. Que no era una alucinación. Mae Lin les abrió el pecho a todos con el zarpazo de su mirada. Luis Arsenio se tragó su miedo y pensó que había llegado la hora de instaurar la presencia de un Fornarís entre las paredes del Elizabeth's. Se equivocaba.

Adentro vio lo que vio y tuvo que admitir asombro. Los pisos barridos, la barra bien dispuesta, la amplitud del salón de baile a media luz le hicieron comprender por qué el Elizabeth's era lugar tan frecuentado. Aquello era otra dimensión. Las mesas estaban vestidas con manteles y velitas acodadas contra la sombra. Una tarima lo suficientemente grande para darle cabida a una banda de charangas se iluminaba con luces de piso. Habían adornado el proscenio con lascas de bambú y con un extraño mural de mariposas amarillas con escarchina sobre un fondo verde, simulando un follaje. Unas falsas columnas pintadas de dorado decoraban el ranchón. El techo estaba limpio y distante, lleno del humo de decenas de cigarros. Y había alcohol, ríos de alcohol. Cerveza, aguardiente, ron pitorro, whisky, vinos que habían burlado las leyes que los convertían en elixires ilegales. ¿Cómo se había dado el milagro de la transmutación de aquellas aguas?

La gente reía alto, bebía libre en ese lugar con aire a diván mullido, a sitial sin ojos pero repleto de manos y pieles y de bullicio que camuflaba las palabras dichas sin reparo. Además, allí estaban las chicas, las pupilas/ahijadas/protegidas de Isabel, esparciéndose por el salón como carnes de regalo. Para nada parecía aquello un bar de hombres como los que se veían en el pueblo; piso terroso, unos cuantos taburetes y una barra grasienta donde se partían quesos de Holanda y mortadelas a media tarde. Para nada era lugar de hombres en mangas de camisa, con el sombrero de pajilla echado hacia atrás, y la chaqueta en el antebrazo si eran de bien, o con el pañuelo anudado a la cabeza y los pies curtidos por el polvo si eran pobres. Para nada estaba presente aquella mirada de animal acorralado por el cansancio y la tensión que impera entre machos que no apaciguan vigilia. Era otra dimensión, distinta y alegre; parecida a los carnavales donde las parejas de enamorados caminan de manos hasta las carpas de juegos y los señores tertulian recostados en las vitrinas. Pero no. Era otra la alegría del Elizabeth's. Una alegría derramada pero consciente de su existencia casi imposible. Era una alegría de regalo con sonrisas de regalo, con mujeres tan diversas como uno las pudiera imaginar, prestas a hablar y a regalar su presencia la noche entera, a oír atentas y a mirar profundo a los ojos, a esquivar la mirada tan sólo para jugar un ten con ten que terminaría plácidamente en la cama. Esas mujeres eran las responsables de romper la tirantez de los machos. No había tensión, no había vigilia, no había silencio. Las muchachas de Isabel se paseaban por el salón de baile envueltas en rumores de tafetán, con amplios escotes y carmín en los labios, empuñando grititos y sonrisas y bamboleándose sobre tacones altos, perfumadas con mil fragancias y con humo y con el olor al deseo regalado de aquellos que llegaban al Elizabeth's en busca de un lugar donde soltar las amarras de su decencia.

En medio de aquel salón, una mujer imponente fumaba sentada en un trono de paja. Sus ojos se abrían en dos profundas almendras que vigilaban el lugar, alertas, pero derramándose en cada paisano, en cada pareja que bailaba, en las manos que abrían y cerraban la caja registradora de la barra, en los morenos altos como una torre que se tomaban un trago en aparente despreocupación, apostillados cerca de las entradas y salidas del salón. Paseaba su vista como si estuviera evaluando un espectáculo de variedades y a la vez como si sopesara estrategias de defensa en un territorio minado. Todo lo abarcaban sus ojos. Su piel era azul, azul pantera, azul sombra de ojo hambriento. La hacía resaltar el traje amarillo en seda cruda y las manillas de oro macizo que le colgaban del brazo que sostenía una boquilla de cigarro. Su pelo corto, tieso, enmarcaba un rostro de labios carnosos, de nariz diminuta como botón de muñeca, con mentón duro, más bien cuadrado. Tenía la piel tan tersa que era difícil creerla piel. Su cuerpo inquietaba con una cintura minimísima, con unas caderas anchas y pechos mullidos, firmes, sobre el escote pronunciado que anunciaba aquel brillo azul de piel. Su barbilla puntiaguda se abría y cerraba para chupar los humos de la boquilla. Nada. Que aquella mujer sentada en aquel trono se sabía mucha hembra. Sabía, además, que su piel era una provocación y que bastaba mirarla para impresionar a cualquiera.

—Mi padre dice que lo primero que hay que hacer es ir a saludar a Isabel.

Eso lo dijo Esteban y detonó la acción. Los amigos se abrocharon las chalinas y cruzaron el salón de baile hacia aquella especie de trono. Luis Arsenio quería que sus pasos se mostraran petulantes, acostumbrados a los comercios de aquel bar, pero su corazón dictaminaba lo contrario. Empezó a latirle al ritmo de un desbocamiento que le trastocó el caminar. Tuvo que cerrar los ojos. Fue un instante tan sólo, pero todo se llenó de un aire inverso. Le pareció oír a lo lejos cómo Esteban, Alejo y Pedro saludaban a la Madama. Cuando abrió los ojos, Isabel Luberza lo miraba fijamente a él, con una sonrisa desafiante entre los labios. Sus amigos se la estaban presentando.

—¿Fornarís?, mucho gusto. Conozco bien a tu familia, aunque no frecuenten mi casa.

Los ojos de Isabel se llenaron de un brillo feroz. Luis Arsenio no supo qué hacer con aquella mirada que le daba la bienvenida. En el manual de buenas maneras que repasaba en su cabeza no cabía fórmula para conversar con señora tan ilegal, ni tan poderosa, ni tan azul. Isabel Luberza Oppenheimer, alias Isabel La Negra, alias la Madama, sostuvo aquella mirada que lo leía sin tregua. Al muchacho se le volvió a desbocar el corazón. Esteban, Pedrito y Alejo comenzaron a inquietarse, contagiados ellos también con el incómodo pulseo en los ojos de la señora. Pero en el mismo instante en que aguantar sería demasiado, los ojos de Isabel mudaron de intensidad. Se tornaron sonrientes y livianos como si fuera otra persona la que estuviera observando desde aquel cuerpo macizo y oscuro, para nada bello, para nada indicativo de que era el cuerpo de una mujer deseada por cientos, adorada por miles, capaz de levantar un imperio a orillas de un río. Isabel se convirtió de nuevo en la benévola patrona sentada en su trono de paja, convertida en espectáculo ella misma y convirtiendo en espectáculo todo lo que pudiera acaparar con su mirada. Una simple y curiosa madama de lupanar.

—Muchachos, pidan lo que quieran. La primera ronda va por la casa.

Luis Arsenio asintió aliviado y caminó con sus amigos a instalarse en una de las mesas de fondo, al extremo de la pista de baile. Una chica les tomó la orden. Era menudita, muy joven y extranjera, se le notaba en el acento y en la manera en que decía su nombre. «Altagracia, pero me puedo llamar como más te guste, buen mozo» —le contestó a Alejandro, que calentaba sus motores de galán mientras ella apuntaba los tragos—. Los muchachos pidieron un paquete de Lucky Strike y unos cuantos rones con hielo. Una bandita tocaba una pachanga de moda. Luis Arsenio paseó la vista por el lugar. La barra estaba atestada de soldados. Ya tenían acaparadas a muchas chicas. Algún que otro negociante en traje de hilo y banda de casado tomaba en las mesas de fondo, como ellos. Entre la penumbra de cuerpos bailadores, de vez en cuando se veía la presencia de algún famoso.

—¿Aquél no es Bobby Capó?

—¡Qué va a ser, Pedrito!

—Dicen que él y Tito Rodríguez vienen mucho por aquí a hacer bohemia.

—¿Bohemia nada más?

—Lo que yo quisiera saber es a qué vinimos nosotros, a ver pasear gente como domingo después de misa o a agenciarnos un buen par de nalgas.

Alejo Villanúa se levantaba de la mesa, echando la última bocanada de su cigarrillo. Se hacía el que no, pero

Luis Arsenio apostaba lo que fuera a que Alejandro estaba tan achantado como el resto de ellos, como él, que apenas se recuperaba de haber conocido a Isabel la Negra. Pero por una vez, tenía razón. Al paso que iban, no quedarían muchachas para cuando acabaran por decidirse a lo que vinieron. Con un gesto de cejas, Esteban le avisó a Arsenio que él también iba a lanzarse. Pedrito, vacilante, fue el último en abandonar la mesa. Avanzaba cabizbajo hacia la pista de baile como un perro aproximándose a husmear migajas. Los músicos de la charanga empezaron a tocar un bolero de Benny Moré.

Esteban fue el primero en sacar a una pupila a bailar. Era una chica frágil y amarillenta, una jibarita recién bajada a la ciudad, se le notaba. Tenía el porte de quien se encuentra de repente en cuerpo ajeno. Luis Arsenio los miró bailar desde la mesa. A él todavía los ánimos no le daban para levantarse. Respiró profundo. En aquellos instantes la risa de una mujer inundó el recinto como un solo de trompeta. Luis Arsenio miró sobresaltado a todos lados, buscando su origen. Entonces la vio. Era una mulata joven, un doble de la madama, pero con la piel más amarilla y más laxa, la nariz más puntiaguda, el mentón más suave. Se le acercaba. No tendría más años que él, pero caminaba con un aplomo de siglos. Estaba vestida de verde. «Como tus ojos», sintió que una voz le susurraba al oído y eso fue todo lo que oyó. La música y la risa se evaporaron en el salón como un eco al fondo de una copa ardiendo. La muchacha se agachó junto a él, le musitó algunas palabras, algo así como «te he estado mirando desde que entraste» y un «para qué gastar el tiempo en preámbulos». Lo tomó de la mano. Él se dejó llevar. La siguió por un pasadizo lleno de puertas. Entraron a un cuarto pequeño, a una cabina destrabada, pero con abanico en el techo y unas ventanas de celosías abiertas por donde entraba el frescor de la noche que se aposenta al lado de los ríos. La muchacha se viró de espaldas y lo miró por encima del hombro, ofreciéndole el cierre de su traje para que él la desnudara. Luis Arsenio puso las manos en cada botón, en cada broche y cremallera, asombrándose de no equivocarse en ninguno de los pasos. Sus manos actuaban solas, como si supieran, y sola su sangre encontraba los lugares para encender las hambres. Los miembros de su cuerpo fueron empujando suavemente a la muchacha hasta la camita de pilares que se hallaba en el centro del cuartucho. Su cara franqueó distancias y se hundió en una melena ensortijada que olía a humo y a necesidad. Pero la necesidad que se impuso no era la de ella, sino la de él, que abrió la boca amplia para plantarle un beso en plena cara, en plenos ojos que cerró con sus labios, en carne plena que quiso comerse a dentelladas, cuello abajo, pezón mordido, vientre lamido y tembloroso hasta encontrar los cauces de la carne de adentro, los cuales Arsenio lamió tranquilo sin saber lo que hacía, sin saber, incluso, que lo que hacía era posible, correcto, aconsejable; sin preguntárselo siquiera. Empezó a oír gemidos y respondió a aquella señal como si la esperara desde siempre. Era su primera vez, pero sabía qué hacer. Sabía que había que auparse de cuerpo entero, abrirse paso entre las piernas de la mulata, hundirse en el calor hasta que lo arropara por todas partes; pliegues y calores se cerrarían sobre su necesidad. Empujó hacia delante y hacia atrás, encontrando ritmos insospechados. Supo dónde poner la lengua que se le enredaba en la piel de la muchacha amarilla, color calabaza, con un sabor agrio y dulzón que le recordaba los desesperados besos de su madre. Era loca su lengua y sus ojos otra locura cerrada. Tan sólo los podía abrir de poco en poco, recibiendo escenas inconexas. Acá un pezón cerquita de su nariz, allá una rodilla dirigiéndole sus caderas, por otra parte unos dedos arañándole los antebrazos y sus pecas saltando de una piel a otra más oscura. Un pelo crespo le empañaba los ojos y una boca carnosa y llena de pliegues como la que allá abajo le susurraba palabras. Después se abría en una sonrisa amplia, que le dejaba saber bien claro que esta batalla la tenía perdida; que su voluntad era tan sólo ese ritmo de placeres y que con ella pagaría el precio por cumplir con su necesidad. Luis Arsenio sintió la presencia de su derrota y tuvo miedo, un miedo terrible que se le cuajó en más furia entre el cuerpo. Cerró los ojos y se vio por dentro igual, pero distinto, entre las piernas de otra mujer pero la misma, ahogándose en un llanto que no era suyo pero que lo invadía de un sentimiento de nostalgia que no se pudo explicar. Abajo, entre las sábanas, la muchacha volvía a susurrar palabras. Había que rendirse, había que pelear y rendirse, había que entender que la derrota era la única salida posible. Su voluntad de hombre terminaría hecha sudor y leche entre las piernas de una negra. Su pelvis se vaciaba en espasmos contra el cuerpo de la muchacha que lo miraba con más complacencia que la que le pareció propia de una amante a sueldo fijo. Una deliciosa derrota le cerró los párpados de nuevo.

La muchacha se le acurrucó entre los brazos. El cuarto entero olía al limo de los ríos donde las amebas y los gusarapos inician un ciclo vital. Luis Arsenio Fornarís supo que había traspuesto un límite. ¿Acaso aquel sentirse otro, literalmente otro, en la carne y en el momento de otro era hacerse hombre? Espantó el pensamiento de su mente y respiró un segundo de sosiego. Al siguiente, sintió el recuerdo de las miradas de su padre colándosele entre las sensaciones del cuerpo. Todo pasó en un instante. Fue el recuerdo de aquélla; ésa, la mirada desde el piano durante la tarde de la zozobra, que no dejó de reconocer ya nunca más, ni cuando se topaba con su padre en medio de un pasillo de la casa, o cuando a mitad de alguna cena dominical el padre regresaba de su silencio y chocaba contra los ojos de Arsenio. De Luis Arsenio Fornarís desnudo, que regresaba a su cuerpo al lado de una mulata adolescente con la cual acababa de hacer el amor por primera vez. Su padre lo miraba. ¿Qué hacía su padre en aquel cuarto? ¿Cuándo había estado allí?

«Demasiado estímulo», pensó y se dispuso a levantarse de la cama. «Mi padre nunca ha pisado este puterío», casi dijo en voz alta, mientras se ponía una pata del pantalón y luego la otra, se abrochaba la camisa, los zapatos. Se iba de allí. Quería lavarse con lejía el cuerpo entero. Quería quitarse de encima el aroma de la mujer. Con el aroma desaparecería el recuerdo del tacto, del peso de sus piernas contra la espalda, la tibieza de su entrepierna tragándoselo entero. Y los ojos de su padre mirándolo con melancolía. De regreso a su rol de mujer rentada, la muchacha lo miraba hacer. Arsenio encontró la billetera, sacó el dinero, lo colocó decorosamente bajo una almohada. La muchacha agarró los billetes, se puso de espaldas, los contó mientras se enrollaba entre los pliegues de la sábana. Luego se agachó frente a la cama de pilares y sacó una palangana. La palangana estaba llena de agua. Comenzó a lavarse la cara, los brazos, los muslos, la entrepierna, y a mirarlo con una expresión vacía. Arsenio no aguanto más. Salió del cuarto a toda prisa. A sus espaldas sintió una puerta que se cerraba y una burla muda mordiéndole los talones.

—Vámonos ya —dijo de regreso a la mesa.
—De aquí no nos movemos hasta que sepamos qué pasó allá detrás.
—Les cuento en el camino.
—Bueno, pues ya que el caballero Fornarís pretende proteger honores inmerecidos, mejor les cuento mis aventuras…

—Ay, Alejo, si tú no duraste ni quince minutos en la trastienda.

—No jodas, Esteban.

—¿Verdad, Pedrito? No habíamos terminado el trago que nos pediste cuando ya estabas de regreso. Y la muchacha tenía una cara de aburrimiento...

—No le hiciste ni cosquilla.

A lo lejos, un rumor de motores amordazaba el eco de frases despidiéndose. Después todo fue silencio. Unos pasos con prisa retumbaron contra las aceras de la calle desierta. Subieron los escalones de una casa señorial acompañados de un tintineo de llaves rebotando contra el borde de un bolsillo. Luis Arsenio Fornarís llegaba a casa. Cruzó deprisa el salón dormido sintiendo apenas sus reverberaciones. Apretó el paso. Era imperioso llegar hasta su alcoba, quitarse la camisa, meterse bajo la ducha del baño, dejar que el agua le aliviara las sensaciones de la piel y del pecho. Al pasar delante del despacho, encontró la luz prendida y a su padre adentro, envuelto en la lectura de unos documentos. Cabeza gacha, pelo negrísimo coronando entrecanas que le daban cierto aspecto solemne y a la vez cansado, piel blanquísima llena de pecas por todas partes. Una barba cerrada que se asomaba tarde aquella noche en el mentón desvelado por trámites de oficina. Sus espejuelos de concha enmarcaban unos ojos verdes como los suyos, como los de Luis Arsenio Fornarís, quizás un poco menos verdes, del color apagado de la maleza ya mustia. Allí estaban aquellos ojos, traspasándolo de nuevo.

El padre lo miraba. Abrió un poco la boca, como para decir algo, pero el muchacho lo atajó con un «Ya llegué, me voy a la cama» y caminó firme hasta su cuarto. Oír la voz del padre a aquellas horas le hubiera resultado insoportable; porque de pronto y sin explicación, sintió que todo el odio del mundo le caía sobre los hombros. Aquel hombre en aquella silla era una piltrafa. ¿Para qué quería hablarle ahora, qué le iba a contar, ahora que venía de hacerse hombre entre los muslos del Elizabeth's? ¿Por qué romper el silencio ahora, si no supo advertirle antes lo que se pierde y lo que gana entre aquellos muslos, entre aquellos cuerpos aparentemente diversos pero que repiten a la misma mujer? Es la risa de Isabel la que se le enreda a los hombres entre las piernas y los persigue hasta sus casas como una venganza. Se enreda entre las piernas «¿ah, padre?» y aunque nunca más pises el umbral de los cuartuchos, no te deja caminar muy lejos del río Portugués. Siempre lo contemplarás desde la orilla.

Luis Arsenio se bañó. Se deslizó entre las sábanas de su cama, pero el roce de la fibra lo hizo sentirse en otra parte. Y ya estaba bueno de no estar donde debía. Tenía que regresar a su casa y a su cama y a su cuerpo; dormir olvidado de la noche, recobrar la cordura de sus pasos y volver a ser Luis Arsenio Fornarís, hijo de quien era y padre de quien iba a ser, eslabón en la cadena Fornarís, la interminable cadena de hombres de su estirpe. Arsenio pensó un remedio. Saltó de su cama hacia la cocina, expresamente hacia el armario donde su madre escondía las botellas de «cordiales» con que bautizaba todo café, todo jugo de frutas, todos sus tristes alientos. Pegó su boca a la botella. Un trago hirviente le desplazó la zozobra del pecho.

Ahora sí podría dormir, olvidado de todo. En huida.

2

—Isabel... vente para acá muchachita que te lleva el río.

—Es que hace calor, Madrina.

Habían estado todo el día lavando. Las aguas del Portugués refulgían contra un sol que picaba sobre la piel. Madrina había escogido un recodo en que el río da vuelta para después desembocar contra el barrio Salistral y la Playa de la Guancha. Llegaron tempranito en la mañana, «antes que las otras lavanderas, mija, que después le enjabonan a una las aguas y la ropa queda toda percudida». Descargaron las piezas más finas y las pusieron a remojar en una poza. Su Madrina entonces le preparó una dita con guineos sancochados, mantequilla y una taza de guarapo de caña. Después se pusieron a trabajar. Maruca restregaba contra las piedras cada pieza de ropa para luego repasarla con jabón de pastilla azul, sacándole las costras a los cuellos de camisa y a los ruedos de los blancos del pueblo. Isabel tenía que tender las piezas, los paños femeninos, los refajos, y avisar si en alguno de ellos aún quedaban muestras de suciedad. Pero el río estaba tan fresquito y el sol ardía tanto. Las aguas brillaban como si estuvieran ellas también hechas de pedacitos de sol. La niña se distraía. Entonces Madrina Maruca la llamaba. «No me atrases el trabajo, muchachita.» Le daba un jalón de brazos, le ponía otra pieza de ropa entre las manos mojadas con cantitos de sol. Tuvo que propinarle un par de nalgadas cuando a Isabel le dio por llorar porque quería de todas formas meterse al río.

Terminaron de lavar las cuatro estibas de ropa encargada por las damas del pueblo. Las sábanas y fundas de la casa Tous, los trajes de las señoronas Cartagena, la viuda y su hermana «que no se cansan de mandarme estas enaguas que parecen tiendas de acampar, cómo pesan». Isabel reía, imaginándose a la viuda Cartagena acampando debajo de su enagua. Lanzaba piedritas al Portugués jugando al campamento y a las balas. Madrina Maruca doblaba la ropa que había puesto a blanquear sobre los pedregales de la ribera. «A ver si ahora nos da el almidón para planchar toda esta ropa. Ayúdame aquí, mija…» La niña empezó a recoger los paños femeninos, los camisones de dormir. «Tú cargas este paquete, que es el más chiquito. Vámonos antes de que nos coja la tarde.» El trecho de regreso era largo. Caminarían por las riberas del Portugués hasta llegar al sector Constancia. Desde allí, atrecharían por la finca Fornarís bajando por la orilla, cruzarían el puente y llegarían a San Antón.

Los flamboyanes, capás prietos y los almendros daban una sombra que hacía más ligero el camino de vuelta. La niña Isabel jugaba a guiñar los ojos hasta colar la vista por entre el ramaje que a veces tapaba el cielo, siguiendo rayos de sol. La visión se le deshacía en burbujas de colores cuando atrapaba un rayo entre los ojos. Entonces, el contorno de las hojas se deshacía en bruma. Adelante iba Madrina Maruca balanceando el inmenso lío de ropa en la cabeza. Derechita como un pájaro zancudo, hundía sus piernas largas en el camino, tensaba su cuello oscuro. Las telas ligeras de la cota que la cubrían ondeaban como plumas contra la brisa. Se deshacían ellas también en burbujas de colores, empañadas por la luz que le daba a Isabel en los ojos, volviéndole todo contornos sin definir.

—Aprieta el paso, que a este ritmo no llegamos nunca.

Doblaron por un trecho de malezas que las apartaba del río. Al fondo, el rumor de las aguas las guiaba. Por entre el pasto alto se podían ver los cuerpos agachados de otras lavanderas; mangas enrolladas hasta el hombro, pañuelos de Madrás en la cabeza para espantar el caliente del sol. Todas eran grandes y oscuras. Todas se eñangotaban haciendo volar las ropas por los aires, las aguas por los aires, donde rayos de sol se reventaban en arcos iris imprevistos y en burbujas de color.

—Maruca, mujer, suelta el lío de ropa ese. Ya tú estás muy vieja para seguir de lavandera.

—Y para quitarte el marido también, y eso lo hice la semana pasada.

Riéndose a carcajada lenta, Lucía, lavandera de San Antón, las alcanzó en el camino. De entre otros matorrales salieron Casilda de Merceditas, Carolina de Vista Alegre, Toñín de Constancia, todas con sus líos de ropa recién lavada, olorosas a agua de río y a sol.

—Yo, que le digo a ésta que no le acepte más reales a los patrones.

—Los reales son dinero también.

—Dinero español. Lo de ahora son los dólares.

—¿Y si me pongo remilgosa y terminan no pagándome?

—Pero mujer, es que sales perdiendo en el cambio. ¿Tú sabes, Casilda, a lo que cobra el lavado? A seis reales por fardo.

—Toñín, te estás dejando embaucar. Seis reales no hacen ni setenta y cinco centavos al cambio. Yo, por eso, no le trabajo ni a la madre que me vuelva a parir.

Isabel se confundió entre el coro de lavanderas. Le haló las faldas a su Madrina. «Tengo hambre, ma...» El estómago le estaba empezando a sonar. «No te apures, Isabelita, que ya estamos llegando a casa. Teté ya tiene que haber preparado comida y si no, yo te hago cualquier cosa en un santiamén.» Las otras lavanderas continuaron su bulla. Una vez llegaron al puente, se desbandaron por los caminos.

—Nos vemos Maruca, adiós. Y tú, Isabelita, no te hagas lavandera. Esto no es vida para nadie.

—No mija, a esta negrita no me la va a secar el sol. Ya la tengo apalabrada para una casa.

—¿Dónde, en el pueblo?

—Sí señor.

Isabel volvió a halarle las faldas a su Madrina. «¿Y qué es eso de apalabrar?» La cara de Maruca se ensombreció de plano. Le soltó la mano de la falda con un movimiento brusco que asustó a la niña. «No se meta en conversaciones de mayores, adiós cará.» Lucía se les echó a reír en la cara. «Ay Maruca, vas a tener que entrenar mejor a la negrita, que si no te la devuelven a la semana.» De dos zancadas su Madrina se le apartó en el camino. Ya Isabel conocía el gesto. Madrina no quería que la oyera hablar.

Siguieron con Lucía por el último tramo hacia el barrio. De espaldas, su madrina y la otra lavandera parecían la misma persona. Carne oscura, dos enormes fardos de ropa en la cabeza, blusas de algodón, falda en estampados o en gingam. Ambas caminaban midiendo cada paso con el vaivén de sus caderas. Aunque iban a buen tiempo, casi no levantaban los pies del piso, agarrando el ritmo perfecto para el balance de su carga. Así caminaban todas las lavanderas que Isabel había visto en su vida. Así, incluso, era el caminar de aquella mujer que Madrina le había dicho que era su madre.

Fue en el mismo recodo del río donde la vio por primera vez. De carne apretada y grande, con los ojos amarillos. La vio cargando sobre la cabeza una canasta de yute repleta de ropa sin que se le cayera ni una sola pieza al piso. Sus labios anchos dejaron escapar una sonrisa breve, blanquísima, de dientes parejos que hacían juego con el centelleo de sus ojos. Llevaba el pelo en trenzas pegadas al cráneo y un pañuelo de Madrás sobre la cabeza. Su grupa ancha de mujer madura para nada combinaba con unas manos de hombre con las cuales empuñaba la pastilla de jabón como quien empuña una pistola. Se agachó, posó la canasta en una piedra del río y empezó a golpear una pieza de ropa contra las rocas de la corriente. El agua le salpicaba el rostro. Por los brazos desnudos le corría la labaza del jabón, creando pompas transparentes contra piel mojada, deslumbrante por lo oscura. Sus brazos eran rayos invertidos.

El día que Isabel vio a su madre, Madrina Maruca la llamó tomándola fijamente por los hombros. La apretó más que de costumbre, como si ella hubiese hecho algo malo. La volteó hasta que Isabel quedó de frente a la otra orilla del río y le dijo, apuntándole con el dedo, «ésa es tu madre». Y le contó que aquella lavandera engañotada que hacía volar la ropa por los aires se llamaba María Oppenheimer y que le nació en el barrio San Antón a una negra inglesa que se vino de las islas detrás de su hombre a cortar caña. La mujer se hizo bracera y siguió la ruta de las zafras. No pudo seguir criando. A María Oppenheimer la regalaron a los cuarenta días de nacida.

Acompañaron a Lucía hasta el batey de su casa. «Llévate unas panas, Maruca, antes de que se pasen. Este año el palo parió a todo dar. Están más buenas…» Su Madrina le quitó el fardo de las manos, «toma nena», le dio a sujetar aquellos dos frutos verdes y redondos. Retomaron el camino hacia la casa. A ambos lados de un callejón de tierra se levantaba San Antón. La mayoría lo componían bohíos de tablones y pencas de palma, levantados sobre palos para que no se metieran las alimañas. Algunos tenían paredes retachadas en cartón y techos de zinc. Cada casa ostentaba su batey, con su fogoncito de leña y sus anafres donde rezumaban calderos con la comida del día. Era la hora del regreso. Albañiles, planchadoras, braceros de la central Mercedita se estiraban de cuerpo entero, soltando sus herramientas al pie de los escalones de sus casas. Adentro, alguna mujer preparaba algo que llevarse a las bocas. Los vecinos saludaban a Madrina Maruca. La niña Isabel también contestaba saludos, cargando sus dos panas, ya más aliviada del lavado y del río. Al fondo del camino unos niños correteaban detrás de un aro de metal. Una vieja coja los llamaba a voces. Sólo faltaba un ranchón más y llegarían a la casa.

En el batey, Teté Casiana cargaba al hombro a un hermanito de crianza. A Isabel le encantaba verla fumando su cachimba de tabaco y vigilando los juegos de los niños. Todas las tardes se sentaba a la puerta del bohío a esperarlas, a Madrina Maruca y a ella, cuando se iban a lavar. Allí reposaba en un taburete que ella misma talló de un tronco de ausubo caído en las tormentas.

—En San Ciriaco, mija. Ése fue el palo que me desgració. Los americanos habían recién llegado. Y a mí que se me escapa la puerca. La puerca, nena, que fue lo único que le pude sacar a los españoles que pusieron pies en polvorosa tan pronto llegaron los otros blancos. No le pagaron a nadie, ni en fichas para la compra. Pero el vendaval arreciaba. Yo fui a asegurar el balde del aljibe, bendito, y dejé la verja del corral medio abierta. Esa puerca era más lista que el demonio. Y se me escapó, oye.

Sus otros hermanitos, eran cuatro, devolvían el aro de metal al patio. Otro perseguía a una gallina. Madrina Maruca saludó a su hermana y siguió directo para adentro de la casita.

—Dios mío, qué calor. ¿Hay comida, Casiana?

—Un bacalao que puse a desalar. ¿Y esas panas?

—Me las regaló Lucía. ¿Ya llegó Mariano?

—Todavía. Vente nena, siéntate aquí, que te voy a hacer el cuento de cuando naciste y te viniste a vivir con nosotras.

La niña Isabel se dejó conducir de la mano; se dejó abrazar. Raro porque Teté Casiana no era propensa a esos cariños. Ya en brazos de la vieja olió el humo que retozaba por sus moños canosos y grifos. Casiana le dio un beso tímido y la sentó junto a ella, al pie del taburete. Isabelita se aprestó a oírle el cuento mientras se espulgaba las uñas de los pies.

—Tú naciste el mismísimo día de la tormenta. Por eso, negrita, es que a ti hay que tenerte respeto. Cuando naciste, se desbordó el Portugués. Tumbó cosechas y casas. Hasta los americanos tuvieron que refugiarse en los zaguanes de ladrillo del pueblo. Hubo hambruna por meses. Por eso quería yo a la puerca, porque sabía que después de la tormenta iba a hacer falta. Cuando pasaron los primeros vientos salí a buscarla. La lluvia picaba en la cara como espinas de trinitaria. Pero a mí no me importó. Seguí buscando y buscando hasta que la encontré. Estaba al lado de un pico, guareciéndose de la ventolera. Ya yo me acercaba a cogerla, cuando el cielo se rajó en dos y cerquitita cayó el rayo que partió al ausubo. Recibí el cantazo en la cadera. Hizo trac, clarito, como por dentro… y un dolor. Yo ya había agarrado a la puerca bien fuerte por la soga del pescuezo y, mira tú, ella fue quien me salvó. Me arrastró hasta una cueva. Allá me encontró Arminio, que ya se daba por viudo.

Isabel se sabía el cuento de memoria, con sus variaciones. En algunas, para rescatarla, Arminio hizo una camilla con el mismo palo de ausubo que la desrengó. En otras, Casiana no sabe cómo amaneció con aquel ausubo entre las manos. En todas, Teté talló al ausubo hasta que le sangraron las manos. Taburetes, animalitos, cucharones. Tallaba que te tallaba hasta sacarse de encima la única costumbre de su vida, que había sido trabajar, las ganas de volverse loca al verse como se veía, la cara de su marido contando centavos para comer.

—Pasaron cuarenta días enteritos con sus noches y a la mañana siguiente, bien por la mañana, yo me levanté a tallar mi ausubo. Ya estaba completando el taburete. Entonces, Isabel, los dedos se me fueron solos y empezaron a tallar la figura de una Virgen. Me puse a rezar. «Virgen Santa de la Providencia, ampárame en mis horas de necesidad.» Cuando estuvo completa la talla, por ese camino que tú ves ahí, apareció tu mamá con un bultito de carne entre las manos. Eras tú, mija, y ella te traía para acá, justo después de la cuarentena, porque tenía que volver a trabajar y no había familiar que te cuidara. En la mano me puso un dólar de plata y me hizo el trato de que todos los meses me iba a pagar por yo cuidarte. No falló por un año. Después se le hizo más difícil, porque seguía cambiando de patrón y de casa. Pero lo importante fue que llegó y que detrás de ella llegaron más mujeres para que les cuidara a sus muchachos. Otra vez puse comida sobre la mesa, hasta que Dios quiso llevarse a Arminio y me traje a todos mis muchachos para acá. Ahí fue que Maruca te vio y se volvió loca contigo. En un santiamén te pidió como madrina de bautizo.

—Casiana, deja de estarme entreteniendo a la niña. Isabel...

—Diga, Madrina.

—Vaya a casa de don Demetrio, y llévele este poco de comida.

Isabel se levantó del piso, del lado de la cadera tullida de Casiana. Caminó hasta el fogón donde su Madrina servía dos platos con mistura y viandas frescas, un poco de arroz. Su Madrina seguía con el semblante sombrío. Así que, con cuidado de que no se le cayera la fiambrera, Isabel se fue corriendo para donde don Demetrio. La casa del tabaquero era la única del barrio a la cual la niña tenía permiso para entrar sin que la acompañara Teté o su Madrina. No se parecía a ninguno de los demás bohíos de San Antón. Cualquiera diría que era el más pobre, si no fuera por los libros, estibas sobre estibas de libros que se acodaban contra las paredes de tablón de su casita. Ni anafre tenía don Demetrio, pero libros sí. «Son el alimento del alma», decía. «Pues a ver si le echa algo al buche, para que no se le escape esa alma tan bien alimentada», le rezongaba Madrina Maruca. Por las tardes, cuando llegaba del taller tabaquero, transformaba su casa en una escuela improvisada para los niños del solar. Su Madrina, «a ver si me le enseña las letras, Demetrio. A mí me está que la nena es bien inteligente», la llevaba cada vez que podía. Aunque Isabel se ausentara por semanas, don Demetrio nunca ponía peros. Quizás era porque su Madrina le pagaba con comida. El primer plato que se servía en la casa era siempre para él.

—Aquí le manda Madrina, don Demetrio.

Isabel tuvo que maniobrar para entregarle la comida caliente al tabaquero. Tuvo que escabullirse entre cuerpos, pedir permiso y hasta empujar a uno o dos braceros que no la dejaban llegar hasta los escalones del balcón. Frente al batey de la casita se arremolinaba un grupo de gente.

—Virgen santa.

—¿Pero por qué la mató?

—A ver, pásenme el periódico.

Demetrio Sterling leía la noticia.

Luisa Nevárez Ortiz, sirvienta del sector Quebrada Honda de las Toas, había sido sentenciada a la horca por matar a su hijita de siete meses. Jamás en la isla se había sentenciado a una mujer a la pena de muerte. El diario *La Correspondencia* decía que cuando le preguntaron a la acusada cómo se llevaba con su hija, respondió que como toda madre. Que se quería mudar con ella de la casa de su tío, un tal Eduardo Ortiz, donde vivían arrimadas desde que perdió el trabajo porque no le querían pagar unos dineros. Que a veces se desesperaba porque la niña no paraba de llorar. La acusada tenía el pecho seco.

—Con razón la mató.

—Eso no es excusa para quitarle la vida a ninguna criatura, aunque una la haya parido. Hay que aguantar hasta que Dios quiera. Tener resignación.

—Ay doña, no hay resignación que valga cuando un hijo se está muriendo de hambre.

El reportaje llevaba fotografía. Allí estaba Luisa Nevárez Ortiz, con la mirada perdida. Su rostro, un poquito más oscuro que el de su madrina, miraba más allá del papel. Así imaginó Isabel que la acusada miraría al jurado, al abogado defensor, al juez. Como si fueran fantasmas. O como si ella misma fuera un espíritu, respondiendo a una llamada desde lejos; con su piel convertida en puro cascarón. Logró tocar la foto, pasarle los deditos a la tinta que se coagulaba en la cara de la acusada. Después, el diario corrió de mano en mano, manchando también de tinta los rugosos dedos de lavanderas, albañiles, cortadores de caña y cocineras del barrio de San Antón.

Se hubiera quedado allí en el batey oyendo hablar a la gente. Se hubiera quedado para escuchar la explicación de don Demetrio, que siempre se tomaba su tiempo para sacarle la quinta pata a cada cosa. «Aquí la verdadera criminal es la ignorancia y la explotación», empezaba a responder el tabaquero. Pero a Isabel las tripas le tronaban. Regresó caminando ya un poco malhumorada. Ojalá que no haya llegado Mariano antes que ella. ¿Por qué no se perdía para siempre en el cañal el tío Mariano?

Adentro del bohío su Madrina desmenuzaba una hoja de bacalao en una dita.

—Toma, mija, sigue deshuesando, pero no me botes el agua que es para terminar de hervir las verduras.

—¿Y las panas?

—Ya casi están.

—Pero él siempre se las come todas.

—Ahora mismo te voy a sacar un poquito aparte y tú te la comes antes que él llegue.

«Él» era ese señor que llegaba envuelto en cal, en polvo, todo lleno de raspazos y con un olor a fruta podrida en la boca. Mariano Moreno. Quizás alguna vez fue bueno. Quizás hubo un día en que su tez acanelada y sus ojos negros hicieron sonreír a sus hermanas. Pero eso debió haber sido antes de que Isabel naciera. Ahora Mariano Moreno era un cansancio largo y unas ganas rabiosas de no estar donde estaba. Se le notaba desde que se acercaba al bohío.

Había temporadas en que casi no estaba en la casa. Venía a comer desde el trabajo, a darse un baño largo hasta acabar con toda el agua del aljibe, ponerse una camisa limpia de las que recibía en pago su Madrina y salir a que se lo tragara la noche. Se perdía por semanas, por meses y su ausencia marcaba buenas temporadas. Pero tarde o temprano regresaba. Volvía con los ojos rojos como un demonio. Buscaba pelea: «¿Para esto me parto yo el lomo, para que la casa esté llena de sangre ajena?». Amenazaba con sacar a todos los recogidos de sus madrinas a la calle, a

Isabel primero, «esa jodida negrita, tan parejera y tan tizná». Madrina Maruca le gritaba que la niña ayudaba con el lavado, con las tareas. Además faltaba poco para que Isabel pudiera entrar a servir en alguna casa y ese salario también ayudaría. Pero el tío Mariano rugía por encima de la voz de su Madrina. Manoteaba y tiraba cosas al suelo hasta caer rendido en su cama de saco hecho un guiñapo. Como un guiñapo se levantaba al otro día, a echarse el pico al hombro, a mendigar trabajo de obras en el pueblo, a hacer caminos, a empedrar carreteras, hasta que reuniera los centavos necesarios para perderse por otra temporada a intentar una vida distinta de la que le tocó vivir.

En esos días del regreso, las hermanas lo cuidaban como si fuera un niño malcriado. Le guardaban las mejores viandas, el plato de comida más suculento, el guarapo más fresco. Para congraciarlos, hacían que Isabel le llevara el plato de comida a la mesa con mucho cuidado, para que ni una gota de caldo se perdiera entre las tablas del bohío. Mariano miraba a la niña Isabel de plano. Esas miradas la ponían intranquila; y no era a ella nada más. Madrina Maruca siempre se presenciaba cuando notaba a su hermano mirando a Isabel de aquella manera, mientras la niña le ponía el plato sobre la mesa, sin dirigirle palabra. Isabel no olvidaba los insultos ni los malos ratos, ni aquella cosa viscosa en sus miradas. «A mí no me mires así», tenía ganas de contestarle, «a mí no me mires, que yo no tengo la culpa». Después, se marchaba lejos, lo más lejos posible de Mariano Moreno, no fuera a ser que un día el hombre descubriera lo que tenía ganas de decirle y encontrara cómo vengarse de ella.

Aquella tarde Mariano llegó igual que siempre, sucio y aruñado, pero algo raro le pesaba en el humor. Tan raro estaba que le cedió el pedazo más tierno de pana a la niña. También le trajo guarapo del pueblo. Isabel comió, y luego se fue a relevar a Casiana de cuidar niños en el batey. Adentro del bohío había conversación de adultos.

—¿Hablaste con doña Georgina?

—Me dijo que le llevaras a la niña, que no había problema.

—Los va a haber cuando la vea. Isabel aún está demasiado chiquita.

—¿Cuándo te puso mamá a servir casas? Yo no había nacido todavía.

—Eso no le hace…

—Tú dile que no se engañe con las apariencias. Que Isabel sabe coser y hasta cocinar. Que también lava ropa.

—Pero Maruca, ¿por qué no esperamos un tiempito, en lo que la nena crece?

Los niños perseguían a las gallinas en el patio de tierra. Cinco, con ella, seis. Isabel contó cabezas, como Casiana le había enseñado que hiciera para asegurarse que ninguno se escapaba por el matorral, no fuera a ser que lo picara una araña. Faltaba uno, Julito, el más inquieto. Isabel vio que el muchachito caminaba hasta la escalera del bohío. Poco faltaba para que subiera el primer escalón. Se imaginó los gritos de Mariano si lo descubría. Corrió hasta agarrarlo y alzarlo en vilo mientras le hacía señas de que se quedara callado. Pero no pudo evitar oír parte de la conversación de los mayores.

—No Casiana, a esa niña hay que sacarla de aquí, antes que pase una desgracia.

—¿A mí qué me andan mirando? Yo a esa negrita no le he tocado ni un pelo. Y bastante malcriada que es. ¿Tú no la ves cómo me mira?

—Cómo la miras tú.

—Dejen esa lucha ya…

—La verdad, Casiana, que allá en el pueblo Isabel va a estar mejor. Va a tener casa y comida. Mariano, ¿tú le dijiste a doña Georgina que la apuntaran en la escuela?

—Sí, Maruca...

—Si la apuntan en la escuela, yo no me opongo.

—Cada vez que entregue lavado, le doy una vuelta.

—Y te la traes, para que yo la vea.

—Está bien, la llevo mañana.

—No Mariano, la llevo yo. Se la llevo a doña Gina a ver si todavía la quiere.

—Mejor todavía.

—Pero que la apunten en la escuela. Si no me la vuelvo a traer.

El sol andaba a mitad del cielo. Más arriba de las nubes unos pájaros oscuros planeaban en el aire, como sostenidos por unos hilos invisibles que giraban contra el viento. Isabel los miraba guiñando los ojos, para verlos perderse entre burbujas de colores, entre las brumas del sol, pero no le salía el juego. Madrina Maruca caminaba unos pasos adelante. Entre sus brazos, Isabel llevaba un lío pequeñito con sus ropas. Nunca se dio cuenta de que eran tan pocas. Caminaba envuelta en un silencio. Y ese silencio era distinto al de costumbre, a cuando la mudez hubiera sido una respuesta a un «Isabel deja el barullo ese» o cuando era un juego, como el de los ojos que intentaba jugar ahora. Pero no le salía. Arriba los pájaros se sostenían firmes del cielo con sus alas y a Isabel le hubiera gustado preguntarle a su Madrina «¿qué son esos pájaros que no se dejan borrar?» pero el pecho no la dejaba. Llevaba el pecho enquistado en un aire que casi no la dejaba respirar.

—Muchachita, aprieta el paso, que así no llegamos nunca.

A Isabel le hubiera gustado responder «sí, Madrina» y de paso preguntar qué eran aquellos pájaros que planeaban sobre el aire. Quizás eran pájaros de mangle. Quizás si ella encontrara de nuevo cómo abrir la boca y respirar, tragarse el aire para romper aquel silencio, podría decirle a su Madrina, «allá, arriba», y ella vería los pájaros oscuros y leería sus designios en el cielo. Murmuraría bajito «no, hoy no» y darían marcha atrás. Volverían a San Antón a correr detrás de las gallinas, a escuchar las historias de Casiana, a cuidar a Julito para que no se tropezara con las escaleras del bohío. Encontrarían la forma de que no se cumpliera la venganza de Mariano Moreno. Quizás los pájaros le comunicarían a su Madrina que la solución era sencilla; cerrar la puerta bien duro una vez el tío se fuera de la casa y no dejarlo entrar nunca más, o ponerle veneno en la comida, y al otro día hacerle un cajón de ausubo para poderlo enterrar en el camposanto. Rezarle un rosario y ya. Entonces, Isabel lo prometía, ella se encargaría de todas las tareas, trapear el suelo, limpiarlo a cepillo. Haría las tortillas de huevo más jugosas sobre el anafre de leña para que Teté Casiana no sudara, aprendería a balancear canastas enteras de ropa sobre su cabeza, como su madre, y se haría cargo de su Madrina para que pudiera descansar. Se convertiría en la lavandera más trabajadora del barrio. Ganaría mucho dinero. Iría adonde Demetrio Sterling para que terminara de enseñarle a leer, a escribir y no tendría que irse jamás a una casa ajena, con gente desconocida, que nunca entenderán el silencio que ahora le mordía la garganta y no la dejaba hablar.

Pero su madrina no miraba el cielo. Caminaba firme. Se había quitado su único par de zapatos, para no mancharlos con el polvo del camino. Tenía la mirada clavada en la carretera, por encima del viento y de los pastizales. Era una mirada que no se fijaba en nada, ni siquiera en Isabel, que caminaba detrás de su Madrina, dando brinquitos para alcanzarla pero siempre quedándose atrás, detrás de esa mirada que no se fija en nada porque había que caminar adelante, siempre hacia delante, tratando de alcanzar algo que se escapa dejándote fuera del tiempo, suspendida en el aire como un pájaro de mangle, planeando lejos, atrás del resto de la gente.

Unas manos negras de mujer tocan la aldaba de bronce de una puerta en caoba con aplicaciones tratadas y vitrales. Una sirvienta vieja, vestida con un traje sin forma, aparta sus manos de la perilla hacia los bolsillos de un delantal de florecitas en el momento en que se abre la puerta. Tiene un pañuelo blanco en la cabeza. Es Lorenza, lo sabría después. Afuera, en la entrada, aguardaba su Madrina. Estaba seria, esperando a que abrieran. Madrina se jugaba con las manos; se las frotaba, nerviosa. Saludó a Lorenza. Ése era el nombre de la vieja mujer que abre la puerta, que no se le olvide. Madrina la mira y hace un ademán con la boca, algo así como una sonrisa. Pero su ceño se frunce al filo de una incomodidad. Lorenza chasquea la lengua, mira al piso. Vuelve a mirar a Madrina.

—¿Te decidiste al fin?

—Pues mija…

—No te apures, aquí va a estar bien. Ahora mismo llamo a doña Gina…

Dos siluetas se dibujan en el pasillo. Una camina despacio algunos pasos detrás de la otra, que resulta ser la de una mujer blanca, menudita, con pelo castaño y ojos marrones, peinada en un moño alto. Su traje de cuello redondo con encajes la hace lucir más vieja de lo que es. El traje la cubre casi entera, de mangas hasta el codo, de ruedo hasta el tobillo. Isabel pensó que en cualquier momento aquella mujer podía desplomarse al suelo del calor. Tanta ropa… Quizás por eso no paraba de manotear, alisando la falda, los bolsillos, el peinado con su mano adornada con un aro de casada y tocándose nerviosa los zarcillos que adornaban sus orejas. Llegó caminando con un paso duro que retumba en ecos contra el techo de la casona. Lorenza la dirigió hasta la puerta y ocupó un lugar junto a las sombras que el sol partía contra los filos del vitral de entrada.

—Maruca. Creo que tengo algunas sábanas que lavar. Pase por la puerta de servicio.

—No, doña Georgina. Es que vengo a traerle a Isabel. Es bien obediente y trabajadora. Nos haría un gran favor.

—¿No está muy chiquita?

—Qué va a ser doña Gina. A esa edad yo tenía a cargo una casa entera. Pero, usted dirá. Si quiere me la llevo y se la traigo más tarde…

—La verdad es que Lorenza se nos está poniendo vieja y necesita una ayudita. Pero no le puedo pagar mucho. Un dólar al mes.

—¿Y me la apunta en la escuela? Usted dijo que si se la traía me la apuntaba en la escuela.

—Claro, mujer. Así de paso me acompaña a la niña y la ayuda a repasar las tareas. Las cosas que enseñan hoy en las escuelas… Quién las entiende. No te apures, Maruca, que yo les voy a hacer la caridad. Lorenza, anda, ve, tráeme a Virginia.

Isabel ve a Lorenza perderse en el salón de la casona para cumplir con la orden. Su Madrina sigue conversando con la señora en una voz que jamás le había oído antes. Le pareció que se hacía más bajita, como si de repente se encogiera frente a aquella señora menuda, una enana casi, que de pronto se veía más alta que su madrina, con más carne entre los huesos. Era difícil aceptar que aquella mujer hablaba fuerte, que sus sentencias se escuchaban más potentes frente al susurro que le goteaba de la garganta a su Madrina, a Maruca Moreno, la única que sabía cómo enfrentarse a los rugidos bestiales de su hermano. Aquello era muy raro. Su Madrina se encogía sin remedio frente a los ojos de Isabel.

Regresó Lorenza con una niña de la mano. Dos largas trenzas castañas, un vestido de marinerito con medias blancas, botines de charol y lazos negros. Los vestía una niña rolliza, de una gordura un tanto fofa que contrastaba con la flacura de Isabel. Y allí estaba Isabel, en el umbral de la puerta, con sus bracitos como una vara de matar gatos, sus piernitas escurridas entre los ruedos de un traje raído, descosiéndosele en las mangas, con manchas de aceite en el pecho. Entre sus manos, un lío con todas sus pertenencias en el mundo, tan poquitas. Ella no sabía que poseía tan poco. La niña de las trenzas, en cambio, era dueña del sol. Brillaba enfundada en su traje de marinerita, en su pelo atrapado en cintas lustrosas, en su rolliza piel rosada y sin mácula, de manos de la vieja que arrastraba los pies y evitaba seguir mirando a su Madrina. Mamá Maruca seguía encogiéndose frente a la señora mientras le apretaba duro de la mano. Isabel lo veía todo como si no estuviera ahí, sino en un pasillo largo pero claro, desde el cual podía mirar todo con una fría curiosidad. Al fondo del pasillo se veía a sí misma —flaca, sucia, sin nada que poder llamar suyo—. Lo único suyo es su Madrina, que ahora se encoge hasta desaparecer y convertirse en una tenue sensación contra la mano. La Isabel del pasillo alarga los dedos, intenta tocar a la niña flaca, sucia, que es ella, pero a medio camino se detiene. «No, mejor no.» Sus dedos se escurren en un aire vacío que las distancia a las dos.

—A ver, niña, ¿cómo te llamas?

La Isabel del umbral de la puerta mira a su Madrina, que hace un gesto con el mentón, para que le responda a la señora.

—Isabel.

—Pues mira, Isabel, ésta es Virginia, la niña de la casa. ¿Te gustaría jugar con ella?

Isabel vuelve a mirar a su Madrina, quien le da unos empujoncitos para que entre.

—Anda mija, tú quédate aquí, que yo te vengo a buscar más tarde. Haz todo lo que diga la señora. Y pórtate bien. ¿Me la va a apuntar en la escuela, verdad?

—Cuenta con eso...

Lorenza toma a Isabel de una mano y a Virginia de la otra y se las lleva hacia adentro de la casa. Mientras tanto, la Isabel del pasillo ve cómo la otra Isabel se aleja casa adentro; da vuelta atrás, espera ver a su Madrina con los ojos húmedos al menos, espera que mire al cielo, para que los pájaros del mangle le digan que no, que no hay derecho, que ella no tiene por qué dejarla allí con esa gente que la hace sentirse tan sin nada. Pero Madrina no llora, ni mira al cielo ni hace nada. Sólo se da la vuelta y se va, escalones abajo, con sus zapatos limpios que se quitará una vez salga a las afueras del pueblo, para no gastarles las suelas, para que no se le manchen de polvo. Lorenza le sonríe compasivamente. Desde el pasillo, Isabel mira la silueta de su Madrina alejarse contra los brillos biselados del vitral. Doña Georgina taconea deprisa, no termina a que se vaya la sombra para ordenar:

—Lorenza, ve preparando la tina. A esta niña hay que darle un baño antes de que me ensucie la casa entera.

MOTORES

El ronroneo de un motor se acerca por el camino de la loma. La vieja ve llegar el Packard azul claro contra el verde de la maleza, serpenteando entre las curvas. El Nene hace castillos de tierra, la boca sucia de barro. La vieja corre a buscar un paño húmedo, corre a buscar la ropita buena del Nene, la que siempre le pone para presentarse ante el Señor.

—Tú ves, Nene, yo te lo dije. Si seguíamos rezando, tu papá iba a venir.

El Packard se estacionó frente a la casa grande. Doña Eulalia y doña Pura se acercaron al balcón y desde allí alisaron los plisos de sus faldas, arreglaron los pelos de sus moños. La vieja las veía en su trajín desde abajo en la loma. El chofer se bajó para abrirle la puerta al licenciado. Licenciado licenciado, dichosos los ojos; las oía. ¿Qué lo trae por acá, viene a ver a Robertito? Ahora mismo le avisamos a la vieja Montse. Viejas ellas que están cayéndose en arrugas, piel de papel, alas de cucaracha albina… Haciéndose las locas mientras nosotros acá abajo nos secamos de hambre. Pero de hoy no pasa, se lo voy a decir al licenciado, se lo voy a decir todo. Tú me darás valor, Madre.

—Vente Nene, vamos a cambiarte, vamos a peinarte para que tu papá vea lo lindo que estás.

La vieja le pone los pantaloncitos de hilo al Nene, lo peina con una peinilla de carey, de dientes mellados.

—Ay, Madrina, no, que así duele.

—Estate quieto muchachito…

Los rizos apretados del Nene se le enredan contra el peine. La vieja le unta brillantina, le pasa los dedos para aplacarle las vueltas del pelo. Cuánto hace que no lo peina. Sisisisí, hace siglos, pero yo lo baño siempre, lo despiojo y le doy de comer, soy la sierva obediente, la humilde acatadora, hágase en mí la voluntad del licenciado. ¿Y por qué está el Nene en el bohío del santuario? La vieja lo oye. Doña Montse ya no está como para esos agites. Esa negra es más dura que un ausubo. Si usted viera cómo cuidó a nuestro difunto hermano. Es un alma de Dios.

Dios Padre, Dios Hijo, Dios Espíritu Santo, apiádate de mí. Intercede Madre, la fuerza, la fuerza de tu báculo de cristal. Fortaleza. Las voces en la cabeza de la vieja se aúnan a su propia voz.

¿No quiere un refresquito de acerola, una champola de mamey? El licenciado no quiere nada, no quiere pisar a la casa grande. Haciéndoles un gesto con la mano, despacha a las Arpías. Baja la loma hacia el bohío de la vieja. Ella lo ve, le oye las pisadas. ¿Cómo es que oye tanto? Sujeta la manita de canela del Nene contra su mano venosa. Vendrá el Padre y salvará al hijo. Me dará mi sitial. Se alisa ella también los pliegues de su cota ligera, ondeante contra el viento, deslavada. Virgen negra con hijo blanco en el regazo. Parados los dos frente al bohío esperan la visita del Señor.

El Nene se deshace de su mano. Corre al encuentro del Padre.

—Nene, pídele a tu papá la bendición.

El Padre lo alza en vilo y lo mira. Ojos verdes contra ojos verdes; son los mismos. Un poco más de pecas tiene el Padre, un color más tostado tiene el Hijo, pero el mentón cerrado, la forma ovalada de la cara, el pelo negrísimo, las cejas enarcadas y esos ojos verdes como el cristal. A simple vista se comprueba. No puede el licenciado negar su semilla germinada.

—Qué bueno que vino. Ya el Nene lo estaba extrañando.

—Qué grande está este niño, y qué fuerte.

—Mira cómo corro bien rápido, Papá.

El Nene va corriendo cuesta abajo hasta la gruta de la Virgen. Toca la pared de piedra y da vuelta. El licenciado lo mira sonreído, con esa sonrisa cansada que nunca se le borra del semblante. Ojos verdes del Hijo, brillantes, ojos verdes del Padre. El Niño regresa centelleando y se tira a la cintura del papá. Ríe. Cántaro de agua, promesa de alegría. El Padre sacude la distancia de sus ojos y ríe también, posando su blanca mano sobre la cabecita del Escogido.

Sisisisí, lo que usted diga, lo que usted mande, yo aquí estoy, lista, erguida, nueva la sierva soy Virgen, ábranme la gruta, sisisisí Señor. La Olvidada… Las voces de la vieja la confunden. ¿Dijo algo el licenciado? Quiere un poco de agua. ¿Que le cuele un buche de café?

—No doña Montse, vengo a pasarme el día con Robertito. Lo quiero llevar al pueblo y comprarle lo que haga falta. Ya está como para ir a la escuela. Voy a ver si hablo con el principal para poderlo apuntar.

Díselo ahora, vieja puta, dile, que las Arpías no te dejan apuntarlo, que te tienen atendiéndolas día y noche, día y noche doña Montse, doña Montse, préndale otro velón a la Virgen, que el otro ya se le gastó, cámbiele el agua a las flores que apestan. Allá en la casa grande, las capillas con sus Vírgenes rubias, inmaculadas, guardadas a la vista del peregrino. Y tú sisisisí, vieja bruta, Candela te corroa las entrañas, sisisisí para después venir al santuario a hacer lo mismo con la Montserrate. Ven préndeme las velas, ven arréglame la cofia de encajes. Me van a matar, entre tanta virgen, Señor. Estoy vieja, licenciado, estoy vieja y no tengo ni donde caerme muerta. Ni siquiera esta casucha es mía, díselo vieja estúpida, maldito sea el rayo que parta a todas las vírgenes en dos.

—Mejor véngase usted con nosotros, para que me diga lo que le hace falta al Nene.

La vieja da dos pasos vacilantes frente al polvo del bohío. ¿Habrá oído bien? El licenciado quiere que vayan juntos, que salgan del barrio donde la tiene enterrada, que salga del santuario, barrio Santuario, al lado de Salsipuedes, después del sector Miosotis, que sea ella y no las Otras la que se siente en el Packard azul con chofer y lo acompañe al pueblo. Tú ves, te lo dije, si me rezas los rosarios que me debes… Madre que me cubres con tu manto el encierro de tu piel me lleva al cielo azul claro del Packard. La vieja sube los peldaños de su casita lo más rápido que puede. Abajo, la risa del Nene la aligera. La risa del Nene y su papá, Hijo de los cielos, Padre visitante. Se pone su mejor vestido de flores chiquititas, color perla, se pone un pañuelo negro en la cabeza y mucho talco entre las carnes flácidas del cuello, no le empiecen a sudar. No encuentra los zapatos, los botines negros con sus medias que usa cuando va a la iglesia en Domingo de Ramos. Los busca debajo de la cama, allí están, se pone las medias y sale con ellos de la mano y en sandalias. Se los pondrá en el carro. Que el polvo impío no se los vaya a manchar.

Suben la cuestita. Doña Eulalia y doña Pura los observan montándose. «Le tendremos el almuerzo caliente, Señor licenciado, para cuando regrese…» Se van a tener que meter el almuerzo por el culo, malditas. La vieja las mira, sonríe para sí. El chofer enciende el motor. El licenciado deja que el Nene se siente cerca de la ventana, para que vea el paisaje desde el carro. Le cede el paso, a ella, a ti vieja zorra, Madre. La vieja se monta con cuidado en los asientos de cuero; no los vaya a ensuciar con algo, ¿con su piel? Llévanos al pueblo, Juancho. Atrás queda la casa grande, las dos hermanas de don Armando, herramientas de la Bestia. Clavadas quedan en el balcón de balaustres como dos estatuas de sal. El Nene saca la mano por la ventana «cuidado Robertito» y juega con las corrientes del viento. Rafael, me hubiera gustado que se llamara Rafael, Ángel de la Venganza. El chofer toma el rumbo hacia Camino Grande. Doblan por la San Antonio para llegar a la superintendencia de escuelas.

—El principal me debe favores. A ver si logramos apuntar al Nene, aunque ya hayan empezado el curso.

El pueblo por la ventana. La calle Ruiz Belvís, la plaza, la biblioteca, las obras de Nuestra Señora de la Montserrate.

—Doña Montse ¿por qué no trae la Virgen del santuario hasta acá?

—Después ¿con qué me quedo, licenciado? ¿De qué vivo?

—¿No le da con la mesada que le dejo a cargo de las señoras?

—A nosotros esas viejas no nos dan nada.

El Nene la salva, el hijo la redime, el Nene dice lo que de tu boca, vieja puta no sale. Sisisisí, el Nene es tu rabia y tu venganza. La vieja se queda callada, mientras el licenciado mira ojos verdes a su hijo, mira ojos negros a la anciana. La vieja sonríe bovina, dulce, acepta todo vieja, acepta todo, como la Virgen, que se deshaga en ti la voluntad.

—¿Cómo fue, Robertito?

—Que esas señoras a nosotros no nos dan nada, y Madrina y yo dormimos entre unos sacos, y a mí me da miedo Papá que me vaya a picar un alacrán. Los otros días soñé que uno…

—Juancho, mejor dobla aquí y llévame a la Casa Alcaldía.

Se quedaron afuera, junto al chofer. El licenciado les dejó dinero. El Nene se antojó de unos dulces de ajonjolí, «y unos tirijala, Madrina, y polvorones de manteca». «No todo te lo puedes tragar, Nene, qué apetito». No al hambre santa que tu palabra convierte en Ley. La vieja caminó orgullosa con el Nene de la mano. Vamos a comprarte una piragua, ¿de qué la quieres, cucú? ¿Y tú, Madrina, de qué la vas a pedir? Una de coco pidió la vieja, en honor a la costa de donde vino. Esta loma de mierda. Observó cómo el piragüero raspó el hielo con su cepillo de metal hasta hacerlo polvo transparente. Sobre un cono de papel lo fue pintando con jarabe de azúcar y con sabor a fruta de golosina. Ahora se te llena la boca de agua, ah travieso. Rió sola la vieja, mientras le daba a probar de su piragua al Nene de sus entrañas, Rafael, Rafael, mi ángel, y luego se llevaba ella el cono a su boca, sorbía los jugos acuosos del vaso. No te vayas a manchar la camisa Nene, vente, vamos a dar una vuelta por la plaza.

El Nene les tiró piedras a las palomas, se trepó en los gomeros de la plaza, brincó desde los bancos del paseo. Muchachito, por amor a Dios, estate quieto… Se mojó las manos en la fuente. El licenciado no salía de la Casa Alcaldía. El Enemigo es doña Eulalia y doña Pura haciendo valer la Palabra del Ausente. El Enemigo es el lugar al fondo de la loma, en lo último de la finca de este pueblo de mierda donde yo dije sisisisí. Virgen negra con niño blanco en el regazo. Virgen Negra, niño blanco… ¿Cuánto más iba a tardarse el licenciado? De repente lo vio salir hacia donde Juancho, su chofer, lo esperaba. Si estuviera más joven, ese Juancho me lo llevo al caizal. La vieja llamó al Nene y caminaron hasta el azul cielo, Packard. Fuerza, Candela. Acalla las voces. Que el Señor no la oiga en su cabeza, que no la vea moviendo los labios, sola, volando entre susurros.

—Montse, ¿por qué no me lo dijo antes?

—¿Qué, licenciado?

—Que su nombre verdadero es María de la Candelaria Fresnet.

—Oh, no Papá, ella se llama Madrina.

—Es por culpa de los peregrinos.

—No la sigo.

—Los peregrinos de la gruta. Me empezaron a nombrar como a la Virgen y yo les seguí el juego, por no contradecirlos…

—Pero si hubiera sabido el nombre correcto nos habríamos ahorrado un par de horas en el Registro.

—Ahora la que no lo sigo soy yo.

El licenciado respondió dándole unos pliegos. Tú no sabes leer, vieja idiota, tú no sabes, oh Madre, ampárala en su ignorancia, en su absoluta intemperie. La vieja se le quedó mirando. Vacíos los ojos, y vacío el nombre en tu nombre amén. El Nene la cogió por la mano, le apretó los dedos en sus deditos viscosos de jarabe, sucios.

—¿Qué son esos papeles, papá?

—Doña María Candelaria, aquí tiene sus títulos de propiedad. El terrenito de la loma es suyo de ahora en adelante y la mesada para el Nene también. Ahora vámonos para la escuela y de paso piense en avisar a algún maestro de obras que conozca. Lo que falta es que le arreglen la casita.

El padre tomó la mano del Hijo enfilando los pasos hacia el Packard. Hizo una mueca de asco y de extrañeza.

Sacó un pañuelo. Le limpió las manos al Nene con el ceño fruncido. Se limpió las manos él también. Volvió a aparecer el cariño en el semblante, pero la distancia entre los ojos nunca desapareció.

—A ti nunca te va a picar un alacrán —la vieja lo oyó murmurar—. Te lo prometo.

LA CACHITA

Eran tres los juanes que navegaban por el mar. Vino una tormenta de agua y de viento. Viró la yola en la que navegaban; se estaban ahogando. Como eran devotos de la Virgen y la llevaban en una reliquia en el cuello, cuando se vieron perdidos clamaron por ella. La Virgen se les apareció y los salvó a los tres, a Juan Odio, a Juan Indio y a Juan Esclavo. Luego de haberlos puesto a salvo les dijo: «Sabed, mis queridos hijos, que soy la Reina Madre de Dios Todopoderoso; los que crean en mi gran poder y sean devotos míos siempre conservarán mi estampa en una medalla para que les acompañe y con ésta estarán libres de todas las cosas malas. Estarán libres de toda muerte repentina, no podrá morderles ningún perro con rabia, ni ningún animal. Estarán libres de accidentes y aunque una mujer esté sola, no tendrá miedo porque nunca verá visiones de ningún muerto». Responderé: «Toda sombra se disipará de mi camino. Amén Jesús, la Caridad me acompaña». Luego, se dirigió a Juan Esclavo: «Juan, aquí te dejo, con los Santos Evangelios y la Cruz en que murió mi Hijo, esta oración para cuando una mujer esté de parto o se halle afligida por los dolores tan fuertes que siente su corazón, que un mal parto de cualquier índole trae malos resultados. Que ponga esta oración sobre su vientre, haciendo la señal de la Cruz, en memoria de los siete dolores que yo tuve tan fuertes. Desde lo Alto alcanzará la bendición de Dios. Que rece una salve a la Santísima Virgen de la Caridad del Cobre. Sus dolores desaparecerán en el acto, los de su corazón, los de su vientre, o ambos. Que caiga sobre ustedes la bendición de Dios Todopoderoso. Amén Jesús».

Y desapareció.

3

Despertó sabiendo que la había soñado. El olor se lo advertía, un olor a sudor maduro, como si toda la noche la hubiera pasado revolcándose dentro de una calabaza gigantesca cuya pulpa lo acariciara centímetro a centímetro de piel. Se levantaba así, untado de algo viscoso y vegetal, un poco con la acidez de la náusea, un poco con el dulzor de algo que se disuelve suavemente en la boca. Entre las piernas, sentía algo así como la clara de un huevo batido contra una superficie que se quema. El sueño se repetía, llevaba varias noches persiguiéndolo. Apareció definitivamente después de que Arsenio fuera al Elizabeth's por primera vez. Allí estaba, en la finca cercana al río Portugués. Alguien lo llamaba desde lejos. Se distinguía tan sólo el eco de esa voz gritando su nombre por debajo de un aire vuelto agua. El eco era una voz de mujer, llamándolo como a un niño perdido. Se suponía que debía regresar. No adentrarse más en los altos pastizales, pero él no haría caso. Nunca hacía caso en el sueño.

Detrás de unos platanales recién tumbados, el aire se llenaba de mariposas. Un olor a sudor de calabazas acababa de condensar la atmósfera. De la nada, el olor y las mariposas se convertían en maleza tupida. Y entonces una mano oscura de mujer lo empujaba entre las pajas. El pecho se le llenaba de horror por la fuerza de esa mano, que lo conducía a un limbo donde flotaba de cuerpo entero entre las hojas. Aquellas hojas tenían el poder de rasgar la piel, pero él no sentía nada a sus espaldas. Todo el ardor ocurría al frente, donde se posaba aquella mano, agarrándolo entre las piernas. Algo tintineaba. El sueño se le llenaba de metales, quizás de lejanas campanas, acompañando al eco de aquella voz de mujer que le advertía no vayas para allá, pero era tarde. Aquello que la mano agarraba se endurecía y se llenaba de savia, un jugo que le dolía entre las piernas, un mariposeo en el vientre lo hacía querer algún alivio, cualquiera. A su vientre henchido se le sumaba una cara oscura, la cara de una mujer negra que lo miraba desde abajo, donde la mano hurgaba entre las ropas hasta encontrar aquel pedazo de carne que le cortaba el respiro y le ardía. Miraba desde abajo, poderosa. Él, allí echado, no podía sino temer y añorar.

La mujer abría la boca lentamente y la acercaba a su carne que ya brincaba viva entre las matas de su mano. Entonces el olor a pulpa expuesta le nublaba la vista. Despertaba asustado, con la sensación de un millón de alas de insecto rebotándole en la cara.

Estuvo peleando con el sueño toda la tarde. Pero no quería levantarse. Podía darse el lujo. Hacía una semana que estaba de vacaciones. Se aproximaba la Navidad. Eran las fiestas de la madre. Doña Cristina Rangel aprovechaba las Navidades para recordarles a todos que ella era la señora de la casa, señora en propiedad, sentenciadora de órdenes domésticas, pedidora de jamones, de cortes de lomo, ponches, mazapanes y avellanas que ofrecer a los invitados que pasaran por la casa a desear felicidades. Había que mandar a hacer trajes nuevos para la Misa del Gallo, comprar una mantilla, que las que tiene están muy vistas por sus amigas de la Iglesia. Necesita un mantel bordado para la mesa de centro y montar el pesebre, que es esencial para darle a la casa ese toque pío. Doña Cristina Rangel de Fornarís asumiría su papel de guardiana de las tradiciones.

Hija de María, amén, Jesús, Seguidora de la Madre, amén, Jesús, Cuerno de Abundancia, amén, Jesús. No se dejaría corromper por las nuevas modas navideñas que habían traído los americanos —esos horrendos matojos de pino que adornan con guirnaldas de papel y lucecitas de prende y apaga, y... que convierten la casa en un puterío—. Mantener el pudor, las buenas maneras, para que los familiares y amigos vean que en esa casa se vive de manera espectacular, llenos de armonía y unión familiar, como en un sueño.

Luis Arsenio se sabía el libreto de memoria. Desde que se reconoce con vida lo había visto repetirse una y otra vez. Su padre desaparecería temprano en la mañana, anunciando que no vendría a almorzar, que tenía la mar de clientes de última hora que quieren dejar todos sus documentos legales en orden antes de fin de año. Después de rezar un rosario, su madre bajaría a la cocina, a desayunarse un café, sola, ese café que siempre olía a algo más, a algún cordial extraño de los que ella prepara para las visitas —el de toronjas, el de anís estrellado, cordiales caseros de cerezas—. La alacena siempre estaba llena de botellas de colores que despedían un olor a lentas fermentaciones con las cuales su madre bautizaba su café todas las mañanas, para entonar el día. Durante las fiestas, la cosa empeoraba. Una, dos tazas. Después empezaría la tortura. Doña Cristina perseguiría al hijo por toda la casa. No lo dejaría estar a solas ni en su recámara, ni en el patio, ni aun en el cuarto de baño. Insistiría en limpiarle la espuma de jabón de las quijadas. Haría caso omiso de la sombra de barbas que él ya rasuraba y lo trataría como a un niño, preguntándole con insistencia qué regalo quería para los Reyes Magos. «Madre, faltan como dos semanas para el seis de enero, déjame tranquilo...» Pero no, ella no se dormiría en las pajas. Había que precaver. Había que llegar antes a los almacenes, averiguar si tenían lo indicado, si no, mandarlo a pedir fuera «y tú sabes, querube, que en esta isla todo se tarda, hasta puede que no llegue para el seis… ¿Recuerdas cuando te antojaste del trencito mecánico, el de los vagones colorados? Si supieras lo mucho que sufrí para que llegara a tiempo y no dañarte la ilusión…». Luis Arsenio rechinaba, intentando sacarse los dedos de la madre de encima, quitándole los peines con que quería corregirle la partidura, evitando que le armara un berrinche a Casiana porque encontraba que sus pantalones no tenían suficiente filo.

—No quiero nada, madre. Déjame en paz, déjame aquí tirado soñar que una negra me chupa entre las piernas…

Jura que se lo diría. Si lo obliga a salirse de la cama, Luis Arsenio jura que por una vez será grosero con su madre y se lo diría. Porque eso es precisamente el regalo que quería desde hace ya varias noches; escabullirse de esa cama tan vacía, correr hasta San Antón y meterse en el cuerpo oscuro de Minerva. Así se llamaba, Minerva. Lo supo hacía unas semanas, cuando la vio a plena luz del día caminando por la plaza rumbo al mismo almacén donde su madre compraba lencería. Iba con otra de las pupilas del Elizabeth's, estaba seguro, porque se agarraban las dos firmemente de las manos, con los brazos entrelazados como dándose valentía. Los hombres de la plaza las miraban con recelo, con el temor de que alguna se atreviera a saludarlos. Las mujeres las miraban con asco. Vio a las muchachas cruzar la plaza con pasos demasiado resueltos y con los mentones desafiantes. La suya iba envuelta en un simple traje de algodón floreado y zapatos de trabilla negra. Se había trenzado la miel oscura de su pelo por debajo de la nuca. Y su piel, que era exactamente del mismo tono que sus cabellos, la hacía parecer un dulce de ajonjolí tostado, barnizado en azúcar.

Ya casi franqueaban la distancia y podían cruzar hacia la calle Perla, en esquina con el almacén de lencería. Las muchachas se abrieron paso entre el gentío de limpiabotas, vendedores de lotería, piragüeros, verduleros, y se prepararon para cruzar. Luis Arsenio vio cómo los revendones sí las saludaban. Sin tensión, sin miedo. Un saludo cotidiano. Vio, de hecho, al chofer de Esteban, el mismo que hace casi un mes los llevara al Elizabeth's Dancing Place. Fue ese chofer el que a viva voz gritó «Minerva» y dio señal para que la muchacha girara en seco sobre sus talones. Su falda de algodón también giró en el viento y dejó ver un poco más del dulce ajonjolí de su pantorrilla. De golpe a Arsenio se le nubló la vista y se le encandiló la sangre como si hubiera tragado fuego. Torció el paso. Salió él también detrás de la muchacha. No lo pudo evitar. Sólo se detuvo cuando se vio a sí mismo reflejado en las vitrinas de la lencería, a punto de tocarla por el codo antes de que entrara. Entonces fue el horror, el eco de una risa mordiéndole los talones, la sospecha de la mirada de los transeúntes reconociéndolo...

—Ahí va el hijo del licenciado Fornarís...

—¿Qué hace con esa mulata?

—Esa niña trabaja en el bar de Isabel La Negra.

—Bendito, tan joven y puta.

—Es que la juventud de hoy no tiene decencia...

El horror le hizo falsear su intento, seguir de largo, refugiarse a mirar perfumes en los escaparates de la farmacia cercana, pensar en que le hacían falta estampillas de medio centavo. Volvió a pasar frente a la lencería pero ya no vio a Minerva, con el mentón desafiante, caminando a paso decidido por entre las góndolas de la tienda. No la vio mirando de reojo a las dependientas que le sonreían irónicas y atentas a cualquier movimiento de las chicas, cualquier oportunidad para «ponerlas en su sitio» con un buen comentario hiriente. No la vio enfrentándose a la decencia de las otras mujeres, a esa prueba incólume de la superioridad de todas las otras hembras de la especie. Todas eran superiores a ella, porque Minerva era puta y negra, y eso era lo peor que se podía ser sobre la faz de esta tierra. No la vio más. Pero desde entonces a Luis Arsenio se le hicieron más frecuentes los sueños del río.

Al fin decidió bajarse de la cama. Se daría una ducha. Pasaría por casa de Esteban. Tenía que convencerlo de que lo acompañara otra vez al Elizabeth's. Irían solos ellos dos, sin Pedrito con su cara de perro callejero y sin las bribonadas de Alejo Villanúa. Contaba con su lealtad para salir de ese trance. Tenía que ir a ver a Minerva, estar con ella una vez más, a lo sumo. Después encontraría la manera de arrancársela de los sueños y de los apetitos. Se echaría una novia quizás, una chica en propiedad a quien besar castamente y presentarle a la familia. Pero ahora no tenía nervios para eso. Ahora tan sólo tenía nervios para Minerva, para lamerle el ajonjolí de su entrepierna, pedirle que lo chupe, penetrarla, ponerle el envés de la pantorrilla sobre su cuello. Pero antes debía convencer a Esteban de que lo acompañara y burlar la vigilancia de la madre.

A Dios gracias, la Madre estaba ocupada montando el nacimiento. Doña Cristina hostigaba a Delfina y a Carmela. Las tenía trepadas en las escaleras del traspatio desencaramando cajas llenas de periódicos viejos que protegían las figuritas de porcelana. De entre la paja de papel llena de cagarruta de lagartijos iban emergiendo la Virgen con el Niño, San José, la mula, la vaca, las ovejas y los pastores del establo. Había que tener sumo cuidado, un cuidado obseso, no se fueran a romper las figuritas. Luis Arsenio asomó la cabeza por la puerta en el momento en que su madre arengaba a las sirvientas, que «después hay que mandarlas a pedir directo a España y ustedes no saben el trabajo que da, claro que no; a bien que ni saben dónde queda España».

—Ya tú ves, Carmela, se le cascó la pintura del pico al gallo.

—No se preocupe señora, yo se la arreglo con una gota de esmalte de uñas. Nadie lo va a notar.

—¿Cómo con esmalte de uñas? Esto es una figura muy cara. Ay Virgen, dame paciencia con estos seres que no saben el valor de las cosas...

Delfina y Carmela suspiran profundo. Luis Arsenio las ve, hincadas entre figuritas de cerámica y periódicos viejos, entornando los ojos para rebuscarse la paciencia, para encontrar fuerzas con que «complacer a la señora». Pero es imposible «complacer a la señora». Eso es parte del juego. Complacerla es imposible porque los estándares de la señora son inalcanzables, los gustos de la señora, excelentísimos, la sensibilidad de la señora más frágil que un cristal, los sacrificios de la señora los de una madre amantísima, los sufrimientos de la señora los de una mártir del hogar. La señora siempre quedará insatisfecha y el mundo le estará en eterna deuda. Sólo su bálsamo la consolará. El bálsamo de sus licores, chorrito matutino del cariño secreto con que perfuma su café. Luis Arsenio lo sabe y le da vergüenza. Le da vergüenza mirar a las sirvientas, verlas hincadas rebuscando entre la paja cagada. Le avergüenza ver a su madre con el trago en la mano, un pañuelo en la otra tapándose la nariz para protegerse del polvo de las cajas, se da vergüenza él, tratando de escaparse en puntillas por la escalera, para fugarse a casa de Esteban a convencerlo de que lo acompañe esa noche al Elizabeth's Dancing Place. Pero tiene más hambre que vergüenza. Logró escabullirse por la puerta de servicio.

Agarrando la Luna, Luis Arsenio dobló por la calle Salud hacia la Reina Isabel. Con tan sólo caminar dos cuadras estaría donde Esteban. Chaflán mallorquín en la entrada, aldaba de bronce, una casa tan idéntica a la suya. Tuvo mala suerte. La residencia de la familia Ferráns estaba llena de arriba abajo, de diestra a siniestra. Desde los portones de hierro forjado, se veía el trajín de gentes. Arsenio tuvo que esperar en el vestíbulo de entrada más de quince minutos en lo que Esteban se desocupaba de su familia. Aquello no podía ser una simple visita de Navidad.

—El tío Jaume ha llegado de Barcelona.

—¿Quién?

—¿No te he contado de un tío que tenemos en Cataluña?

—Creía que ustedes también eran corsos.

—Y catalanes por parte de madre. Pues el tío Jaume se ha exilado, Arsenio. Dice que por allá las cosas están más calientes que el rabo del Diablo y que no vale la pena enviarme a hacer carrera a España porque ahora está en manos de los anarquistas.

—No jodas...

—Ven, para que lo conozcas.

Esteban lo arrastró por una mano y lo dejó con la palabra en la boca. Tal parecía que si quería ganarse la complicidad de su amigo, tendría que conocer al tal tío Jaume. Además, aún quedaban bastantes horas que matar hasta que llegara el anochecer. La casa de Esteban se le antojaba refugio seguro contra las manías navideñas de su madre. Nada podía perder oyendo conversaciones sobre el exterior, calmándose el ardor en la carne por culpa del sueño del río y el recuerdo de Minerva. Luis Arsenio se dejó conducir por los pasillos de la casa (cuán parecida a la suya) de Esteban Ferráns.

En el salón biblioteca estaban todos los hombres de la familia. Esteban padre había convocado a sus hermanos, que llegaron de las fincas del Tibes y del negocio de la capital tan pronto oyeron la noticia de que se aproximaba el tío Jaume. Habían tenido tiempo de sobra para preparar su llegada. El tío salió en tren hacia Cádiz justo cuando echó la carta que habría de anunciar su exilio. En la carta decía que pronto partiría rumbo a La Habana a visitar familia por unos días, a ver si así decidía dónde se iría a instalar. Si no se quedaba en La Habana pasaría por Puerto Rico. Le tomaría catorce días cruzar el Atlántico. La carta llegó cuando ya el tío se aproximaba a las costas de la isla vecina.

El general Trujillo está dando incentivos a todo español que quiera mudarse a territorio dominicano. Aún no me decido, pero definitivamente dejo Barcelona. Acá el malparido de Andrés Nin tiene a los trabajadores revueltos. Muy bien que lo ha aconsejado el Trotsky ese. Ha armado unos «soviets» y jura que tomará el mando de la República, y que extenderá el comunismo hasta donde se pone el sol, depende de lo que pase en Alemania, claro está. El año pasado los «camisas pardas» perdieron las elecciones. Pero éste, qué va… Esos imbéciles siembran el terror por las calles. Lo único bueno que tienen es que le han quitado la banca a los judíos. De seguro ganan las elecciones este año, y entonces los comunistas están fritos. Pero yo no puedo esperar tanto. En Barcelona ya han declarado la ley marcial y peor, porque lo que suenan son tiros por todas partes. Veinte muertos en lo que va de año. Nada primos, que este país se ha ido a la mierda.

Luis Arsenio se quedó recostado del dintel de la puerta junto con Esteban. Los hombres discutían en voz alta. Arsenio le leía en la cara a Esteban que no quería perderse lo que hablaban los mayores. Ésta era claramente una conversación entre hombres, una escuela en proceso que iniciaba a su amigo en los trámites y costumbres de los machos de su estirpe. Se escuchaban trajines desde la cocina. Mientras tanto, el tío Jaume sudaba la gota gorda. Grande. Recio. Estaba vestido de más, como si su traje, aunque cortado a la medida, fuera para otro. La chaqueta y el chaleco estaban hechos de un paño marrón muy liviano, pero aun así ahogaban al tío. Así que don Jaume desenfundaba de aquella envoltura unos brazos de toro, unas muñecas gigantescas, como de labrador montañés, un cuello de oso lleno de pelos por todas partes. Recién le habían traído a los hombres el café. El tío rezongaba «¿pero y cómo pueden?» mientras el resto de sus familiares se reían de él y le daban sorbitos a sus tazas de porcelana. «Ya te acostumbrarás, Jaume, y te darás cuenta que no hay nada mejor para el calor que matarlo con un pocillo.» Sus ojillos acuosos centelleaban contra los mofletes un tanto rojos por el resuello de la tarde. Pero además, aquellos ojillos medían a los hombres de la familia Ferráns, como buscando algo específico, algo que tramontara las conversaciones propiciadas por la sobremesa. Los tres hermanos fumaban puros que el tío había traído desde La Habana. Una caja entera de Montecristos, de los de exportar.

Jaume contaba que había desistido de quedarse en La Habana. Con una mano de dedos demasiado anchos se mesaba la panza recién comida.

—Es que la banca, señores, está por el suelo y no da señales de levantar. Me dicen que anda así desde el veintinueve. Hombre, que ya van más de tres años y nada.

—La caída les ha dado muy duro a los cubanos.

—Pues sí, porque me cuenta Emiliano, primo mío por parte de padre, pero vamos, como si fuera un hermano, que hace unos cinco, diez años aquello era una maravilla. La calle Comercio bullía tanto como cualquier Buildingstrasse. Banca alemana, banca flamenca, banca española, de Vizcaya… Y ahora el Machado ese quiere nacionalizarlo todo y echarse los quintos al bolsillo. ¿Y cómo está la cosa por acá?

—Muy mal. Estas elecciones las ganaron los socialistas.

—¡No puede ser!

—No exageres, Valentín, que fue en coalición con los nuestros.

—¿Y por casualidad, hay camisas pardas aquí también?

—Las de aquí son negras. Pero no te preocupes, Jaume, que los nacionalistas casi no tienen seguidores.

—No te creas, Esteban, que entre los pequeños propietarios y los jornaleros de la montaña…

—Sí, Valentín, pero la mayoría del pueblo les tienen terror, con lo que pasó este año. La ejecución de Riggs fue un error. ¿Cómo se van a meter con un coronel de la policía yanqui? Ésos están en guerra directa con los americanos. Allá ellos, que se las arreglen.

—La cosa es que hay huelgas por todos lados, del tabaco, en los puertos… Hasta las mujeres han ido a la huelga.

—A éstos ahora les ha dado por imitar a las uniones americanas. Exigen los mismos derechos. No, Jaume, si no es nada más que en España.

—El mundo anda patas arriba. Los pájaros tirándole a las escopetas.

—Esos desharrapados son todos iguales, malagradecidos…

Habló el tío Jaume, don Jaume Pujols, nacido y criado en Cataluña; y que hasta el sol de aquella tarde jamás había puesto pie en tierras de América. Luis Arsenio no pudo evitar mirarlo cuando habló, cuando pronunció aquel «malagradecidos» que bordeaba en el asco. No pudo evitar preguntarse si en realidad los peones y jornaleros, los huelguistas rabiosos y sombríos tenían algo que agradecerles a estos antiguos amos. Quizás ellos sí, los hombres de su estirpe. En el colegio donde estudiaba mucho les recalcaban la incuestionable herencia. Y tal parecía que sí, que cierto, que las misas y los velorios, el idioma y las costumbres les hilaban una manera de ver la vida «derivada, propia de la isla, influenciada por el clima, la geografía, pero de raigambre decididamente… española». Eso decían los curas del colegio. Eso había visto a su madre defender todas las veces que salvaba a la Virgen de la cagarruta de los lagartijos. Eso había visto en las cenas y en las bodas y en las decoraciones de las casas y en los vestidos de las señoras.

Pero Luis Arsenio había ido al Elizabeth's. Y era indudable que allí bullía otra cosa. En el Elizabeth's otro era el son al que se movían los cuerpos, y otras las leyes que regían las costumbres. Era otra la música que tejían las horas, y los ritos de estar sobre la tierra; otros los colores y las texturas de las pieles que se imponían a las miradas. ¿Aquella cosa, cómo se llamaba? ¿Aquello que le halaba la voluntad hacia la casa de Isabel La Negra, los meneos, las risas, el olor de la Minerva, cómo se llamaba? ¿Cuál era el nombre de aquello que le hacía temer porque rondaba por lo oscuro, mientras que en el claro de las plazas las miradas de sus pares aplaudían el espectáculo castizo de los ritos de su clan?

—Los americanos han cerrado los bancos por cuatro días.
—¿Este año?
—Y Roosevelt logró que el Congreso aprobara una ley que le diera potestad para cerrarlos indefinidamente hasta que prueben su solidez financiera.
—Pues mal veo la cosa.
—Ni tan mal, que ya se escuchan rumores de que van a cambiar los aires. Pero ojo; soplarán desde una dirección diferente.
—¿A qué tanto misterio, Juan Isidro? Habla hombre, que estamos en familia.

Juan Isidro sonreía, se echaba el puro a la boca y daba una larga calada en lo que el tío y sus hermanos pendían del hilo de su silencio. Era el mayor de los Ferráns. Le había tocado emigrar a la capital y trabajar como burro bodeguero cuando las cosechas de café, de caña, de frutos menores se vinieron al suelo después del doble embate del huracán San Ciriaco y de la llegada de los americanos. Suerte que el patriarca (de quien había heredado el nombre) tenía unas tierritas por la capital. No servían más que para canteras. Pero a Juan Isidro le fue bien. Vendió un poco de relleno y piedras para las primeras obras que hicieron los nuevos amos. Fue juntando capital. Se casó con una hija de la familia Fernández, de dudoso origen racial, pero muy rica, proveniente de criollos que tenían almacenes y habían recién copado el negocio de la venta de carbón. Consolidó su almacén con el de ellos, convenciendo a su suegro de que le comprara a precios «preferenciales» todos los víveres a sus hermanos del sur. Entonces fue adquiriendo las parcelas aledañas a las Canteras de piedras que le había heredado su padre. Todo el mundo le decía que estaba loco, que allí nada crecería, y que la gente que quería quintas las quería en otras partes; pero Juan Isidro medía otra posibilidad. Lo de él no era cultivar ni construir, era vender —aceites, botones, un saco de piedra, o a su madre, si hacía falta—. Los americanos habían llegado prometiendo la aurora del progreso, ¿no era cierto? Pues iba a hacer falta mucha piedra para levantar un futuro como el que prometían los americanos.

—Construcción.

—¿Qué dices?

—En todo San Juan se oyen rumores de que Roosevelt va a levantar la economía, y que lo va a hacer de una sola manera: gastando en obras públicas. Usará el Fondo Federal para sufragar contratos, levantar puentes, represas, carreteras…

—¿Y en cuánto más van a invertir?

—No sé, pero se va a construir mucho.

—O sea que lo que toca es asegurarnos de suplir la piedra para todas esas construcciones. Montar una buena alianza con el partido…

—Los partidos. Hay que comprar a unionistas y a republicanos.

—Se nos van a ver las costuras…

—¿Acaso no somos tres?

Luis Arsenio suspiró profundo. La política nunca le había interesado mucho y ya se aburría. Además, tenía ganas de contarle a Esteban de su plan. Pero su amigo no podía tenerse en el dintel de la puerta. Casi se dispara para ofrecerse como integrante de la farsa que programaba hacer su tío. Juan Isidro se proclamaría converso al Partido Republicano. Haría donaciones a campañas. Se apuntaría a los mítines de plaza, se sacaría fotos de prensa con don Celso Barbosa. A él se lo creerían más, porque vive en la capital y está casado con una mulata, y eso tiene que caerle bien «al médico negro que puso a caminar el partido». Esteban y Valentín seguirían apoyando a los Unionistas como antes habían hecho con los Liberales, lo que hacían todos los terratenientes.

—De todas formas no me gusta. Nacionalismo por todas partes, Machado en Cuba, ustedes con tiros, huelgas y mazmorras; cuando lo que vengo buscando es todo lo contrario… Por lo menos Trujillo invita españoles a que le saquen el país de la barbarie… Lo que me gustaría es abrir una caja de ahorros por allá, que ya estoy harto de vender aceite.

—Pues nosotros vamos a necesitar capital para la explotación de la cantera.

—Me encontrarán en la isla vecina. Aprovecho para aconsejaros que vayan buscando quien les redacte buenos contratos y les enseñe «atajos legales».

—Eso ya lo tenemos… el licenciado Fornarís.

—Dúctil como el barro y mudo como una tumba…

Luis Arsenio brincó en su sitio, como si del cuerpo se le hubiera zafado un resorte. No se pudo contener. Tampoco se contuvieron las miradas que se dirigieron hacia el dintel de la puerta. Con los ojos, los Ferráns se dijeron todo lo que hacía falta decir. Había un intruso entre ellos.

Esteban hijo interpretó muy bien la incómoda corriente en los ojos de sus mayores. Inmediatamente, presentó explicaciones del porqué de la visita del joven Fornarís. Era amigo íntimo y, al pasar por la casa, Esteban le contó de la visita del tío Jaume. Arsenio se quedó para brindar respetos. Pero los tíos estaban tan animados en la conversación que no se atrevieron a interrumpir. Mientras Esteban explicaba, Luis Arsenio se escurría contra el umbral del salón de los Ferráns. Si se desapoyaba de la puerta, se caería al piso, de seguro. Pero oyó que Esteban padre regañaba a su hijo, diciéndole que por qué no le había ofrecido a su amigo algo de beber, un entremés tan siquiera, qué iba a pensar el chico, que en esa casa la visita no come... Trató de hablar, de negarse al convite, pero su boca no articulaba palabra. Mudo como una piedra. Del brazo lo tomó su amigo, lo condujo suavemente hacia la mitad del salón. Allí alguien le extendió la mano, estrechó la suya. Eran los gordos dedos de don Jaume Pujols. Los sintió viscosos, como los de un molusco. Hizo una breve inclinación como saludo. No dijo nada, no podía decir nada, sino dejarse conducir. Eso hizo Esteban. Se lo llevó hacia la cocina, como si fuera un muñeco de trapo. De repente, Luis Arsenio se encontró sentado, sorbiendo un vaso de limonada fría, ante la mirada de su amigo que tranquilamente lo dejaba beber, «no ha sido nada, hermano, no han dicho más que tu padre sabe hacer su trabajo». Pero Arsenio sabía que no, algo había en Fernando Fornarís que no se erguía derecho; no era tan sólo él quien lo notaba. Otros hombres lo sabían diferente. Porque existían otros hombres, hechos de hierro forjado, recios hasta la sospecha, como el tío Jaume, linces como Juan Isidro Ferráns, trabuqueros como don Esteban y Valentín. El mundo era de los hombres como los que había en la casa de su amigo; dispuestos a sacarle ventaja a lo que fuera y a decir barbaridades en voz alta como si se supieran los dueños del mundo. No como su padre, que no hablaba, como su padre, que no tenía materia con qué sostenerse. Que tan sólo servía para ser la sombra muda que busca la forma más legal de hacer valer la voluntad de esos otros hombres; los que les venden las entrañas de la

tierra y las de los hombres que habitan sobre ella sin pen-
sárselo dos veces.

—¿Y a qué viniste por acá?

Casi se le olvida a lo que iba. Pero Luis Arsenio recuerda. Una piel de semillas tostadas, una falda de algodón sencillo flotando en el aire, un mentón desafiando las
miradas de los demás. Minerva. La silueta opaca de su padre se le disuelve en el aire.

—Vamos de nuevo al Elizabeth's.

—Por mí, encantado, pero hoy no podrá ser. Tú ves
cómo ando de liado. ¿Por qué no le preguntas a Pedrito o
a Alejandro? Ellos también tienen chofer; por si no te atreves que te lleve el tuyo.

—No, hermano, tiene que ser contigo.

—Andas encandilado… Cuidado, que mi padre dice
que cuando uno le coge el gusto a unas nalgas…

—¿Entonces cuándo vamos?

—Será después de Reyes.

Luis Arsenio sacó cuenta. Diez días. Se le escuece la piel.
No podrá esperar tanto. Demasiados días con sus noches,
demasiada intemperie por donde se puede colar el sueño
de las campanas y de la mano oscura, poderosa, que lo
arrastra al pastizal, lo toca entre las piernas, en la raíz misma
de su terror. Pero ¿qué otra salida le queda sino esperar?

4

Todavía la niña Tous era un amasijo de carnes sin forma. En cambio, a Isabel le crecía un cuerpo espigado, de carnes duras, con sus pechitos a punto de salir disparados de entre las costillas. Criaba caderas anchas, anunciando a la mujer que vendría a habitar sus carnes, de un tinte azul bruñido. La carne le refulgía contra gotas de humedad. La muchacha tomó una toalla raída, se secó bien la piel. No pudo evitar mirarse las carnes y sonreír, haciendo plan mental de cómo eran mejores que las de la niña Virginia. Más fuertes, «duras».

Acababa de darse un baño. Terminó tan sudada de fregar los pisos del recibidor que la misma Lorenza se lo propuso. «Mija, para que te refresques, que la tarde va a estar calurosa.» Ya Lorenza la estaría esperando para ponerse juntas a coser. Lo más seguro se habría acomodado en los balcones de servicio, sentada con su canasta de costura junto al sillón de paja. Isabel dejó de mirarse las carnes que se secaba «sin un solo rollo de grasa...». Se vistió con un traje descartado de la niña Tous. La tela se le embolsillaba por encima de las caderas y alrededor de la espalda. Pero con algunas puntadas al bis y dos o tres nesgas le terminaría sentando como anillo al dedo. «Mejor que a ella.» Por algo se afanaba por aprender las lecciones de Lorenza. «Más tarde me lo voy a entallar.» Isabel salió de su cuartito y se encaminó al traspatio de la casa Tous.

—Toma mija, que esto me tiene la vista comida.

Lorenza intentaba pasar un hilo por el ojo de una aguja. «Ay, vieja, ni que eso fuera un camello.» Isabel, ostentosa, chupó el hilo, afilándolo, y luego enhebró la aguja de un tirón. «Visión perfecta, nena, qué ojos.» Se sentó junto a Lorenza, que ya tenía separada la labor de costura en tres estibas: los calcetines del señor Tous, los uniformes de la niña Virginia, los ruedos de las faldas de la señora Georgina.

—¿Otra vez ruedos, Lorenza? ¿Pero qué le pasa a esa mujer?

—Yo creo que se está encogiendo.

—Schh, mira que si nos oye…

—Se va a poner chiquitita como una hormiga y un día de estos ni cuenta nos vamos a dar que le pasamos por encima.

Hablaron mal de las patronas toda la tarde, entre susurros. «Lo que deberían comprarle a esa muchacha es un barril, que es en lo único que va a caber dentro de poco; ay Madre.» Isabel escuchaba las ocurrencias de Lorenza mientras se concentraba en la tarea de remendar los calcetines del señor Tous. La vieja sirvienta la auscultaba de reojo, insistiendo en que «no importa si la puntada no te queda derecha, que eso no lo va a ver nadie». Pero Isabel no quería fallar. Medía con los dedos cada vuelta en revés que daba al hilo, para que fuera a caer exacto donde el filo de la aguja había entrado en la puntada anterior. «Ni que se te fuera la vida en esas medias.» No se le iba, pero de todas formas, quería que quedaran bien. Que cuando el señor Tous pisara por la tela de sus medias, supiera, o por lo menos sospechara, que esas puntadas se habían hecho con esmero.

—A ver, tapa el arco con esta camisa vieja, para que la hormiga crea que estamos trabajándole en sus trapos y nos deje quietas.

Soltaron los remiendos, se pusieron a bordar. «Esto es puntada Richelieu, empieza parecido a la francesa pero después se va poniendo más gruesa.» Isabel fijaba sus ojos en las manos de Lorenza. Visión perfecta. Los sabía grandes y almendrados, a sus ojos. A veces los amiguitos de la niña Tous se embelesaban contemplando su curvatura de dátil, de semilla del desierto. Y no eran tan sólo los amigos de Virginia los que la miraban. Había sorprendido varias veces a don Aurelio, el señor de la casa, reposando sus pupilas en las suyas, y también en sus nalgas apretadas por los trajes que le pasaba la hija y que ella alteraba. Hasta allá abajo llegaban las miradas de don Aurelio, cuando pasaba cinco pasos detrás de Lorenza con la bandeja de la carne o las verduras.

La habían amaestrado a contarlos, cinco pasos detrás, con la fuente de las sopas o el servicio de vituallas en las manos. Contar en su mente, *uno, dos, tres, cuatro,* tomar aire y disponer el paso, *cinco;* seguir a Lorenza en los menesteres de servirle la cena a la familia. Detrás iba ella y detrás de cada uno de sus pasos la seguían los ojos del señor Tous. Pero esto era asunto de hace poco tiempo, desde que empezó a echar esas carnes duras, de mujer. A doña Georgina también se le iban los ojos detrás de ella; rezongaba, en voz alta. «A esta criatura hay que mandarle a hacer un uniforme de servicio. Ya no le quedan los vestidos viejos de Virginia.» Pero Isabel conseguía su templanza, ignoraba a la Patrona, y de paso le contestaba de reojo la mirada a don Aurelio. Lo miraba mirándola y se le dibujaba una sonrisa en el rostro. Dulce tibio, arroz con leche recién sacado del horno en las miradas del Señor.

—Estás buscando fuete para tu fundillo.

—Pero si te estoy atendiendo, Lorenza…

—Ay mija, tú sabes bien de lo que te estoy hablando.

Hacía rato que Lorenza guardaba silencio. Había dejado a Isabel perderse en la puntada de sus manos. Con un ademán de barbilla señaló la pila de calcetines de don Aurelio, todos remendados por las manos de la muchacha, cada par alisado y doblado cuidadosamente.

—Lo que te falta es que los perfumes y te los lleves para tu cuarto. Mira que te estoy velando…

—Lorenza, tú eres más maliciosa.

—Vieja es lo que soy. ¿Te crees que eres la primera negrita a la que el don le tasa el candil?

—Te preocupas de más. Ni que fuera a pasar algo.

—Mejor tranca bien esas piernas. Y ten cuidado, que las hormigas se dan cuenta de todo… Bueno, vamos a ver si es verdad que estabas atendiendo, enséñame el Richelieu.

La noche las sorprendió en los balcones del traspatio. Lorenza se levantó de su sillón. «Me voy yendo que para luego es tarde. A dormir como las gallinas. Nos vemos mañana.» Isabel caminó tranquila hasta su cuartito. Encendió una vela y el cuarto entero se iluminó, esquina a esquina, sobre todo en donde tenía pegada la estampa de la Virgen de las Mercedes que hacía unos meses le había regalado su Madrina. «Toma, para que te guarde.» Se cambió de ropas. Una bata suelta de algodón cubrió sus carnecitas duras, maduras. «Refugio de pecadores, Madre de misericordia, Santísima Virgen María, mírame contrita y humillada, implorando tu matrocinio.» Isabel se hincó a rezar. Pidió secretamente que la liberaran de la sombra, que la Virgen le sacara de la cabeza las oscuras venganzas que tramaba contra la niña Virginia o contra la señora Tous. «Eleva mis pensamientos, que no le desee yo mal a nadie, que no quiera para mis señoras que las atropellen mulas, ni que se mueran de pestilencia o lenta enfermedad. Y protege a Lorenza y a mi Madrina.» Tan sólo le restaba sobrevivir la noche, «amén, Jesús» y que pasara un día más. Entonces la vería.

Esa tarde, después de la escuela, le tocaba visita con Madrina. Tres días enteros con sus noches dormiría en un saco de paja en el bohío de San Antón. Cierto es que terminaba con dolores en las caderas y toda picada de mosquitos cada mes, cuando le tocaba ir a visitarla. Teté Casiana le montaba cachota. «Esta negrita se ha puesto más fina, ya no sabe vivir entre los pobres.» Isabel fingía molestia. «Ya tú verás; si me sigues molestando, no vuelvo más por acá.» Pero lo cierto es que contaba los días hasta esa última semana del mes en que podía descansar al fin de la familia Tous. Antes de acostarse, preparó un lío con cosas que llevaría hasta la casa. Le regalaría un traje alterado a alguna de las nenas de Teté, un cuarto de libra de queso de Holanda que Lorenza «separó» para ella de la alacena de los patrones; un pañuelo para su Madrina. Isabel acercó la vela hasta que le iluminara los ojos; se sentó en la cama. Almendra oscura, visión perfecta. Enhebró la aguja. Aunque se desvelara, terminaría de bordarle sus iniciales a Madrina Maruca en el pañuelo. La sorprendería.

Con un campanazo las monjitas anunciaron la hora del recreo. Isabel caminó hasta debajo del palo de flamboyán, su lugar preferido en el colegio. Allá se entretenía, casi siempre sola, jugando a las canicas con piedras del río, o practicando alguna lección. Las hermanas Tomé se le acercaron. Paulina y Matilde. Eran mulatas, hijas del doctor en medicina que trabajaba en el Hospital de Damas. A veces jugaba con ellas, y con una niña blanca, Eugenia, que las carmelitas habían acogido como interna, pero que ese año desapareció como un fantasma.

—Es que tenía tuberculosis.

—¿Tú crees que se haya muerto?

—Ay, yo no sé, Isabel. Las monjitas dicen que se la llevaron a la casa de los padres, que estaba muy malita.

—Me imagino que allá la curarán.

—Papá dice que esa enfermedad no se cura, y que es contagiosa. Si se entera de lo de Eugenia, lo más seguro nos saca de la escuela.

—Con razón se callan las monjitas.

—Pero ya tú verás cuando yo sea médico. ¿Y tú, Isabel?

—¿Yo qué?

—¿Qué te gustaría estudiar?

—Fíjate, quizás abra mi propio taller de costura.

—Pues yo, tan pronto pueda me voy de este pueblo, a la capital, o a los Estados Unidos. Allá fue donde estudió mi papá. Y no te apures que tú me vas a hacer el ajuar.

—Isabel.

No podía fallar. Allí estaba la gorda, interrumpiéndola. ¿Qué querrá ahora? Acodada debajo de uno de los pasillos en arco del colegio, la niña Virginia se deshacía en aspavientos para llamarla. Tuvo que dejar la conversación a medias. Irse del pueblo, lejos, irse a estudiar, irse a San Antón. Bajó la cabeza preparándose para escuchar el nuevo antojo. «¿Dónde dejaste mi sombrilla? Tú sabes que no puedo coger sol. Búscamela, Isabel, y de paso, pregúntale a las monjitas si quedan aguas de limón, que tengo sed.» Isabel dispuso el rumbo hacia los salones del colegio. Ya estaba a punto de trasponer a la niña cuando Virginia la agarró del brazo. Firme la agarró, dolía.

—Y que no te coja yo hablando con ésas de nuevo. Mamá dijo que no frecuentara a la gentuza de los Tomé. Y si yo no puedo, tú tampoco. Anda, ahora tráeme la sombrilla para acá.

Ya Isabel regresaba con el parasol bajo el brazo, cuando las monjas abrieron los portones de salida. Aquélla era la señal esperada. Se acababa el día, el suplicio. Isabel distinguió la cabeza canosa de su Madrina al otro lado de la acera. Corrió hasta donde estaba su patrona. «Tenga. Me vino a buscar mi Madrina, me voy.» Y dejó a la niña Tous con la palabra en la boca. Cruzó la calle Estrella frente al colegio. A la verdad que Madrina Maruca se estaba poniendo vieja. Ya sus carnes no eran tan macizas como antes. Le bailaban un poco contra los huesos, «que Dios te bendiga, mija, y que la Virgen te proteja». Lo notaba cada vez más en estos meses, cuando se le echaba al cuello para pedirle la bendición y abrazarla, como ahora.

Caminaron hacia la plaza del Mercado. «A ver si consigo un corte de carne; me pagaron lavado hoy. Vamos a hacer fiesta, Isabelita». Ahora era ella la que tenía que contar los pasos para no adelantársele a su Madrina. Maruca caminaba lento, se notaba cansada. Cruzaron la calle Atocha, la León. Al final de la Intendente, la plaza del Mercado zumbaba repleta. Hileras de revendonas se extendían a lo largo de las veredas del cuadrángulo. Isabel reconoció a dos o tres vecinas de San Antón, agachadas junto a sus canastas con cosecha. Acomodaban ñames, batatas, guineos de las talas caseras sobre pedazos de tela, se engañotaban en esa posición que da el trabajo. Como las lavanderas. Pies separados, falda entre las piernas, rodillas a la altura de los codos. Con un abanico de paja o con algunas ramas secas las revendonas espantaban las moscas que se le posaban encima a la mercancía. «A dos centavos, ñame, a dos la libra, a dos.» Pregonaban precios. «Duuulce guarapo de caña, llévelo.» Desde lejos, la muchacha oyó a la dulcera. «Espérate, Madrina, vengo ahora.» Dejó atrás a Maruca que regateaba el precio de un costillar de cabrito.

—Me da dos dulces de coco, cinco tirijalas y un paquete de galletas de jengibre.

Cuando terminó de pagar, ya la Madrina estaba junto a ella, midiéndola con una sonrisa socarrona.

—Adiós, ¿ya usted es mujer de medios? ¿Y esos dineros?

—¿Cuáles, Madrina?

—Con los que compró todos esos dulces.

—Son para los nenes. Como ahora hago unos centavos ayudando a Lorenza con el bordado…

—¿Y desde cuándo usted borda?

—Lorenza me está enseñando. ¿Ve, Madrina, que ya no necesitamos que trabaje para los Tous? Desde la casa, yo puedo coger encargos de costura...

—Isabel, se te olvida lo más importante...

—No, si ya hablé con Lorenza, ella me va a referir a unas clientas.

—... ¿Y la escuela? ¿Cómo pagamos la escuela?

Un silencio se hizo entre las dos. Atrecharon por la calle Salud hacia las riberas del Portugués. Caminaron lentamente, oyendo al río. Al fin llegaron a San Antón.

Teté Casiana fumaba su cachimba de tabaco en el taburete del ausubo. Tan pronto las vio llegar hizo ademán de levantarse, pero se sentó de nuevo. Estaba vieja Teté Casiana, ella también. «Bendición , Teté.» Isabel se sentó en los escalones del bohío. Abrió los líos de su carga. Los ahijados se arremolinaron cerca de ella, tan pronto sacó el bolsito de dulces.

—Les traigo queso de Holanda y para ti este pañuelo, Madrina, se me había olvidado dártelo.

—Mira, Casiana, la nena borda.

—M. M. Éstas son las iniciales de tu nombre.

—Qué bonito está, ¿y cuándo me vas a traer uno a mí?

—En la próxima visita, te lo prometo.

Julito ya estaba grande. Podía desenvolver él solo un dulce de tirijala. Hasta mostraba melindres de mancharse las manos con la melcocha azucarada de sabor a coco y melao. El atardecer caía lento sobre San Antón. Isabel lo contemplaba entre el humo de la pipa de Casiana, comiéndose ella también un tirijala. Su Madrina atizaba el fogón, que ya llameaba bajo el guiso de cabrito. Faltaba alguien, algo, que hubiera transformado aquella tarde en tiempo tenso pero familiar. Mejor que no estuviera lo que faltaba.

—¿Y Mariano?

—Hace meses que no pasa por aquí. Anda amancebado con una muchacha que bajó de la loma del Tibes.

—Pobrecita la muchacha.

—Ave María Isabel, tú nunca te llevaste bien con Mariano.

—Cuestión de entenderlo. Es que ha sufrido mucho en esta vida.

—Pues entonces que sea feliz con su muchacha y que nos deje a nosotras tranquilas.

La miraron sorprendidas de lo madura que sonaba. «Ésta ya está criada», se dijeron las viejas con el semblante. Isabel mordió otro pedazo de su dulce. El melao se le pegó sabroso al cielo de la boca. Se levantó del lado de Casiana para estirarse. «Julito ven acá, dame, para limpiarte las manos», y ayudar con la vigilancia de los críos. El tío Mariano no se iba a aparecer por allí. Aquellos tres días en San Antón serían gloriosos, ya sentía el sabor dulce del regreso en la boca. Ojalá durara para siempre.

—Toma niña, llévale cabrito a don Demetrio.

La Madrina le puso tres fiambreras en la mano. Isabel sonrió. El pretexto era perfecto. Camino de polvo, bateyes de lado a lado con árboles de pana o de mango donde se enredaba la tarde. Isabel casi corrió hasta la casa del tabacalero. Demetrio, Demetrio Sterling. Los blancos del pueblo no lo podían ver ni en pintura. Huelgas, centros obreros. Allá su nombre sonaba a proscrito. Todo el mundo comentaba sus andanzas sindicales, su empate con Alonso Gual, el editor del periódico *El Águila*, otro negro parejero que insultaba de gratis a los dueños de finca y de taller, denunciándolos por cualquier cosa ante la opinión pública. Lorenza se lo había avisado. «Ni se lo menciones al señor Tous. Por poco este año tiene que cerrar el taller por culpa del individuo.» Lo encontró recostado de la puerta de su casita, leyendo junto a un quinqué. A Isabel le pareció que el maestro estaba más flaco que antes. Ese cuerpo suyo tan fibroso se doblaba como un junco contra el marco de la puerta y dejaba ver unos huesos que ella no había percibido antes. Sería la postura al leer. De tres zancadas y ya la muchacha estaba al pie del bohío. Pero Demetrio ni la notó. «Saludos» tuvo que decir alto para atraerlo de donde lo enarbolaban aquellas páginas.

—Muchachita, dichosos los ojos. Ya eres toda una dama.
—Aquí le manda Madrina.
—Pero ¿para qué?, si tú ya no vienes a mi escuela.
—Cuentas viejas, de esas que no se saldan.
—Qué profundidad. ¿La aprendiste con los blancos?
—No, Demetrio, ésa me la agencié yo sola.
—¿Y ya sabes leer?
—Hace rato.
—Pues toma.

En las manos le puso un folleto: «Amor libre y soberano». Era de una tal Luisa Capetillo. «Un drama obrero», le dijo Demetrio. «Porque el matrimonio es un contrato de compraventa donde muchas veces la mujer sale perdiendo, ¿a que eso no te lo enseñan en la escuela adonde vas?» Y ella, «yo no pienso en el amor, don Demetrio. Quiero ser una mujer de medios, montar mi propio negocio». «Pues para eso tienes que buscarte a un parejo que te sepa entender y respetar.» «Ay no, ni parejos, ni hijos, ni nada. No me quiero ver regalando barrigas, porque no las puedo mantener.» «Pero ésa es una vida muy solitaria, Isabelita.» «¿Como la suya, maestro?» Un asombro le dilató las pupilas, obligándolo a sonreír satisfecho. No se había equivocado Maruca. Esa muchacha tenía una buena cabeza sobre los hombros.

Estuvieron conversando un rato más. Isabel se dejó hablar porque Demetrio la oía, sin corregirla, ni reprenderla, sin tratarla de obligar a hacer «lo mejor para ella». Con él ella era su igual; una mujer hecha y derecha que puede decidir su destino. Cerró la noche sobre San Antón. «Desde la edad tuya estaba yo trabajando en tabacales. He sido de todo, recolector, enrolador, secador de hojas, lector. Por eso me doy cuenta de los abusos.» Isabel escuchaba la voz pausada de Demetrio. ¿Cuántos años tendría? En el rostro no se le asomaba una arruga, ni se le dibujaba una sola cana contra el rizo apretado. Aquella piel color caramelo espeso no denotaba edad. Toda la vida lo había visto de la misma manera. Un poco más flaco ahora. Y sin embargo parecía tan viejo. ¿Cuántos años tendría don Demetrio? No se atrevió a preguntar.

—Isabel, que vengas que ya Madrina sirvió el cabrito.

Tuvieron que enviar a Julito a buscarla. Se hubiera quedado la noche entera hablando con el tabacalero. Isabel regresó al bohío con el libro de Demetrio bajo el brazo. Se lo iba a leer completo rompiendo sereno si fuese necesario. Quizás entre aquellas páginas encontrara el argumento que le faltaba para convencer a Madrina de que la dejara volver al barrio, para ser libre y volar.

En un pestañear de ojos ya fue lunes. De camino hacia el pueblo, Isabel paró donde don Demetrio a devolverle el libro. «¿Qué te pareció?» Tuvo que prometerle que hablarían luego de la lectura, porque se le hacía tarde. Esa Luisa Capetillo le gustaba. «Sindicalista, y fue tabacalera también». Mujer de medios, pensó Isabel mientras se alejaba de San Antón. «De tú a tú porque mis derechos son los mismos, y no sierva como me quieres hacer creer», había hablado la protagonista en el drama, que para colmo se llamaba como ella. Isabel. Mujer de medios, independiente y libre. Ya existían otras que lo habían conseguido. Los pasos se le iban uno tras otro, sin tenerlos que contar. El Portugués le refrescaba la caminata humedeciendo la brisa. Cruzó el puente de los dos leones y agarró la calle Montaner. En cuatro cuadras estaría en su cuartito del traspatio. ¿En su casa? No, su casa era la que dejaba atrás. «Pero pronto voy a volver, pronto y por mis propios pies», casi musitó, empujando el portón de la trastienda. No sabía que aquella premonición se le cumpliría antes de tiempo.

Encontró la casa Tous patas arriba. «Prepárate, que la hormiga anda brava.» Lorenza la puso al día. La señora había estado como posesa «porque tú sabes que esta semana cae la fiesta de la foca. Tuvieron que devolver el traje; no le entraba de apretado». Era cierto, se le había olvidado, esa semana celebraban la entrada de Virginia en sociedad. Hacía meses que andaban con los preparativos; enviado a hacer el traje, mandando a buscar quesos y cortes de carnes en conserva, encargado un gran pastel. Tal parece que desde aquellos días, escurriéndose en medio de la noche, Virginia se escapaba a comerse los entremeses de la fiesta. «Ahora la foca no cabe en el traje y la madre está furiosa. Evítala, que muerde.» Aquello probó ser tarea imposible. Tan pronto doña Gina sintió llegar a Isabel, se la llevó en volandas de compras por el pueblo.

Dos, tres, cinco pasos. Tomaron la calle Reina hasta el taller de costura Vilarís para vigilar las nuevas alteraciones al traje de muselina de la niña. Cuatro, cinco pasos, cruzaron por la calle Cristina a cotejar los pedidos de repostería fina. Dos, tres, volvieron por la Comercio a mandar a hacer la coronilla de azahares para el cabello de la debutanta. Cinco, seis pasos. De ahí cruzaron a las Delicias; había que organizar la misa que precedería el baile de las niñas en el Casino. Isabel seguía a doña Gina por todas partes. «Avanza, muchacha, pero qué vagancia, una les da tres días de descanso y se quieren tomar la vida entera.» La muchacha trincaba las quijadas y oía la voz de su Madrina en su cabeza. «Isabel, la escuela.» La voz de la otra Isabel del drama «de tú a tú». Respiraba profundo. Se decía «ya pronto, aguanta».

Volvieron a la casa cargando mil paquetes, más una caja de zapatos de cuero y tacón para que la niña se los midiera. Iban a subir directo las escaleras hacia el segundo piso de habitaciones cuando las detuvo un trasiego de trastes en la cocina. «Virginia…», llamó la madre, «muchacha ¿dónde estás?» Migajas de pan con miel ensuciaban las baldosas del recibidor. Un frasco de aceitunas yacía semiabierto sobre la mesa de la sala. «Te voy a partir la vida, te lo juro, si ese traje no te vuelve a servir…» Doña Gina se abalanzó sobre los pasillos, buscando a la hija. De entre las penumbras de la cocina la sacó, tironeándola del brazo y empujándola escaleras arriba. Isabel sonreía para sus adentros, mientras oía el escarceo de la madre descargando su ira.

Al otro día no fueron a la escuela ni ella ni Virginia «porque hay tantas cosas que hacer que no va a dar el tiempo. Además, a ésta no la puedo perder de vista». Doña Gina ordenaba como capitán en buque de guerra. «A planchar estos refajos, almidonen las camisas, péguenle esta puntilla al cuello de mi traje de organza», y a Isabel, «Niña, tú vete a buscar el traje a donde don Antón, a ver si ahora…». Había que caminar deprisa, uno dos tres cuatro cinco, rápido. Isabel regresó con el encargo de muselina entre las manos. De inmediato subió a donde tenían a Virginia, acuartelada en sus habitaciones para ver si dejaba de engordar. Tocó la puerta, «entra» y descargó aquella espuma vaporosa sobre la cama. Sin querer acarició la tela que yacía, se imaginó cubierta por aquellas nesgas que se le acomodarían como anillo al dedo. Virginia le arrebató la tela de las manos y la miró con tanto asco que hubiese sido mejor que le pegara.

—Suelta, que lo vas a ensuciar con esas manos de tiznada.

Agarrarle el pescuezo fofo a la niña Virginia, apartarle sus bucles de tiramisú, hundirle el meñique en la horca de los ojos. Se vio apretándole el cuello hasta que ninguna de aquellas palabras volviera a aparecer de su boca. «De tú a tú, imbécil. Vamos, tú y yo, ahora.» Con una mano se aguantó la otra para que no volaran hasta donde la niña Tous se empezaba a desvestir. Las manos le temblaban. La mente le temblaba. Isabel abrió la boca. Uno a uno, pensó los insultos que debía decirle, los que ensayaban todas las tardes ella y Lorenza en los cuartos de servicio. «Yo soy mejor que tú, foca fofa. Hasta tu padre lo sabe, yo soy más fuerte y más dura, tú inservible, malagradecida, inútil.» Los tenía en la cabeza, claros, tenía los manotazos vibrándole en las muñecas. Pero una fuerza invisible la hacía enmudecer, «atrévete, Isabel, como en el drama». Tan sólo podía temblar contra ella misma, morderse la lengua, quererse arrancar sus propios ojos para no ver, para no verse. La voz de su Madrina le zumbaba contra la carne, dura «¿Cómo pagamos la escuela?». Aquella voz vibró impávida ante la mirada de asco, cómplice del insulto.

Lorenza la encontró llorando junto a las bateas de ropa sucia en el patio trasero de la casa. Isabel trató de cubrirse la cara y disimular. Pero la vieja le tomó el rostro y le leyó la rabia en los ojos. «¿Qué te hizo la foca?», preguntó con una calma tan parecida a la ternura que a Isabel se le desbordó el mundo. Sin pensarlo siquiera, la muchacha escondió su cara entre los pechos de Lorenza, pechos mullidos, que la acogieron como a un bebé. Lorenza se la llevó despacio al traspatio. Se sentaron donde nadie las viera, junto al sillón de costura; Lorenza con el brazo echado sobre los hombritos de la niña, calmándole los jipíos; Isabel sin poder parar de llorar. La vieja comenzó a ondular, para un lado y para el otro se mecía con Isabel entre los brazos. No decía palabra. El viento era el que hablaba contra las hojas del árbol. La ropa tendida al sol también hablaba en la brisa. Lorenza ondulaba. «No le eches la culpa a nadie más que a ellos.» Isabel alzó ceja.

—No te eches la culpa ni a ti ni a nadie más. Así son ellos. Así hacen para sentirse mejores. Se lo hacen a todo el mundo.

—Pero si Madrina no me hubiera dejado aquí…

—Te hubiera dejado donde doña Pura que te trataría igual o peor. O donde doña Estela, que tiene tres hijas como Virginia. No una, tres. ¿Te imaginas lo que sería aquello? Tú teniendo que atender a las tres focas…

A Isabel se le escapó una carcajada. De inmediato se tapó la boca, mirando para todos lados. Pero Lorenza seguía tranquila.

—Así son ellas, las señoras. No tienen otra cosa para sentirse bien.

Isabel pensó en los vestidos y en los encajes. En los trajes de Virginia y en la casa, con sus chineros, sus muebles de caoba. Pensó en cómo esas señoras podían caminar por la plaza con la frente en alto, soltando al aire el nombre de sus padres, de sus madrinas, sin tener que odiarlos. A ellas nadie las abandonaba a su suerte. Isabel miró incrédula a Lorenza.

—Para mí que lo tienen todo…

—Mija, si tú vieras lo que han visto estos ojos. Las patadas, los bofetones que algunas tienen que aguantar. Acuérdate que yo he servido en todas esas casas…

—No importa, Lorenza. Hay cantazos que duelen más. De frente a ellas nadie las insulta.

—No, entre ellas se insultan de espaldas. Ay muchacha, deja que crezcas… pero no te apures, que yo te voy a ayudar. Ni te creas que toda la vida fui sirvienta. Si no llega a ser por este reuma. De las costureras más famosas del pueblo era yo. Pregunta por ahí, anda, pregunta por los talleres quién era Lorenza Angulo. Yo te voy a enseñar a coser como los ángeles del cielo para que cuando salgas de aquí, seas toda una maestra. Para que no le tengas que aguantar nada a nadie nunca más.

—Que Dios quiera y la Virgen —murmuró Isabel secándose lágrimas con el dorso de la falda.

—Y si no quieren, también...

Así le contestó Lorenza, con la misma calma con que antes la meciera. Impiedad, desenfado, vicio tan fuerte como la ternura. Lorenza no se encomendaba a la Virgen. «Tú ya vas a ver cómo te enseño los trucos del oficio, que para coser bien no hay que molestar a los ángeles.» Isabel miró a Lorenza impía, a Lorenza que le enseñaba a empatar la pelea. Dejó de llorar.

Lorenza le dijo que un negro alto la esperaba en la cochera y ella presintió. Un insecto de alas transparentes la dejó muda por dentro. Caminó directito hacia la cochera, donde Demetrio Sterling retorcía su sombrero de fieltro con el entrecejo fruncido. Verlo fue confirmar la sospecha. Madrina no lo hubiera mandado a la casa de los patrones. Si estuviera bien, jamás lo hubiera enviado a buscarla al pueblo.

Demetrio dejó de retorcer su sombrero y la miró. La miró derecho, desde su cara filosa, desde el cuello enhiesto y abotonado de su camisa limpia de algodón a rayas, desde sus pantalones raídos pero planchados, sus botines de tabacalero ilustrado. Isabel lo supo. Fue a buscar a doña Georgina, que accedió a adelantarle el sueldo de la semana, por lo que se pudiera ofrecer allá en San Antón. La había acabado de ver, la había acabado de abrazar hace tan poquito tiempo, dos semanas a lo sumo. Ahora la mandaban con don Demetrio. Algo estaba mal, profundamente mal, en aquel destino que ahora se le ofrecía sin ningún lugar de regreso.

La encontraron echadita en su cama de yute. Teté Casiana entró al cuarto a despertarla, extrañada de que aún no se hubiera levantado. Madrina no reaccionó. Tenía las manos frías como un bloque de hielo, y la quijada desencajada, como si el alma al salir hubiera querido abrirle un hueco desde adentro. Las mejillas de Madrina se habían desinflado y exhibían un tizne gris, encanecido. Eso pensó Isabel cuando la vio. La piel de su Madrina había encanecido.

Teté Casiana se quedó en casa, velando al cuerpo con las vecinas, y preparando el entierro. Urgía que Isabel llegara, para que ayudara a vestir a su Madrina, preparar el altar casero frente al cual se rezarían las primeras novenas para el descanso del alma de Maruca Moreno. Habría que planchar las ropas blancas de ir a la Iglesia, el faldón de pomplín inmaculado con aguas de almidón, la enagua de crenolina crujiente, el peplo de pasacintas carmelitas, y eso no lo podría hacer Teté Casiana ella sola. Se tardaría un siglo, con esa cadera desrengada. Habría que recogerle el pelo crespo a Madrina con una peineta de carey de las que venden los libaneses itinerantes. Isabel tenía la peineta consigo. Colgarle del cuello los escapularios de la Virgen de las Mercedes y traer la estampa grande de su cuarto de servicio. Y enrollarle entre los dedos cenicientos un rosario que alejara a los seres malos. Que atrajera a la luz. Madrina Maruca misma le había repetido mil veces las instrucciones del día de su muerte. «Te toca porque eres mi única ahijada. Que el altar tenga flores frescas, azucenas y claveles blancos que blanco es el color de la Virgen de las Mercedes. Le ponen un recipiente de agua perfumada de cristal claro, y nueve velas. Y en otro vaso aparte, una rosa de Jericó. No se te olvide usar el mantel de encaje que está guardado en el baúl y preparar una bóveda de pencas y de ramas de café de la India.»

El bohío de San Antón le pareció más pobre que nunca. Pero no había otro lugar donde velar el cadáver. La Iglesia quedaba en el pueblo y era para velar a los ricos. Aquellas cuatro tablas tendrían que dar. Isabel llegó en el carro de bueyes, y ya Teté, con ayuda de las vecinas, había bañado a la difunta. Faltaba peinarle las greñas, ponerle el peplo y el faldón. Preparar el altar. También faltaba acomodarla en la caja que los carpinteros del barrio no habían terminado de barnizar. Aun viéndola allí tirada en su cama de sacos, Isabel no pudo llorar. Se limitó a mirarla en silencio, a preguntar qué hacía falta hacer y ponerse a trabajar diligente. Oía de lejos a Teté Casiana y a los niños llorando, pero ella barría el piso del bohío con ahínco, echaba agua en la entrada, prendía el fogón, cortaba las ramas de café de la India y miraba alrededor de aquella casa que un día le pareció su lugar. «Volveré por mis propios pasos.» Ahora los pies no le daban para encontrar dónde acomodarse. Le parecía un cuchitril asqueroso. No terminaba de preguntarse cómo habían vivido allí, cómo se podía vivir así, toda una vida, la que pasó su Madrina, entre aquellas cuatro paredes de cartón y madera, aquel techo de palma por donde corrían los ratones, aquellas camas de saco donde se metían las ladillas y los alacranes. Quizás Madrina tuvo razón. Ahora sin ella, aquel lugar no tenía cobijo que ofrecerle.

—Vamos a tener que velar a Madrina afuera, Teté, aquí no va a caber la gente.

Así hicieron. Una vez los carpinteros terminaron con el cajón de madera, Demetrio las ayudó a colocar el cuerpo adentro y a buscar dos bancos con los cuales sostener el ataúd. Encima le colgaron el mosquitero de la cama, para que a Maruca no se le metieran las moscas en la boca. Contra una pared de la casa colocaron el altar. Era una mesa rústica cubierta con un mantel de encajes. Encima de su arco de pencas, igualito a como indicó Madrina, pusieron la estampa de la Virgen de las Mercedes. De eso se encargó Isabel. Pero en la mesa estuvieron presentes otras dos Vírgenes. La talla de Casiana de la Providencia y otra que la rezadora del barrio añadió «para que se acompañaran».

—No es de las Mercedes, pero qué importa. Al fin y al cabo, todas son la misma, como Dios, que es uno y es tres. Pero las Vírgenes son más.

Tallada en madera y pintada con tintes brillantes. Manto azul, dorado y blanco, lucía una corona de rayos sobre la cabeza enmarcada por encajes. La rezadora trajo la imagen envuelta en una tela de exvotos. Virgen negra con niño blanco en el regazo. Virgen Santa de la Montserrate.

Cuando dio comienzo el rosario, ya Madrina comenzaba a heder. Tuvieron que taparle la boca con un algodón empapado de alcohol de eucalipto y malagueta, y también los oídos y los huecos de la nariz. Cerquita le pusieron dos velones blancos, montados sobre unos espeques de tabonuco, para seguir disfrazando el olor. Teté Casiana puso a colar café y sacó un garrafón de pitorro, destilado en su propio alambique. Isabel deslió lo que sobraba del queso de Holanda que trajo del pueblo y unos «entremeses» que le había dado Lorenza antes de verla partir rumbo a San Antón. Aquella noche, arremolinados en el batey del bohío, bajo las estrellas, se le rezó su último rosario a Maruca Moreno. Entonces todos se fueron y la

dejaron sola. Isabel rompió noche junto a su Madrina, ve-
lándole su sueño final.

Las debutantas brillaban junto al altar. Todas ellas vestían ropajes inmaculados, rodeadas de cirios y de flores.
Eran vírgenes contritas bajo sus mantillas. «Menos la
Tous, que parecía un guanime mal envuelto en aquel
traje, ay Madre». Lorenza e Isabel observaban desde los
bancos traseros, donde se sentaba la servidumbre. Ya casi
al final del rito, doña Gina las había despachado. El Casino proveía su tropa de meseros de guantes blancos, «en-
trenados expresamente para eventos como éste», dijo la
Señora. «Así que no las voy a necesitar.» Mejor. Isabel no
estaba para fiestas. Tendrían la mansión Tous para ellas
solas.

Hacía cuatro días que Madrina había muerto. Lorenza
encendió los candiles de la sala. «Hoy cenamos como dos
reinas, mira toda la carne que sobró del almuerzo.» Sacaron
el servicio entero y prepararon la mesa del comedor. A Isabel no le importó que las atraparan. No le importaba nada
últimamente. Los pasos le pesaban lentos contra las baldosas, las alfombras, contra los caminos escaldados. «No te
apures mija, que hoy estamos solas. Vamos a aliviarnos del
trajín.» Se perdió Lorenza por los pasillos de la casa, justo
cuando Isabel servía los platos con la cena. Cuando la vio
regresar, Lorenza cargaba una botella de vino entre las manos y la miraba desde sus ojos traviesos. «Esto es para
después. Nos vamos a dar unos traguitos en honor a tu
Madrina.» Pusieron música en la vitrola y cenaron hasta har-
tarse. Cuánto le hubiese gustado a Isabel que su Madrina es-
tuviese esa noche con ella, allí.

Pasaron al salón. Lorenza le entrelazó el brazo, imi-
tando el estiramiento de los patronos, «que no mueven las
caderas ni aunque les cueste la vida, oye, como si les hu-

bieran metido una vara por el culo; «buenas, qué tal, cómo le va licenciado, sí, ah distinguida dama...». Los imitaba e Isabel se deshacía en risas. Le hacía falta reír. Miró cómo Lorenza se descargaba entera contra la pajilla de las butacas de caoba, se descalzaba, trepaba los pies en la mesita de centro, como le habían advertido que nunca se atreviera a hacer. «Mija, a ver, dame tu copa.» De su mano rancia empezó a servir chorros de la botella de vino que «rescató» de las compras de la fiesta. «Ah, qué buen bouquet», imitó Lorenza al patrón, levantando el meñique y esmirriando la boca mientras pestañeaba. Rieron ambas de nuevo, el alivio de la risa. Isabel bebió hasta sentir que la cabeza le flotaba.

A media noche, sumidas en su propia fiesta, sintieron unos focos de luz acercándose a la cochera de la casa. Corrieron a apagar la vitrola, a llevarse los platos de loza fina en los que habían cenado; a esconder las piezas de vestir y a vaciar las copas. Isabel salió disparada pasillo abajo, a meterse en su cama. Lorenza se quedó trajinando por la casa, haciendo que limpiaba, para no levantar sospechas.

Era el señor Tous. Solamente él. Llegaba un poco picado del debut de su hija. Doña Gina le había pedido al chofer que lo llevara a la casa. Ella aún se debía quedar, supervisando que el salón del Casino quedara en buen estado. La niña Virginia había partido de ronda con chaperona y unas amigas, como era costumbre de muchachas en la noche de su debut. Pero don Aurelio debía regresar a la casa. Era evidente que había ingerido demasiado alcohol. Y doña Georgina no quería problemas con él, «vete a dormir, Aurelio, qué impertinente te pones cuando bebes», ni con las autoridades del Casino.

El señor entró al salón, vio a Lorenza pasando un tímido paño sobre la mesa del comedor y le ordenó que dejara todo para mañana. Se metió al despacho y cerró la puerta, pidiendo que no lo molestaran. Lorenza apagó la última luz. Entonces, don Aurelio caminó hasta los cuartos de la trastienda, y tocó la puerta de Isabel. Por un momento, Isabel pensó que podía ser Lorenza, pero eso de tocar no se estilaba entre ellas; ya la vieja se hubiera al menos asomado. Se levantó; tenía puesto un camisón raído de algodón que alguna vez había sido de la niña de la casa. Caminó hasta la puerta despacito. Se aguantó el pecho con una mano y con la otra le dio vueltas a la perilla. Allí se topó de frente con la cara de Aurelio Tous.

El patrón estaba en mangas de camisa. Su pelo negrísimo brillaba más que nunca; tanta era la brillantina que había usado. Pero aun así un mechón entrecano le caía sobre la frente. Isabel, del susto, dio dos pasos hacia atrás y dejó descubierta la puerta de entrada. Don Aurelio se le acercó. A ella, a Isabel Luberza. El corazón se le salía del pecho, le latía entre las sienes, le cortaba el respiro, no la dejaba pensar. Pero a la misma vez, a Isabel no le importaba que el patrón estuviera allí. No le importaba nada. Cerró los ojos. Sintió cuando don Aurelio la enlazó por la cintura y la abrazó contra él. Fue un abrazo lento, pero firme. Ahora sí que sabría, ahora sí que sentiría cómo estaba de pena por dentro, cómo se le reventaba el corazón. Don Aurelio atrajo a Isabel aún más hacia sí, rodeándola fuerte con los brazos. Comenzó a respirarle en el cuello, a olerle las comisuras de los hombros. Y ella allí, inmóvil, sólo podía sentir «no importa nada». Quizás debería llamar a Lorenza, salir corriendo; pero ¿hacia dónde? ¿Qué otros brazos la podrían acoger? Mejor se quedaba allí, quietecita, respirando contra don Aurelio, que la seguía abrazando lento, que la seguía oliendo entera. Aquel abrazo tan tibio que quizás la pudiera aliviar.

Don Aurelio la fue encaminando hacia la cama. «No te va a pasar nada». La fue llevando lentamente con su cuerpo: «No te asustes, niña». Lo hizo todo tan despacio que Isabel se sentía detenida en el aire. Aurelio Tous la levantó en vilo y la depositó sobre el colchón, le quitó el camisón, lo tiró al suelo. Isabel mantuvo los ojos cerrados pero sentía el peso exacto de los ojos de don Aurelio mirándola despacio, como queriendo aprenderse de memoria el contraste de su piel contra las sábanas. Con la punta de sus dedos fue tocando la piel de las jaboneras de Isabel, la redondez de sus pechitos, los pezones que se levantaban, cuello arriba, mentón y labios gruesos como un suspiro. Ahora el cuerpo entero le latía bajo los párpados cerrados. Sólo abrió los ojos cuando sintió que don Aurelio se levantaba, se bajaba los tirantes del pantalón, se desabotonaba la camisa, procedía a desabrocharse el cinturón muy lentamente. Tan lento que el cuarto se llenó de olores a cuero y a vetiver. Tan lento que distorsionó el eco de unos pasos que se aproximaban por el pasillo. A Isabel le parecieron pasos lentos y lejanos, como de otro tiempo. Madrina, ya no importa nada, pasos que se aproximaban por el pasillo de la trastienda, tacones que retumbaban contra las tablas del parquet, deteniéndose frente a su puerta. Una luz se escurrió por las rendijas, recortando una silueta contra el dintel. Brazos en jarras, jadeo desafiante. La voz de doña Georgina se hizo oír contra las paredes del cuartito, de esquina a esquina, contra el corazón de Isabel que dejó de latir por un segundo. «Pero no importa, Madrina», aunque ella no pudiera oír nada más que el eco de aquella voz.

—Tal parece, Aurelio, que te equivocas de alcoba.

Lo otro fueron gritos a puertas cerradas, cuchicheos.

Al otro día, en el vestíbulo de la casona, la esperaba doña Georgina con una cara de piedra. A su lado, Lorenza sostenía un lío de tela con todas sus pertenencias. Esta vez el lío le pareció más grande que la primera vez que lo vio empacado. ¿Cuántos años habían pasado? ¿Siete, ocho?

—Le informo, Isabel, que ya no necesitamos de sus servicios.

La señora Georgina dio media vuelta y se perdió pasillo abajo. Lorenza le pasó el lío de ropa. Dejó que sus dedos reposaran sobre los de la muchacha. Sonrió triste mientras en su mano depositaba una cosa gastada. Era fría y de metal. Isabel la palpó lenta. Luego la miró. Era una medalla de la Caridad del Cobre. Resguardo para los viajeros. Refugio para los golpeados por la tormenta y la alta mar. Lorenza la impía le regalaba una medalla de la Virgen. Isabel quiso preguntar; acercarse y apoyar su cabeza contra los pechos de Lorenza, quiso abrazarla pero no pudo. Ninguna de las dos pudo. Se tomaron de las manos, por debajo del lío de ropa y dejaron que sus dedos reposaran los unos sobre los otros por un rato; como cuando Madrina Maruca la había abandonado allí, y Lorenza la agarró de la mano para llevársela adentro de la casa. Ahora le sujetaba los dedos en el umbral de la puerta.

—Te salvaste por un pelo. Si la señora no hubiera llegado a tiempo, el patrón te hubiera comido como a un pajarito. En la plaza una siempre se entera a quién le hace falta servicio. Me avisas donde caigas. Cuídate mucho, Isabel.

Lorenza cambió el semblante. Dio dos pasos hacia adentro de la casa Tous y, sin mirarla, cerró la puerta.

MISTERIOS GOZOSOS

¿Éste es el gozo que me deparas, Señora? ¿Es éste el único gozo para mí? Lo es según mi madre, y la madre de mi madre. Pero yo busco otro entre las libaciones por lo menos dulces, como nunca fueron los frutos que me ofrendó el Amado.

Yo me acerqué a él. Era pura y pálida como tú, Madre, envuelta en tules, como las estampas tuyas que me dieron en los colegios de monjas donde me encerraron a adorarte. No querían que me juntara con gentuza, no querían que me tiznaran las pieles que podían mancillarme. Inmaculada me guardé para el Amado, crucé la isleta de la Iglesia de la Providencia, Santa Madre, Espejo de paciencia, Protectora del mundo. Yo iba fiel hasta tu regazo y tú me entregaste el Amado. Confié en ti y tú me entregaste, Madama. Yo le repetí tus palabras, «he aquí a la esclava del Señor». Primer misterio gozoso. Me lo enseñaron las monjas. Me lo enseñó la madre de mi madre. Me lo enseñaste tú con tu ejemplo, «hágase en mí tu voluntad». Esa noche me desnudé ante la voluntad del Amado y el Amado me penetró mientras yo cerraba los ojos, me ardió la carne, sangré dolida y rumorosa, esperando los besos que premiaran mi obediencia. Pero el Amado me metió su voluntad tullida, dura, áspera por dentro. Y no me besó. Yo no supe qué hacer. Miró mis carnes pálidas, tembluzcas, y no me besó.

Miró mis rizos rubios como los de tu regazo y allí mismo vi cómo sus ojos se desviaban para siempre por los ventanales de la habitación. Estábamos en el Hotel Meliá. Al otro día partiríamos en buque de luna de miel. Al Amado se le fueron los ojos por la ventana, y aún en alta mar nunca recuperé su mirada.

«¿Qué les pasó a tus ojos?», le pregunté cuando sin poder los intentaba fijar en mí. «Señor, concédeme tu verdadero amor.» Segundo misterio de mi gozo. Se lo pedí temblorosa. Se lo imploré convencida de tu ejemplo —Oveja de la amargura, ruega por nosotros. Báscula de justicia, ruega por nosotros—. No sabía qué más debía ser, además de la doncella convirtiéndose en señora. Ya de vueltas a la casona que mi padre nos regaló para instalarnos, busqué a las mejores cocineras del pueblo; las instruí: «Carmela, que así no se preparan los arroces para la paella». Las obligué: «Delmira, los dulces de mazapán se amasan con la punta de los dedos». Me convertí en águila vigilante, en raposa severa. Aquellas dos tiznadas debían obedecerme para que de sus manos, extensiones de las mías, salieran los manjares para el Amado.

Y las libaciones, que salieran libaciones. Las envié a las calles polvorientas que no debían mancharme, a los mercados apestosos que no debía pisar para que buscaran las frutas de la libación que rendiría ante el Amado. Mandé a buscar las cerezas y los mangos, las parchas y las guayabas, las uvas playeras, los toronjales que mejor rindieran pulpas para una lenta fermentación. Mandé a las tiznadas, de ellas el sudor, de ellas la lumbre. Que fueran ellas directo a buscármelas y en la despensa de la cocina embotellaba los líquidos de diversos colores. Vinos de toronja, cordiales de naranja, aguardientes de canela y limón. Todos ilegales, se decía, el alcohol era ilegal en tu Reino, pero los vinos que yo confeccionaba no. Las libaciones para el Amado eran intocadas por las leyes de los hombres, por las leyes que practicaba el Amado haciendo que los hombres se subyugaran ante el peso del Orden. «Señor, ayúdame a obedecer las leyes justas...» Pero ése es el cuarto misterio de mi gozo.

«No me debo adelantar», me decía, cuando veía las fermentaciones tomando forma. Mi vientre tomando forma y en el viento la forma de un rumor esquivo que fue a tirar al traste todos los planes para recuperar al Amado. Mi vientre se abultaba y por la calle reptileaba un «éste es el segundo hijo del Señor». ¿Cómo que el segundo hijo, Madre? ¿Cómo fue que lo permitiste? ¿Cómo dejaste que yo fuera la Desplazada? Yo la hija de tu dolor, yo la imagen de tu semejanza, pálida como tú e Inmaculada, reina como tú entre las mujeres, oveja mansa para ser recompensada por la mirada única del Amado. Yo no podía ser la condenada al olvido y a la impresencia del Amado por otra que jamás tocaría el ribete de mi llanto. Nadie sufre más que yo; nadie disfruta más el doloroso misterio de su rechazo y lo convierte en gozo. Yo soy la reina entre las reinas, debo ser, para eso fui parida y concebida. Por eso sufrió mi madre y la madre de mi madre, y su madre antes que ella. Por eso la amargura se instaló como contrapeso de mi vientre. Yo soy la Reina entre todas las mujeres y el Amado debe poner en mi vientre su semilla, sobre mi sien una corona de doce estrellas, bajo mis pies una luna refulgente, en mi manto los rayos que me revistan de luz. Ascenderme en su mirada y decirme en dulce y amantísima voz «Mujer, comparte conmigo la corona de la vida eterna».

Madre, ¿cómo lo permitiste? ¿Por qué no haces que se desgajen los cielos y que un rayo la parta en tres pedazos, a la que quiere echar por fango mi lugar en tu Reino? María, sé mi Madre. Vengadora, desgaja los cielos, Inquisidora, aplasta al Enemigo, Justiciera, préstame tu cetro para traspasarle el vientre, a Ella y al fruto de su panza animal, explotarlos a los dos y bañarme con el río de su sangre. Que todo el Portugués se tiña de su sangre, Madre, de su sangre impura y asquerosa. No me mires así exigiéndome que admita misericordias. No me señales la senda del perdón. Por una vez en la vida, no perdonemos, no suframos en silencio, no esperemos con paciencia el retorno del Amado. Obliguémoslo a cumplir su Palabra, a ratificar nuestro lugar en su reino. Por favor, Madre, por favor, Madre, por favor.

Pero yo soy la imagen de tu semejanza. Para eso fui parida y concebida, para ser como tú y como mi madre y como la madre de mi madre. Si no, ¿cómo puedo distinguirme entre todas las mujeres? ¿Qué otra valía tengo, sino sufrir? Si hubiese renunciado al dolor, si no hubiese sido esta res sin culpa caminando gozosa al matadero, ¿cómo iba a ser mejor que la otra que no se guarda para Nadie, que no espera las doce estrellas ni el manto rielado, ni la luna de miel bajo sus pies? Pero entonces, si no lo hizo, ¿cómo fue que pudo seducir al Amado, cómo fue que aún Ausente lo retiene entre sus ansias? Madre. ¿Por qué ella y no yo?

Pero me adelanto. Siempre me adelanto. Tercer misterio y libación. «Concédeme, Señor, pobreza de espíritu.» ¿Es éste el único gozo para mí? El Amado me hizo pobre. El Amado tomó mi ser entre sus manos y lo fue achicando. Yo nada podía hacer; no, por tu mandato, por tu fe, no, por tu ejemplo. Debía dejar en silencio que se comiera mi espíritu. Oh, Amado. Mi espíritu es la ofrenda y la atadura. El deseo no, la culpa, el deseo no, la culpa, el deseo no. Yo, Cristina, cristalina y crucificada, vaso lleno de libaciones sin probar, mientras más me destruyera, mejor, mientras más le enseñara al Amado las costras de mi sufrimiento.

Mientras más me fermentara el espíritu, más tendría que venir a salvarme. Él, Madre, mi único sostén, porque tú te olvidaste de mí.

¿Pero y ella, Virgen Santa? ¿No pudo ser otra la autora de mi infamia? ¿No pudo quizás ser una más cercana a esta que desde el día de la entrega se arrodilla ante tus pies para adorarte? ¿A la que vistió mantilla de la Madre y portó azahares en su corona? Yo, la Inmaculada. Ella cargando en la piel la mancha del hollín que quema los pecados de los hombres. Ella, hija de Seth, condenada a rondar sin hogar por la faz de la tierra. Yo, hija de María. Ella no, imposible. Virgen negra con niño blanco en el regazo. Virgen negra con niño blanco en el regazo. Pero ellas no son tú. Ellas no son las imágenes que de ti vienen desde lo Alto, que ratifica la Iglesia, y pone en sus altares. Reina Inmaculada, pálida y serena. Ellas son tu perturbación. Que yo me comparara con Aquella es una vejación. ¿No podía ser otra la autora de mi desgracia?

Después del quinto mes de gestación a mis oídos llegó el nombre de la Infame que retuvo las miradas del Amado. Después que tú me exigiste Inmaculada. Después que tú me exigiste Intocable. Ella la Manoseada, la Más Baja. ¿Por qué debía yo perderme en los hollines de un pecado mortal? Que no me pierda, Madre, ni que se pierda el hijo de mis entrañas. El verdadero Hijo del Amado. Que no me pierda yo, que seguí tu ejemplo.

Aquí estoy, fermentándome en este vaso de cristal en que se me ha convertido la carne. ¿Éste es el gozo que me deparas? ¿Éste es el único gozo para mí? Ahora que el Hijo crece y comienza a buscar su ruta. Detén el tiempo, Madre de la Misericordia. Irrumpe el rumbo del Destino con tu bondad. Que no se aparte de mí. Vivir al lado del Amado es todo lo que aguanta este empobrecido corazón. No me quites a mi único sostén, no me quites a mi único sostén, el único anclaje que me aguanta a esta tierra. Ahora que todos se han olvidado de mí. Deja que el misterio de mi regazo siga ardiéndome con el dolor del gozo. Tú la que me abandonaste a mi suerte, escúchame. Tú la que me convertiste en ti para escupirme, protégeme. Concédeme esta última petición. Me la debes.

5

El bar estaba lleno de muchachos. Ni un soldado de Loosey Fields, ni un comerciante ni un viajero, sólo muchachos. Algunos tendrían cinco años más que Luis Arsenio. El único allí que era hombre en propiedad era un negro alto, imponente, de casi dos metros de altura. Él sí estaba hecho y andaba derecho como si sus años no le pesaran. Era difícil calcular cuántos cargaba en el cuerpo, pero debían ser por lo menos cuarenta. Cuarenta y tantos.

La vitrola estaba encendida. Demasiado temprano para que tocaran conjuntos contratados, para que Mae Lin hiciera la puerta y por eso se la veía tomándose su tiempo para fumar despacio acodada contra una silla. La china se entretenía en mirar las volutas que el humo hacía contra la luz de una vela. Era una noche floja, de miércoles en el bar, en medio de la semana de fiestas en que los soldados regresaran con sus familias. Los que quedaban en Loosey Fields o en Campamento Santiago no podían salir del puesto. Los civiles hacían resoluciones de año nuevo que pronto olvidarán, pero que, por el momento, los obligaba a sentirse culpables de su deseo. Era Navidad. Había fiestas familiares y las putas andaban sueltas. Sólo aquellos muchachos iban al bar. Algunos eran jornaleros. A otros los había visto Luis Arsenio vendiendo frutas en la plaza o empleándose para hacer chiripas por el pueblo. Sus pieles eran como un arco iris de madera tostada, con tintes rojos como de fruta madura debajo de un marrón precario, que a veces también se pintaba de amarillo o de azul intenso. Algunas pieles eran muy claras, tan claras como la suya, pero acusaban otra hechura contra el hueso. Era como si por debajo soltaran el tinte de algo parecido a un cuero de un tambor tensado sobre el esqueleto. Los cabellos se presentaban tan variados como las pieles. Mechas lacias, muy oscuras, otras onduladas y duras como cepillo, rizos sueltos de un color sorpresivamente cobrizo y otros con rizo apretado como malla de lijar. Los labios y los ojos acogían formas inesperadas, finos en una cara oscura como la brea, anchos contra pieles casi blancas, de pecas acompañando una pasa roja y unos ojos verdosos como de gato agazapado, como los de los hombres Fornarís. Los muchachos tomaban cerveza y hablaban fuerte. Que si los treinta y cinco centavos la hora que cobraban por su trabajo. Que si estaban a punto de que se los redujeran por culpa de los bancos. Que corría la sospecha de una huelga general en los puertos si no se resolvía lo del recorte salarial. Que se avecinaba la apertura de más alambiques y eso abarataría los precios del pitorro. «Oiga joven, ¿no le interesaría comprar una garrafita en lo que espera a las niñas? Se la vendo más barato que lo que le cobran aquí.» El negro fibroso dijo que no molestara a la clientela y apartó al que solicitaba a Luis Arsenio, sin mirarlo siquiera. Lo dejó con las gracias a flor de labios.

Las muchachas no habían bajado de los cuartos de las trastiendas, no se oía música ni se olía alcohol. Pero eran las Fiestas. ¿Qué hacían aquellos muchachos allí? ¿Estarían escapando como él, buscando algún refugio? ¿Estarían, como él, atormentados por los reclamos de la carne? Luis Arsenio, como siempre, era testigo mudo de la rabia de los demás. Pero entonces bajó Minerva, todavía sin arreglar, sin carmín en los labios, ni vestido de seda. Se veía mejor de como la recordaba. Arsenio se levantó como un arpón de la silla, caminó hacia ella, sonámbulo. Y allí mismo se le abrazó a su talle, enfrente de todos, sin que le importara nada. Nada le importaba. Tan sólo Minerva. Medirle el tinte de su piel tostada, sorberle los labios, morderle su cuello sudado. Él no vino a más. Se escapó de su casa, ansioso. Imposible esperar hasta después de las Fiestas.

Había aprovechado la ocasión. Era el día antes de la víspera de Reyes y el padre no se había aparecido por la casa. En Nochebuena, Fernando Fornarís hizo un amago de llegar temprano de la oficina. Cenó con la mesa dispuesta y la familia presente. Los tíos y los abuelos hicieron acto de presencia, con todos los nietos y los sobrinos, quienes terminaron de descomponerle el nacimiento a su madre. Fernando Fornarís puso buen talante, compartió con los hermanos y hasta salió al patio a jugar con los sobrinos al esconder. En un momento dado, le pasó el brazo por los hombros a su mujer y hasta le hizo leves caricias por la espalda. Luis Arsenio contempló la escena sorprendido. Ese día parecieron una familia feliz.

Pero en Despedida de Año la ausencia fue campal. El padre llegó media hora antes de la cena de fin de año que siempre se celebraba en casa del abuelo. Doña Cristina lo esperaba vestida, con el chal en mano, a punto de estallar, Luis Arsenio no sabía si en furia o en llanto. Temió toda la noche que su madre perdiera la tabla y armara un dramón frente a todos, allí mismo, a la entrada de la casona. Pero doña Cristina Rangel supo contenerse. Aguantó como una dama el trayecto de ida, toda la cena y el camino de vuelta. Saludó a la familia, repartió abrazos, cumplió a cabalidad el rol que le tocaba. Aguantó, hasta llegar a la casa. Entonces, a puertas cerradas, dejó salir de su pecho un hilo de voz quebrada, pero fatal. Le temblaban las manos, tenía los ojos vidriosos y la quijada apretada que le daba un aire apocalíptico y sereno. Así anunció que ella no iba a pasar otra vez por una cosa igual, que «esta vez no habría reconciliaciones y que más te vale, Fernando, que te compongas, porque si decido irme a casa de mi padre, de allá no vuelvo, te lo juro. La primera vez lo hice por el niño, pero ya Luis Arsenio está grande; así que ojo, canalla. Duerme con el ojo abierto. Y piensa bien lo que vas a hacer».

—¿Qué haces por aquí?
—Vine a verte.
—¿A verme nada más?

No le salía el papel de mujer fatal, como la noche en que vestida de verde se lo llevó en volandas para el cuarto de la trastienda. No le salía lo de mujer rentada ahora. A la Minerva. Tal vez porque no estaba vestida de su personaje. La cara sin maquillar, las ondas apretadas del pelo recogidas en un moñito alto, como de nena orillera. Se pasaba la mano por el cabello, alisándoselo, por la falda raída, buscando que cayera más seductoramente. Hasta trepaba la barbilla en desafío, como la había visto hacer aquella tarde en Las Delicias. Pero nada, Minerva era otra. Otra más. La de verde, la del ajonjolí tostado en su pierna de florecillas, y ahora esta Minerva desprovista y al desnudo que Luis Arsenio tenía de frente en el bar. Debía haberle espantado la multiplicidad de la muchacha. Pero el efecto de la desnudez sin coreografía de Minerva enardeció a Luis Arsenio aún más. No podía soltársele del regazo. «¿Podemos subir, estar solos?» «Aún no entro a trabajar.» «Yo te acompaño en lo que te preparas.» Tenía los bolsillos llenos de dinero, se los sacó del bolso a su madre. No sabía cómo decírselo a Minerva. «Aquí están todos los billetes, te los ofrezco, pero acógeme en tu pecho, Minerva.» Parece que la muchacha se lo adivinó en el rostro. Lo agarró de la mano y lo condujo hasta el extremo del bar donde se abrían los pasillos hacia los cuartos de citas. Al fondo se dibujaba la escalera que hacía casi un mes Luis Arsenio subiera con Minerva. Pero la muchacha lo llevó por otra ruta. Salieron hasta el patio y desde unos balcones laterales doblaron y subieron hasta otro nivel. Cruzaron una cocina donde humeaban unos granos en agua, la harina de un café. Dejaron atrás una salita y un pasillo que colaba las voces de otras pupilas preparándose. Minerva al fin empujó una puertecita. «Éste es mi cuarto, niño, el de verdad.» Igual hubiese sido que empujaran la puerta del cielo.

El día anterior Luis Arsenio se había levantado con el aroma de las lentejas de Año Nuevo. Olía a aceite de oliva, a granos calientes y a cortes de jamón. Arsenio se levantó de un golpe, con un vacío incómodo en la boca del pecho. Se fue a lavar. El agua le chorreaba por la cara, pero en su cabeza resonaban las palabras de su madre: «A ver qué vas a hacer, canalla, porque esta vez me voy y no vuelvo más». Cristina Rangel se plantó derecha, sólida. Se enfrentó a su marido como nunca. Hoy quizás Luis Arsenio vería el desenlace a esa pelea sorda que de toda su vida. Su padre, como siempre, había intentado escapar, pero su madre lo atajó en la salida. Quizás éste fuera el momento decisivo. Bajó las escaleras hasta la cocina. En el centro del salón estaba su madre, sazonando las lentejas con la cara un poco hinchada, pero sonriente. «¿Dormiste bien, querube?» En la mesa de servicio su padre tomaba café mientras leía el diario.

Llegó familia, esta vez bastante mermada. El licenciado Fornarís saludó a la concurrencia, «me excusan un momento» y se fue a cambiar. Cristina se entretuvo con la visita y Luis Arsenio, «Madre, cuidado», algo le quiso advertir. Pero no pudo, había demasiados testigos. Pero se lo olió en el aire, escabulléndose entre el aroma de las lentejas. El licenciado Fernando Fornarís se escapaba por el traspatio de la casa. Luis Arsenio lo vio alejarse en su Packard azul claro, con el chofer al volante, los vidrios arriba y el maletín apoyado en el asiento trasero. Sintió a la madre llamar al marido a boca de jarro por toda la casa, para presentarle a no sé quién Ibáñez, una amiga de la tía que tenía una duda legal «porque mi marido es un licenciado de los mejores, niña; se las sabe todas. Ya verás que en un momentito te resuelve el problema, ¡Fernando!». Tuvo que alejarse de la ventana, regresar a la mentira sorda, muda, sacar a su madre de apuros. «¿No se acuerda que papá tenía un compromiso urgente con un cliente que lo esperaba en la oficina?» Cristina toda hecha un drama, entornó los ojos y respondió con un «… ay sí, virgen santa. Esta cabeza mía, cada vez recuerda menos». Luis Arsenio arqueó las cejas, sarcástico. Todo volvía a la normalidad, su madre incluida. Era una pena.

Esperó a que se fuera la visita. Vio a su madre despedir a los familiares con la mano y con una sonrisa falsa aguantada con dos alfileres de presión contra la nuca. Ya sin público, Luis Arsenio vio que doña Cristina suspiró. Su madre suspiró, el mundo entero de su madre suspiró con ella y fue como si quedara suspendida del aire, como si nunca más pudiera fijar los pies en la tierra, ni su tacto sobre las cosas, ni sus pasos de los minutos y los segundos que rigen el mundo de los vivos. Doña Cristina Rangel de Fornarís suspiró y se encerró en su alcoba. De allí no salió en todo el día. Ni siquiera intentó buscarlo a él, a Luis Arsenio, su primogénito y único hijo, como siempre hacía. No intentó arreglarle la partidura ni preguntarle si tenía hambre, sueño, ganas de comerse un helado. No buscó un pretexto para llamar a las sirvientas y empezar la incansable tarea de abrumarlas hasta sus límites. Doña Cristina Rangel no hizo nada. Tan sólo suspiró profundo y se cayó de sí misma. Luis Arsenio le vio el derrumbe y cómo ella lo fue arrastrando hasta su cuarto, a esconderlo entre las sábanas de la cama.

Dio vueltas por el pueblo desierto. Caída la noche, regresó a su casa, y se apertrechó en su cuarto a esperar el regreso de su papá. En toda la noche, no oyó el Packard. Sintió en cambio que se abría la puerta del cuarto de su madre. Salió a ver si lo requería. Pero no. Cristina ni lo miró. Caminó de largo, escaleras abajo, con los ojos entrecerrados, hacia la cocina. Luis Arsenio la vio abrir la puerta de la alacena y agacharse con un vaso en la mano. De alguna inexplicable manera, allí en la mano de su madre, aparecía una botella de ron pitorro curado con pasas y palitos de canela. Esa bebida tan sólo tenía un origen —San Antón—. Los negros de San Antón eran dueños de alambiques que escondían entre los pastizales aledaños al cañaveral. Eso lo sabía todo el mundo. Hasta las autoridades lo sabían. Pero nadie se metía con ellos. Vendiendo ron ilegal completaban ingresos que de otra manera no les hubiese dado ni para abanicarse el hambre. Ya les convenía a los patronos que los jornaleros tuvieran con qué agenciarse un par de pesos. Pitorro por todas partes, y su madre, doña Cristina Rangel, se iba de boca ella también. Lo más seguro, había enviado a Carmela o a Delfina a que le fuera a comprar el licor. Ni siquiera disimulaba. El hijo la vio beber uno, dos, tres vasos de aguardiente, sentada en la silla de la cocina. La vio beber sin tregua hasta bajarse media botella. Sintió el olor rancio de los perfumes de su madre mezclándose con el fermento de aquel licor. La vio cabecear hasta dejarse caer sobre la mesa. Vio a su madre borracha del todo, olvidada de sí, tirada como un guiñapo y sintió vergüenza.

Luis Arsenio caminó hasta la mesa de la cocina, levantó a su madre y la llevó hasta su cama. Tuvo que quedarse esa noche vigilándola, oyéndola musitar palabras inconexas;

algo sobre María, algo sobre un báculo y un espejo; mirando por la ventana a ver si aparecía la sombra de los focos del auto alumbrando los vitrales de la ventana. Nada. Fernando Fornarís no llegó esa noche. Pasó el dos de enero. Su madre seguía envuelta en un estupor de alcohol. El muchacho le quitaba la botella, la vaciaba. No sabía cómo, pero aparecía otra botella, escondida en un nuevo lugar. En el armario de la ropa de cama, en el baúl donde su madre guardaba el traje de novia, entre las almohadas. Pasó el tres de enero. Su padre no llegaba. Quiso obligar a su madre a comer algunas lentejas. Doña Cristina se ahogó con ellas. Llamó a Delfina y le pidió que cocinara un caldo de gallina para la patrona «que estaba indispuesta». Le pareció ver una mueca descreída y burlona cruzar la cara oscura de Delfina, sus mejillas usuales, tan inexpresivas como una piedra fría. Sintió rabia. ¿Cómo se atrevía Delfina a reírse de su madre? ¿Cómo se atrevía, después de suplirle el alcohol? ¿A cuenta de qué, con qué estatura moral? ¿Quién era esa negra parejera que se atrevía contra Cristina Rangel de Fornarís? Malagradecida…

Era la tarde del tres de enero cuando Luis Arsenio Fornarís vio el Packard azul cielo de su padre, cubierto de polvo, entrar despacio por la cochera. Vio al chofer cerrar el portón, a su padre bajarse del carro, recoger su sombrero, el maletín, y mirar hacia adentro de la casa, como un derrotado. Entonces juró que ni muerto lo encontraría en la casa. Él ya había cumplido. Cuidó de la madre tres días con sus noches. Le limpió el vómito de las comisuras, la alimentó, se sentó junto a ella, le escondió como pudo sus botellas de borracha. Pero lo otro que se desatara no sería su culpa, ni su responsabilidad. En unos cuantos minutos, aquellos dos seres que eran sus padres se enfrentarían otra vez a su cárcel y a su condena. Y él no quería estar presente para que después le tocara recoger el resultado de la carniza. Porque ahora estaba seguro; nada iba a cambiar. Su madre, quizás, armaría alguna pataleta algún día. Su padre, intentaría abandonar la casa pero terminaría volviendo abatido por el terror de dar un paso en falso, fuera del redil prescrito y aceptado que le otorgaba el nombre que tenía y el puesto que le tocaba. Él, por supuesto, se iría. Primero, al Elizabeth's Dancing Place, después lo más lejos que pudiera de aquella casa de mentira.

La luz entraba por las celosías de la ventana. No sabía de dónde provenía. Quizás era de luna. Quizás de algún farol que refulgía inseguro a la entrada del Elizabeth's. Era curioso. No había luz, ni alambrado eléctrico en todo el barrio de San Antón. Pero cerca del río, en ese puterío alejado y montaraz, había generador con poste de luz de los que pone el Gobierno. No se había fijado antes.

Minerva lo miraba de frente mientras Luis Arsenio pensaba en el origen de aquella luz que le caía sobre sus pechos, que le cercenaba la carne en gotitas brillosas de sudor, pezón ensombrecido, montículo como una fruta madura, cara envuelta en bruma. Minerva lo miraba curiosa desde la penumbra del cuarto.

—¿Te vas a quedar más tiempo?

—Toda la noche si pudiera…

Pensó de pronto que en la voz de Minerva había prisa. Quizás la esperaba otro cliente, uno de los jovencitos que se habían quedado gritando sobre la barra. Aquellos muchachos, qué lejanos le parecían ahora, ahora que estaba con Minerva. Pero tenía prisa. Luis Arsenio se la sentía. La miró con sospecha, incorporándose sobre un codo para poderle leer mejor el semblante.

—Si quieres te pago más.

—No es por eso… es que nunca terminé las guirnaldas…

Entonces, de debajo de la cama, Minerva sacó una bolsa de yute repleta de papel crepé color escarlata. Son para las fiestas de Reyes. Aún estaba desnuda, pero ahora parecía estarlo más. Una tripa de papel se le enrollaba entre los goznes de la carne, mientras le explicaba a Luis Arsenio, que «ojalá Isabel no se entere, total, es su culpa, primero me manda al pueblo a buscar unos juguetes, después tuvimos que hacer compras, ordenar pastelillos». Un muslo le tiembla contra el rojo, su boca densa no deja de vibrar «jarabe para las piraguas, bloques de hielo… entonces nos trajimos los juguetes para acá… Ay, más lindos». La boca de Minerva se abre, sonríe «bolas, carritos de bomberos, unas muñecas rubias que parecían un sueño. Yo me quedé con una porque nunca tuve algo así…». Luis Arsenio la mira, no puede dejar de mirarla. Es la primera vez en cuatro días que ve algo que lo hace sonreír. «Pero ahora, ¿cómo termino las guirnaldas?» Le promete complicidad. Se ofrece inclusive a ayudarla. Y allí se sentaron, a envolver papel crepé los dos desnudos sobre la cama. Minerva sacó una tijera para ir cortando las tiras. Luis Arsenio torció crepé hasta que se le torcieron las intenciones y no pudo evitar brincarle encima a Minerva de nuevo, sobre las guirnaldas que se les enrollaban entre los cuerpos.

—Niño, así no vamos a terminar nunca…

—No te apures, yo te doy todo el dinero que tengo, para que compres más papel.

—Mejor no me des ningún dinero. Hazte de cuenta que ya llegaron los Reyes.

—No me tienes que hacer ningún regalo.

—¿Y quién te dijo que el regalo era para ti…?

Minerva arqueó la espalda y le dio a Arsenio una probada del regalo. Luis Arsenio se desvaneció en un millón de temblores que le surcaron la piel. Minerva le ofrecía su grupa, sus caderas anchas y mojadas. Ya encima de ella, a Arsenio le dieron ganas de multiplicarle aquel regalo, de hacérselo duradero. Se le acompasó a la espalda sosteniéndole la cadencia a su Minerva, que ahora eran muchas Minervas, de espalda todas, la terrible Minerva del bar que le ofrecía su cremallera, la del vestido de algodón volando en la brisa de la plaza y esta Minerva de las guirnaldas, que se le deshacía de espaldas y debajo, abierta en una cama adornada para los Reyes Magos. Luis Arsenio soltó una risa larga y se quedó allí, asido a aquellas caderas, respirando pesado, perdido en la curvatura de la espalda morena, en las perlitas de sudor que iban saliendo por los poros, en los quejidos de la hembra a quien no le veía la cara, pero como si se la viera, como si le viera los ojos cerrados y la boca entreabierta buscando aire, y las manos enterrándose en la carne de cualquier cosa, perdida en su cadencia, en su humedad, perdida en el roce y el embate que él no iba a cesar de darle, no hasta que la oyera gritar, no hasta que la sintiera empujarse de espaldas buscándolo, trincarse por dentro y después abrirse en palpitaciones para arrancarle a él, a Luis Arsenio, todos los líquidos que le quedaban por dentro.

Bajaron finalmente del cuartucho. Luis Arsenio se sentía liviano, ligero, como acabado de nacer. Quería seguir siendo ese que bajaba del placer de Minerva. Por el camino, Minerva le contaba que fue en un día de Reyes que Isabel se la trajo del barrio para ponerla a trabajar con ella. «Yo tenía catorce años y un tío que me tenía hecha añicos. Pero Isabel me llevó donde un médico a que me compusiera y me trajo para acá. Primero trabajé en la barra o haciendo mandados. Pero en el piso de baile se gana más.» Luis Arsenio frunció el ceño. No quería oír esas historias. Demasiada realidad. Pero tampoco las iba a interrumpir si le permitían oír la voz de Minerva, acompañándolo hasta la barra a tomarse un traguito. Ahora sí se daría un ron caña y pondría monedas en la vitrola para celebrar a su manera las fiestas. Ya quedaban pocos muchachos jornaleros de los que vociferaban cuando Arsenio llegó al bar. Pero allí seguía, imponente, el hombre alto y negro como una espiga de ébano. Los jóvenes que quedaban se habían callado y escuchaban atentos. Entre ellos se erguía Isabel La Negra.

—La próxima vez que se meta en líos, no le voy a mandar dineros para la fianza. Usted ya está caliente. No hay dueño tabaquero que le dé mesa. Y como quiera, se mete de voluntario a organizar trabajadores…

—¡Pero qué tú quieres que yo haga, Isabelita! Esos malditos nos quieren matar de hambre. ¿Cómo que nos van a rebajar salario? Lo que falta es que nos cobren por trabajarles.

—Don Demetrio tiene razón. Si usted se leyera el Manifiesto que estuvimos estudiando los otros días.

—Qué estudiando ni estudiando… ni que fueran señoritos.

—Pues, no se crea doña Isabel, nosotros nos instruimos. Para eso está el centro obrero. Debería darse la vuelta. Allá educamos a muchas damas de su profesión.

—Cuidado, Jonás, no te vayas a pasar de la raya.

—No se preocupe don Demetrio, que conmigo nadie se pasa, porque yo lo paro antes, en seco. Además, muchachos, en este establecimiento hay una regla fija y es que no se permite hablar de política. Yo los llamé para que me ayudaran con lo de la fiesta de Reyes, no para que me convirtieran al socialismo ese de ustedes, que yo ya tengo mi religión.

—Y bastante cara que te cuesta. ¿Cuánto les vas a regalar este año a las sotanas?

Alguien más que llama a los curas por sus faldas. A Arsenio le dieron ganas de sonreír, de expresarle simpatías inmediatas a aquel hombre tan fiero. Tal como él iba a ser de ahora en adelante, ahora que abrazaba a su Minerva, saciado. Pero un rumor molesto empañaba el aire de todo el bar. Minerva, dejó de acariciarlo. Bajó la mirada. El par de jornaleros que quedaba también se sumó a ese silencio incómodo que contagió a Luis Arsenio. Él no quería sino mirar a la Minerva. Pero tuvo que reparar en la madama, en aquella otra mujer oscura que se abría paso entre los hombres, nadando como pez en las aguas turbias de aquel silencio.

—Mire, Demetrio... En ese asilo voy a pasar mis últimos días; en esa parroquia se dirán misas a mi nombre.

—Vas a tener que donarles mucho para que los padrecitos te recen tus rosarios.

—¿Y dígame a ver, por qué?

—Isabelita, mírate. Hay cosas que no las cambia el dinero.

Luis Arsenio se acodó en su silla, preparándose. No sabía a ciencia cierta para qué, pero en el aire se sentía una suerte de ebullición. Minerva seguía con los ojos en el piso. «Ésta es la zozobra», pensó. Pero pasó todo lo contrario. Don Demetrio Sterling extendió la mano. Con sus dedos ásperos, le acarició la mejilla a Isabel, como queriendo quitarle una pajita del rostro. Pero la paja no salía, el color no salía. Demetrio sonrió, entre divertido y triste, mirándola. De repente Isabel La Negra se hizo chiquita, una mujercita apenas, con cara de niña a la que acaban de regañar por algo. Bajó los ojos. Suspiró un poquito.

—No se me meta en más escándalos, don Demetrio. Mire que usted es lo único que puedo llamar familia en este barrio.

—No te preocupes Isabelita, que a mí no me va a pasar nada. Pero a ti te veo metida en la candela...

—Teté y Madrina decían que yo era hija de las tormentas. No me voy a quemar... Ande Demetrio, ayúdeme a preparar estos Reyes, que se nos viene el tiempo encima.

Los dedos crispados de Minerva se apoyaron sobre su muslo. Un susurro le decía «las guirnaldas». Era tiempo de marcharse. Pero Luis Arsenio Fornarís no quería irse. Había sido testigo de algo, de un vínculo sin nombre, una lucecita bajo la cual se hubiera quedado. Existe otra manera en la que la sangre se anuda, otros lazos que pueden configurar alianzas profundas. «Y si me quedo otro rato y te ayudo con las guirnaldas.» «Mejor no», le dijo Minerva y le dio la espalda. Luis Arsenio se le abrazó al talle y la respiró completa. Aquella noche hubiera dado cualquier cosa por ser un jornalero más; cualquier hijo de vecino, realengo y sin nombre. No llevar el que llevaba y que lo anclaba a su estirpe y a su casta. Hubiera dado cualquier cosa por permanecer entre las paredes del Elizabeth's Dancing Place hasta que el mundo que afuera lo llamaba se hiciera polvo y viento.

MONTARAZ

El Nene crece, el Nene crece, el Nene crece. La vieja lo ve acercarse por el camino de la loma. Ya llegué, Madrina. Se echa como un fardo de ropa sobre los escalones de la casita. Ay Madre, qué grande está. Cada vez se le parece más. Tienes hambre, Rafael. Roberto, Madrina, cuántas veces te lo tengo que recordar, o dime como te dé la gana. ¿Por qué tendrá rabia contigo, vieja tonta?, si me prendieras otra vela. La vieja camina hasta el fogón, destapa una olla que humea. Te sirvo ahora, Nene. Y cómo te fue en la escuela. No fui. ¿Cómo que no fuiste? No voy a ir más. Después de todo lo que hizo tu papá por apuntarte. Ay, Nene, si se entera... Y ¿cómo se va a enterar, si hace meses que no pasa por aquí? La vieja se retuerce las manos. Te quemaste, vieja bruta. No han pasado meses, ¿o sí? Las voces no la dejan contar el tiempo, darse cuenta del paso de los días. No pueden haber pasado meses, todavía hay comida en la alacena.

—Esa comida la traje yo.

—¿Y cómo, Nene?

—Haciendo mandados por el pueblo, Madrina; haciéndole recados a las muchachas del Tres Marías. No hace falta que vuelva ese señor. Ya soy un hombre. Lo que necesites, me lo pides a mí.

Todo un hombre, todo un hombre, el Nene crece. La frase se le queda revoloteando como un moscón en la cabeza; un moscón que muere en pleno aire porque el Nene dijo que trabajaba en el Tres Marías. Ave María Putísima, sin pecado el consabido. De allá fue que la sacó don Armando. Desde allá fue que vino a parar a la loma. Vas a terminar mal, tú vas a terminar mal. La vieja otra vez se siente nueva, otra vez se siente recién llegada de la costa, de los arenales de Hatillo del Mar. Otra vez siente la tierra bajo sus pies descalzos. Anduvo de bracera, de correcostas, haciendo pininos por toda la sierra. Ordeñó vacas, crió cerdos, se fue al monte a recoger café. Hormigueros era menos que la picada de una mosca, chiquitito, pero detrás de la calle Ruiz Belvís quedaba el Tres Marías. Empezó sacando las palanganas de las fulanas que trabajaban vendiéndose a los señores ganaderos. Después se vendió ella misma hasta que comenzó a recoger café en la finca de don Armando. Siguió con los dos trabajos. Le cuadraban bien.

·Todo un hombre, el Nene crece. Pero si no tiene ni pelos en las piernas, ni pelos en el pipí debe tener, mocoso desgraciado, que se postre ante mí, ante ti Madre. ¿Desde cuándo tú no vas a la escuela? Desde el mes pasado, dice el Nene, y la vieja: Pero Rafael. Mejor dime como me dicen las fulanas. Boby me dicen, cuando me pasan la mano por el pelo, cuando, mejor no te cuento Madrina, porque tú eres vieja. No te quiero ofender.

La vieja deja de trastear con el fogón, se le acerca. De lejos le llega aquel olor a macho. Humo, alcohol, mezcla de perfumes y talcos baratos. El Nene tiene los ojos rojos. Está bebiendo, está borracho vieja idiota, por quitármelo de mi regazo. Ahora el Niño se perderá antes de llegar al templo de mi protección. No lo puedo permitir, no lo puedo permitir, Virgen amada. La vieja tapa los ojos de las voces, se tapa los ojos. Maldita, si se pierde es por tu culpa. Camina lo más rápido que puede hasta la gruta. A mi gruta, hasta mi gruta, más te vale que me resuelvas. A sus espaldas el Nene se le ríe.

Báculo de paciencia, te rogamos, óyenos,
Madre de la perseverancia, te rogamos, óyenos,
Madre del perdón, te rogamos, óyenos. No quiero oficio ni prueba. Por favor intercede ante Él.

La vieja no necesita prender velas. Adentro de la gruta de piedras el aire sopla fresco y la sombra se come las esquinas donde refulgen los exvotos de los peregrinos. Bracitos de hojalata, piernitas, relicarios de la Virgen con el niño, coronas de zarzas marchitas. Como tú vieja puta, qué te creías, que ibas a escaparte de tu tormento. El Padre no vendrá, el Padre te castigará con el látigo de su desprecio, después que te puso la parcela a tu nombre, que te envía mesadas, después que te liberó de la ergástula de las Arpías y ahora tú le pagas con esto. No madre, que vuelva el Padre, ya yo soy vieja, sisisisí soy la sierva del señor. No te atrevas a no atenderme en esta hora, no te atrevas que tú y yo estamos hechas del mismo material. Piel de cárcel, piel de sombra, piel de madera que se puede comer el fuego. Tú no eres nadie si no estoy, así que mira a ver si sacudes ese culo de ese trono y te vas a presenciarte ante el Padre. Dile que el Nene se mete en problemas. Dile que frecuenta el Tres Marías. Dile que avance. Que no le importe lo que pase en su otro Reino. Que se presencie para domar al Enemigo que se quiere posesionar de su hijo, El Amado. María, amén, Jesús, La Virgen de la Montserrate la mira negra, con su rostro de porcelana cerrado. La vieja suspira más tranquila. Quizás le ganó esta contienda. Más le vale que obedezca y haga caso, si no a otra negra con sus melindres, a otra que le ponga agua a sus matojos y le atienda sus peregrinos. Le duelen las rodillas. Ni sabe cuántos minutos ha estado allí, hincada, batallando con la

Virgen en oración. Cuántos días lleva, cuántas semanas. El Nene debe tener un hambre sorda.

Sale de la gruta y cierra con cuidado la puerta. Aguantándose la espalda, se te va a romper, te vas a romper en dos, vieja, ya verás, sube la colina hasta la casa. La verdad es que ha crecido la casa. Está pintada de blanco y sus tablones son nuevos. Ya no se le cuela el aire o la lluvia o el sereno de la noche. La arregló bien arregladita con las mesadas que le mandaba el Señor. Cada mes le llega una y ella la guarda debajo de un tablón bajo la cama. «Toma, Nene», le da una parte a su ángel Rafael Boby Roberto. Le da para sus gastos, para sus golosinas. Pero nunca para ron. Nunca para el Tres Marías, con la de la gruta basta y sobra y con las tres que una vez fue ella, don Armando la sacó.

Al fin sube la cuesta. Casi sonríe. Le ganó la batalla. Sí, le ganó la batalla. La Virgen intercederá. Traerá al Padre, domará al Hijo. Virgen negra con niño blanco en el regazo, Virgen Negra con Niño Blanco, lo salvará el toro embestido de su rabia. No más abandono, no más abandono, no más. ¿Nene, te sirvo la comida? La vieja le habla al aire. Busca por todas partes en la casita, en la sala, en los dos cuartos que ya están terminados.

El Nene no está.

Visitación Segunda

No preguntarme nada.
He visto que las cosas
cuando buscan su curso
encuentran su vacío.

Poeta en Nueva York, Federico García Lorca

Noli me tangere

EL ENEMIGO

Esteban esta hablando

Se cree que tiene boca para decir «esto es mío». Se cree que puede contra mí, y contra los planes que los míos me dejaron en las manos.

Eso dice el Enemigo. Se levanta con el *dictum* en la boca. Sale a su despacho con el *dictum* en la boca. Almuerza, cena, ve la televisión, ahora en colores, se va a la cama con el *dictum* en la boca. Isabel se le ha vuelto una obsesión. Pero yo recuerdo bien, que no se crea. Cuando era niño, ella era la que venía a buscar mi ropa sucia, los calzoncillos sudados de mi padre, los refajos manchados para poder comer. Que no se crea. Todos los viernes por la tarde. No podía sostenernos la mirada. Así que no me venga ahora con derechos, que no me venga con títulos de propiedad. Que no me venga ahora con que tiene boca con que decir y responder. El Enemigo se levanta de su escritorio. Atiende a la secretaria que entra a su despacho. Firma los papeles que requieren de su firma. Recibe la correspondencia dirigida a él, hombre de influencias, hombre de negocios, hijo de quien es.

—Llamada de la señora Castañer. Le avisa su secretaria por intercomunicador.

Que la conteste la madre que la vuelva a parir, piensa el Enemigo, pero responde.

—Dígale que la llamo más tarde a la casa. Ahora estoy muy ocupado.

Maldita Ángela. Desde que se casó con ella no hace más que pedir consejos. Tinito quiere cambiarse de carrera por tercera vez. Y Mariela pronto se gradúa y no hemos decidido nada acerca del prom… Como si a él le importara. El Enemigo se rasca la cabeza y se pregunta por qué su mujer no entiende que a él esas cosas no le tienen que importar. Para eso está ella. Y que le parece fenomenal que le deje a él todas las decisiones de negocios, que le haya incluso cedido los poderes para administrar la parte de la importadora y las ganancias que le tocan a ella. Yo no tengo cabeza para eso, le dijo Ángela cuando se casaron. Él nunca la amó tanto como en esos momentos en que ella le cedió toda potestad. Entera confianza en él. Entrega total. Lo que nunca recibió de los tíos, del padre, lo viene a recibir de esa novia.

Lo que jamás supuso era que Ángela Castañer, de los Castañer de Guayanilla, no tenía cabeza para casi nada. Que otros debían tomar por ella las decisiones pertinentes, para eso la habían criado, pagado a monjas, a tutores y a chaperonas, a maestras de refinamiento y educación; para limpiar a Ángela de toda decisión, enseñarle a ceder el derecho, a colgarse del brazo varonil, inofensiva ella, con ese airecillo a venado perdido en el bosque, como los de Maryland. Tan inofensiva, tan llamando a todas horas para pedir consejos, para anunciar catástrofes, para lloriquear. Por lo menos su madre oponía batallas, se fajaba centavo a centavo con el Padre, aunque no le hablara de nada más, aunque le dejara hacer y deshacer con otras mujeres y no se pusiera a la pelea en esas potestades, porque ella era la señora de la casa, como señora de la casa se portaba.

Fue auscultando una a una la correspondencia dirigida a su despacho. Copias de estados de cuentas. Actas de reuniones gerenciales. Su despacho. Con su escritorio, sus teléfonos, su secretaria, su personal, todo construido a su medida. Todo respondía a su plan. Aquel que le vio urdir a sus tíos en sus despachos hace treinta y cinco años y que finalmente convenció para que confiaran en sus manos. Trabajo le costó, porque ni casándose ni puteando, ni con título en mano, ni trabajando como burro para ellos, querían soltar el timón. Tuvo que esperar a que se pusieran viejos.

El padre al fin se retiró, casi ciego. El tío Valentín había muerto el verano pasado después de una larga enfermedad. Le llega carta. La viuda y los hijos piden sus mesadas para pagar gastos de universidad y las cuentas de la casa. Que se contengan un poco, eso quisiera decirles, que lo cojan suave con los gastos, que ahora el tío no está. Ahora manda él. Ahora es él quien se tiene que enfrentar a los impuestos, las huelgas, que regresaban después de dos décadas tranquilas, el partido que por primera vez en su historia perdía. Con esta inestabilidad política hay que andarse cautelosos en lo que caen contratos de construcción en las manos. Llamar a la secretaria. Que ordene a contabilidad cheque con copia para que se le entregue mesada a la viuda de Valentín, al hijo que ahora estudia en el extranjero. Que el cheque salga a nombre de la constructora, para luego deducirlo como gastos de empresa. La viuda funge como gerencial, el primito también. Que se pague por ahí. Pero que hoy no salga el cheque, ni mañana. Que esperen.

Entre las manos sostiene un sobre oficial con los matasellos de rigor y las firmas correspondientes.

«La canalización y los trabajos de desvío del cauce del río Portugués han sido pospuestos indefinidamente hasta que se aclaren las alegaciones de indemnización inapropiada de terrenos…», dice la carta, «se diluciden los errores en títulos de propiedad que la familia Fornarís alega haberle cedido en el mes agosto del 1932 a Isabel Luberza…»

tema sobre *has los sobre*
las tierras del río

Agarra el sobre, lo destripa. No lo puede creer. Alguien ha abierto de nuevo la investigación de títulos de las tierras de la ribera del Portugués, cuyo cambio de titularidad aprobó la pasada administración por una cantidad considerable. La transacción se hizo para que entonces cayera el peje gordo del contrato de la canalización. «Ustedes me ceden las tierras; nosotros les pagamos a precio preferencial y nos inclinamos hacia la firma para hacer el nuevo cauce del río. Eso si ganamos las elecciones», le dijeron. «Pero perdieron, me cago en mi vida gris.» Del otro lado las fuerzas se hicieron enormes; alguien, maldita sea, inclinó la balanza para el otro lado. Ya el tío Juan Isidro estaba muy viejo. Lo oían por no faltarle el respeto, pero ya fallaba en enderezar al partido contrincante a favor de los negocios de la familia. ¿Cuándo fue que se le escurrieron esas influencias de entre las manos? «Y ahora, mira… Cientos de miles de dólares que me piden que devuelva, como si yo anduviera con ellos en la cartera», murmura el Enemigo. Como si ya no los hubiera invertido en bonos a los sindicatos para que convenzan a los trabajadores del nuevo convenio, en maquinaria y piezas de pompas de agua, en la misma comisión que se fue en *donativos* para campañas electorales a senadores.

¿Quién coño se atreve a írsele por encima, a quién fue que la tipeja esa logró comprar, por cuánto y con qué carne? Eso quisiera saber él.

El Enemigo alza el auricular. Marca y espera.

—Querido obispo MacManus…

—Siempre un placer atenderle. Ahora precisamente estaba pensando en los planes de extender nuestra universidad. Usted sabe que sin las tierras que su familia le ha donado a la Archidiócesis…

—Para eso precisamente le llamo. Sabe que esas donaciones dependían del negocio de la canalización del río.

Ahora han abierto una investigación, y temo que vamos a tener que retrasar los planes.

—¿Pero cómo, señor Ferráns, si ya hemos empezado una campaña para recoger fondos para extender este centro docente?

—Es que hay elementos en la ciudad que están metiendo la cuchara donde no deben. Cierta dama de negocios de dudosa reputación. Su Archidiócesis, además, acepta sus sustanciosos donativos.

—Usted sabe que la Iglesia se alimenta de todos sus feligreses.

—Me malentiende, Monseñor. Yo sé que todos cabemos en la casa del Señor. Tan sólo le llamo para anunciarle de este retraso. Usted rece por mí, para ver si puedo esclarecer este asunto y cumplir con mi palabra. Si no, yo rezaré por que aparezca otra familia que le pueda donar tierras para esa importante obra suya.

Le queda por hacer otra llamada, pero el Enemigo siente ganas de escupir. La boca se le llena de un sabor amargo, como del agrio y del amargo de los olores a mosca revoloteando sobre basura fresca. Pero los de su estirpe no escupen, así que camina al barcito que titila en licores de marcas finas a un lado de su despacho. Un hombre de negocios tiene que tener un barcito como aquél, bien dispuesto en una esquina, para ocasiones como ésta. Se sirve un whisky con agua. Tiene que quitarse ese sabor a alquitrán de la boca, de esa boca que sí es suya. Le da un sorbo largo a su vaso y se refresca. Lo aprendió en Maryland. Al contrincante hay que desestabilizarlo para que no vea por dónde viene el ataque. Obispo MacManus, obispo MacManus, peón para desestabilizar a La Negra. Pero falta una pieza por jugar. Le han abierto una investigación. Pues él atacará con otra. Disca.

—Alejo, muchacho, ¿cómo te va, hermano?

—Querrás decir senador Alejandro Villanúa.

—Oh, perdón, señor senador.

—Dime para qué soy bueno.

—Me abrieron de nuevo la investigación sobre las tierras del Portugués.

—¿Lo del lotecito de Isabel La Negra? ¿Y no que se lo ibas a comprar?

—No tranza, la muy zorra.

—Si tú quieres hacemos lo de siempre. Pero recuerda que el partido sólo controla el Senado. El secretario de Obras Públicas no es nuestro, y te pueden pillar.

—Coño, Alejo, ¿y qué hago? Sugiéreme algo, por tu madre.

—Vamos a citarla de nuevo a los tribunales.

—Pero si nunca la han logrado apresar. Esa mujer tiene más senadores en la bolsa que putas en el Elizabeth's.

—Lo más probable. Pero nada se pierde con probar.

—Pues dale, chico. Qué se le va a hacer.

Son cientos de miles de dólares que ya tiene comprometidos en otras cosas. Los negocios se le caerán al piso si no se da la construcción del nuevo cauce. Porque lo malo no son las tierras, ni la investigación ni la vaina de los tomates. Lo malo es que ya compró maquinaria nueva, y compró sindicatos, y compró senadores. Y esta investigación abre la caja de Pandora. «Sí, de Pandora.» Por ahí se pueden colar otras pesquisas que revelen lo que no hace falta que se sepa. «¿Entonces qué?», se pregunta el Enemigo. «Entonces, ¿cómo hago para que no salga a relucir lo de las canteras, y la reconstrucción del aeropuerto de la Central, y del tramo de la carretera 876? No, es que no puede ser...» El Enemigo se empina el resto de su trago. «Esta hija de puta me las paga.» A concentrarse en la solución y no en el problema. La Negra tuvo que haber comprado a otro. Y él tiene que averiguar a quién. «Juro que me las paga. Deja que termine de salir de este atolladero.»

Pero quién lo iba a suponer. La verdad que nadie. Si ese hombre nunca tuvo carácter. Si se lo dejó quitar todo de las manos. «Y ahora es mío todo, todo nuestro.» Las fincas de San Antón las tuvieron que vender para atender a la loca. Toda esa tierra de la cual nace cemento y piedra, carreteras para que las cosas salgan y entren y circulen. Hicimos buen trato con el gobierno saliente. Lo malo fue que firmamos contratos, yo se lo dije al tío Isidro, se lo dije clarito. No lo hagamos hasta tener el estudio del título. Pero quién sabía de ese pedazo, justo al lado del río. No sirve para mucho, pero esta ahí, en el mismo medio. Considerable el cantito con que le compraron la boca a la negra esa, a la arrastrada esa, que ahora no diga que tiene boca. Hace tiempo que la vendió.

«Usted y yo sabemos que las decisiones en frío son las mejores para hacer que las ganancias crezcan», le había mandado a decir. La madama no quiso aceptar. «Esa tierra no se vende.» Con esa boca, como si fuera de ella esa boca. Le había mandado a decir y, para corroborar que le llegó el recado por parte de su abogado Chiro Caggiano, se presentó ella misma en sus oficinas, altiva. «No se vende», enunció cada sílaba con firmeza. Y luego dio media vuelta y salió de su despacho, dejándolo con la palabra en la boca. Maldita sea su vida, y la del tío Juan Isidro. «¿Tú te preocupas por tanto por una contrincante como ésa?» Le enseñaron en Maryland que ninguna competencia es pequeña. La había subestimado, y ahora iba a tener que mover influencias, comprar más funcionarios para detener esa investigación.

Suena el teléfono. El Enemigo consulta su reloj de lujo. Es hora de atender sus otros negocios. Tendrá que posponer su batalla con Isabel. «Los tiempos han cambiado» se dice a sí mismo. Los tiempos cambian y él tendrá que cambiar a tono con los tiempos. Si La Negra no vende, que no venda. Él encontrará otras maneras de hacerla ceder.

esteban se declara ser enemigo de isabela

por hambriento

(avido)

María Egipcíaca

[anotación manuscrita]: A la virgen es su guia y enttre lo que paso por

Santa Madre que nunca lo fuiste, María Egipcíaca, Santa
Virgen que te vendiste para cruzar el mar. Saber pecaminoso el tuyo que usaste para llegar a Jerusalén. Querías
ver lo que todos, saber de quién hablaban cuando musita-
ban fervorosos «Al Nazir». Al Nazir musitaste por lo bajo
y supiste que aquella era la semilla perdida. El hijo que tuviste y no tuviste, que expulsó tu cuerpo, el alma que cobija el cuerpo que te dieron para comer y beber. Ave María
Egipcíaca, a ti dirijo hoy mi plegaria. A ti que eres una de
las tres, una de las miles que ha vivido la vida que yo vivo.
Saber pecaminoso el que guía a las que caminan solas por
este valle de lágrimas, siervas que buscan su sustento
donde único pueden, y después les dicen «tú pecadora»
por el saber que ellas han recogido del camino.

Pero tú eres mi guía. Me conoces. Fuiste fiel a tu premonición. Por ella dejaste afeites y perfumes, por ella
abandonaste a tus ricos mercaderes, tus alhajas, anduvis-
te largos caminos comiendo lo que tu cuerpo te ganaba
ofreciéndote a los caminantes. Al capitán del barco te ofre-
ciste y Él te cruzó el mar contenido. Pozo el mar. Te llevó a
buscar otros senderos como los que hoy busco. Señálame
el camino Madre, enséñame la ruta para recobrar la semilla
malograda. Al Nazir musitaste, Al Nazir, tú que no pudiste gozar del lujo de ser la Inmaculada. Verlos abrirte las

puertas de Alejandría, verte cruzar por lo ancho sin tener que esconderte entre las sombras. Tú que sabes lo que es vivir entre las sombras, ampárame María Egipcíaca, ampárame.

Destino y premonición. Por eso abandonaste tu casa, cancelaste tus citas, te echaste a andar. Te postraste ante el Sagrado Sepulcro. Caíste de rodillas al ver a la Madre. Al hijo no, a la Madre, al hijo no, a la Madre, mujer como tú partido el pecho en mil dolores como si una espada le atravesara el corazón. Nadie sabía de tus penas. Ni tú misma, que seguías tranquila trabajando apetitos malogrados. Ni tú que no sabías del mar suelto en tu entrepierna, anegado como de lágrima intranquila. Caíste fulminada al suelo, jurando ser sierva entre las siervas, la más baja. Amén, Jesús y lo fuiste. Nunca regresaste a Alejandría, tu ciudad.

Deambulaste cuarenta años por el desierto. Sólo te cubrían tus cabellos, lágrimas tu rostro ardiente, harapos tu sexo seco. María Egipcíaca, María Gitana, María de Magdalena. Eras bella como la Reina de Saba, como la Sibila de Eleutera y Sagrada y Sabia como ellas también. Mas se te apareció la Madre y tu corazón recordó el dolor. Te secaste María. Tus cabellos largos y ensortijados fueron tu único manto, la desnudez de tus carnes, la túnica que te cubrió. Tres panes te alimentaron por sesenta días, tan duro decidiste que fuera tu martirio. Aceptaste penitencia y te limpiaste tranquila entre las fieras, desnuda, como viniste al mundo. Yo en esta gruta te enciendo velas para que recuerdes que eres capaz de dar luz, que eres capaz de limpiarme de una buena y sola vez, si me visita la Simiente. Quiero seguir tu ejemplo, María. No me desampares ahora.

Por eso a ti elevo esta plegaria… No dejes que se multipliquen en cuarenta los cuarenta años que ya he cumplido deambulando. No dejes que sean otros cuarenta los cuarenta que llevo seca por dentro, desnuda, con mi piel quemándome el pozo de mi desconsuelo. He pagado mis cuentas. He cumplido con mi penitencia. Por mi error y mi sabiduría, por mi error y mi sabiduría, por la soberbia de pensar que podía liberarme de la sombra si tan sólo el Hijo era quien me ataba. Que podía obligar otra ruta que esta gruta que nos acompaña. Te he visto en todas partes y hasta allí he ido, María. En todas partes tú cuidas de las aguas tenebrosas, los efluvios del hambre donde los hombres son esclavos y se abren ante la oscuridad. Pero no quieren caer en el bello abismo. No quieren soltar el nombre de los nombres. Se hizo la luz, no quieren; por eso buscan mantenernos solas y postradas. Caí en la trampa, solas y contaminadas por la luz. Yo quiero volver a ser la tierra oscura donde se cuece la Semilla. O por lo menos donde trasplantada eche su raíz. Óyeme Madre. Abandono mi casa, mi fortuna, mis alhajas. Abandono mi soberbia y se la dono a los infieles. No me desampares en esta mi difícil hora.

SANTOS INOCENTES

Sola estoy en esta gruta, ven a verme, vieja, ven Candela del demonio, préndeme velas, híncate ante mi manto sagrado. Pero la vieja no irá. Virgen de la Montserrate, quédate en tu reino de pacotilla, Virgen de la Montserrate, quemada, amortájate en tu manto. Que venga Dios aquí abajo y me mame las tetas secas, Dios todopoderoso, Padre e Hijo y Espíritu Santo, pero no como el Nene porque Dios es blanco y como todos los blancos coge lo que quiere y después dice: «Éste es tu lugar. No me pidas más». Que se joda allá al fondo de la maleza, no voy. Tiene que preparar deliciosos manjares para el Nene, celebrar su santo y su nacimiento y su espíritu hecho carne. A ver si así se aquieta. A ver si así vuelve al redil.

Es el día de los Santos Inocentes. La vieja barre con una escoba de pencas los pisos de tablón de su casita. Un polvorín escaso se levanta con cada vaivén de las fibras contra el suelo. El Nene no está. Empuja el polvo hasta la entrada y lo sacude hacia fuera. Que a este polvo se lo lleve la brisa, el polvo de las pisadas del Hijo buscando su morada ante el Señor. Cayó suciedad en los escalones de la casa. La vieja los barre uno a uno acodándose contra el pasamanos, la Caída se te anuncia, ah vieja, poniéndose la mano en las caderas para sujetarse de ella misma. De mí misma, Madre, ya no te necesito, ya te puedes pudrir allá en tu gruta, hueca por dentro estás. Doña Montse, doña Montse, doña Montse. Oye que la llaman. Te dije que no voy. Es un peregrino. Es que tengo una promesa que cumplir. Todos tienen sus promesas cumplidas. Menos la mía. Ah, Virgen de Mierda. Pues no bajo hasta que me atiendas mi pedido y traigas al señor por aquí.

La vieja mira hacia la base de la loma. Una silueta se sigue dibujando entre la maleza, apoyándose contra el portón. Camina con toda la parsimonia del mundo. El peregrino la espera.

—¿No oyó?

—Sí, pero como le vi hablando sola, pensé que no era conmigo.

—Pues sí era. El santuario no abrirá hasta después de Reyes.

—¿Puedo dejarle una ofrenda a la Virgen? Es que vengo de lejos…

—Démela, yo me encargo. Las flores las puede dejar a la entrada de la gruta.

Tres centavos le puso el peregrino en las manos. Tres cabos de vela y tres centavos. La vieja por poco rompe en carcajadas. Esto es lo que vale una promesa servida, mira Virgen con lo que te vienen a pagar. Se echó los tres centavos en el bolsillo de su bata raída. A que me los bebo en ron, sisisisisí, tres centavos de aguardiente me voy a echar al gaznate, por algo me llamo como me llamo. Doña Montse, doña Montse, doña Montse… Yo no me llamo así. María de la Candelaria Fresnet, Candela para los cristianos del Tres Marías. A que voy, me encuentro al Nene y bebo con él.

Subió de nuevo la cuesta, pero esta vez tomó el camino hasta el anafre del traspatio. En la olla había echado arroz, que ya estaba en su punto amelcochado. Vas a hacer arroz con dulce, ah, vieja, el manjar preferido del Nene. Vas a echarle pasas y coco rallado, leche de vaca y polvos de canela. Canela la piel del niño que ya adquirió su color verdadero. La vieja agarra un latón con leche, se lo echa a la olla. Agarra el guayo y se pone a rallar un coco seco. La pulpa del coco es blanca, blanca su ralladura como las nubes vaporosas y las plumas. Cuando se lo trajeron, el Nene era así de claro, rosado casi. Pero por dentro se le veían otros tintes. Sisisisí, en los huevitos primero, que allí ya se le notaba mezcla, las señoras le vieron los huevitos tiznados, oscuros como una uva. Armando me lo decía, abre las piernas, diabla, allí está mi fruta oscura como una uva moscatel y así tenía el Nene los huevitos. La vieja ralla, ralla..., la piel hueca de sus brazos tiembla con cada rallazo. Armando estaba muerto. El Nene se le enfermó de los oídos. Nosotras se lo cuidamos, nosotras se lo cuidamos. El licenciado lo vestía de hilo, de estopilla, el licenciado le ponía lazos en las mangas. Y el Nene enfermo. Así no se cría al hijo de la Virgen del fondo de la jalda. Porque yo no soy la abuela ni la madrina, así no se cría el hijo de esta Oveja de la Amargura, amarga como la rabia.

Paró de rallar cuando sintió los dientes del guayo contra los nudillos. Colocó la ralladura del coco entero en una dita y fue hasta el caldero. Porque el Nene no es el Hijo, ni es el Padre ni jamás será el Espíritu. El Nene es la Madre liberada de la Virgen, la Madre liberada de la gruta, la Madre liberada del Hijo. Alzó la tapa del caldero y echó el coco y la canela, lo meneó todo junto con un cucharón de palo y apagó la leña. Es con las ascuas de las cenizas como mejor le queda el dulce. El Nene se acercaba por la loma. Lo vio dar traspiés contra la verja de palo, extraño, ni aun borracho como acostumbraba a llegar ahora perdía el paso y el balance. Lo vio tambalearse, abrir de un tirón la puerta de la gruta y volverla a cerrar.

quiere que le traiga a su nenecita v

Quizás está rezando. Quizás volverá a su senda. No lo molestará. A ver si me cumples lo pedido, Virgen Inútil y me lo traes de vuelta al redil. Porque en estas fiestas el Nene anda más alebrestado que nunca. En estas fiestas el Nene se pierde por días. Y ella está vieja, yo ya estoy vieja, y seca para pasar por estos sobresaltos. A veces tiene que amarrarse las greñas, ponerse su traje bueno e ir a buscarlo al Tres Marías, sacarlo a rastras de allí. Le da vergüenza que la vean así, como una pasa negra y percudida, pero si yo me sequé prendiendo velas, tú te vas a secar igual, recuerda que estamos hechas del mismo material, Montserrate, Montserrate, doña Montse, que estamos hechas de esta piel de madera que coge fuego al instante. Se me secaron los pechos de tanto prender y apagar velas, de tanto rezar y desrezar rosarios, de tanto andar detrás. Pero tú estás tan vieja y tan seca como yo. Tus favores también son de a tres centavos.

Era el día de los Santos Inocentes. Esta vez la vieja contaba el tiempo, las voces no la confundirán. Estaba pendiente del paso de los días. Te dije que hicieras algo, Montserrate, para que antes de que se acabara el año el licenciado volviera por aquí. Un milagro haz, si es lo que tienes. El Nene no sale de la gruta. Adentro ve unas velas que se encienden, humo que sale por la única ventana. Tendrá hambre. Yo soy todo el alimento que tu hijo necesita. El que me lleve en su pecho se salva de todo mal. Maldita la del trono. La vieja se decide y baja hasta la gruta. Toca la puerta, no hay respuesta. ¿Roberto?, ¿tienes hambre? El Nene no contesta. Te vi entrar, dime Nene, ¿quieres comer? Te hice un arroz con dulce que está para lamerse los dedos.

Doña Montse, doña Montse, doña Montse. No puede ser, ¿más peregrinos? La vieja escucha que la llaman. El santuario está cerrado hasta después del día de Reyes. Pero las sombras no se van de la maleza, las sombras la esperan en el portón.

—¿Sabe dónde está su ahijado?

—¿Al Nene? ¿Quién lo procura?

—Somos de la comisaría…

—Virgen Santa, ¿qué pasó?

Se la llevaron en una güincha hasta el pueblo. En el cuartel estaba el superintendente, dos policías y un tal don Eusebio Cintrón, ganadero. Su ahijado atacó al hijo de este señor, doña Montse. Tú no te llamas así, Madrina. ¿Cómo que lo atacó? A que fue en el Tres Marías, ¿ah, vieja? A que fue en el origen de tu mancha. Parece que por lío de faldas. Lito Cintrón lo insultó con lo que ya usted sabe y Roberto se le fue arriba. Nadie vio de dónde sacó el puñal. Mejor es que se entregue, Madre de Pureza, ampáralo, Torre de Firmeza, escóndelo hasta que llegue el señor. Don Eusebio se puede servir justicia con sus propias manos. Es mejor que se entregue. Que llamen al licenciado, vieja bruta, tú cierra el pico y llama al licenciado Fornarís. La vieja agarró al superintendente de la manga de la camisa. ¿Ya llamó al padre? Sí, doña Montse, dice que en cuanto pueda sale volando para acá.

1

[nota manuscrita: la descripción de la nieve en PA]

[nota manuscrita: ↑ Luis Arsenio estudia en la universidad de PA]

Sopa gris. Una lenta sopa gris. Afuera caen en paralelo motas densas como de algodón que cubren todo de blanco. Se deshacen en charquitos que no se deciden entre ser de agua o de hielo. Chocan contra las paredes, capiteles y ventanas de decenas de edificios. Se cuelan entre los pasillos de las calles asfaltadas, llenas de automóviles gigantes como barcos. Se incrustan en los cuellos pálidos de gentes resoplando contra el frío. Sus cabelleras, abrigos y sombrillas también se cubren de ese polvo blanco que cae del cielo. Una sopa gris. Nieva en Pennsylvania. Luis Arsenio mira la nieve caer.

La primera vez fue un portento. Nevó durante cuatro días enteros con sus noches. Al principio no podía creer que algo cayera así, tan despacio, tan como mil plumillas de ave ligera confundidas por los revuelos del aire. El cielo parecía una postal, y Arsenio el protagonista de un retrato. Andaba por la calle con un abrigo de lana marrón que hicieron coser para él expresamente sus abuelos. El abrigo combinaba con su sombrero de fieltro, con sus zapatos de punto expuesto en cuero lustrado, con un traje de paño grueso que le había comprado su madre cuando se enteró de que su único hijo había sido aceptado para estudiar en la universidad de Pennsylvania. En su casa hubo una celebración. Su madre lloraba y reía. Era una oportunidad regalada. Y no tan sólo para él. Ahora que él se iba, quizás la señora de Fornarís tuviera el valor de hacer otra cosa con su vida. Madre Santa, Madre eterna, Esclava del Señor. Quizás ahora su madre se atrevería a ser Cristina Rangel.

Empezó a nevar y Luis Arsenio se detuvo maravillado en medio de la acera. Había llegado a Filadelfia, una ciudad del Norte civilizado, cuna de la democracia y del progreso.

Sacó la mano fuera del bolsillo y vio un copo de nieve desvanecerse vaporoso entre sus dedos. Levantó la cara y dejó que otros le cayeran sobre el rostro, hincándoselo con diminutas garras que después se derretían sobre su piel. Los transeúntes siguieron su paso acelerado. Algunos lo miraron con curiosidad. Luis Arsenio no quiso llamar más la atención. Disimulando, hizo como si se arreglara la bufanda a cuadros —línea verde, línea amarilla, línea violeta entrecruzada— que llevaba al cuello. Hubiera sido mejor ponerse una más sobria. Pero desde que llegó a Filadelfia empezó a sentir la necesidad de llevar siempre algo de colorido. «A los negros le gusta lo colorao.» En la isla jamás se le hubiera ocurrido, pero acá era diferente. No es que no existiera el color en las calles de la ciudad. Estaba por todas partes, en la barra roja y blanca de las barberías, en los anuncios de los comercios, en las pinturas sorpresivamente amarillas y azules de las casas victorianas con volutas blancas y puertas verde pino. Pero existía algo, la impresión de que todo era uniforme por debajo de las apariencias, de un tono único, acordado, hacía que todo, fuese del color que fuese, se percibiera pálido. Quizás era la luz de los inviernos, quizás era el frío que se le coagulaba en el aliento a Luis Arsenio volviéndoselo humo cada vez que respiraba. Quizás era el portento mismo de la nieve, esa pureza limpia, crujiente que lo dejaba todo deslavado.

—Hey, Louie, ya pronto cierran el comedor. ¿No bajas a cenar?

Luis Arsenio pegó un brinco. Se caló profundo su abrigo y bajó las escaleras Le llamaba su amigo Jake. Si Fischer Hassenfield se le hizo más llevadero fue por él. Le había tocado un cuarto modesto, con una gran ventana y una sola cama, en lo que se conocía como «el Cuadrángulo». Allí estaban los edificios más viejos de la universidad —la casa Fischer Hassenfield, la casa Riepe, la Ware—. Su cuarto quedaba en la primera casa. El único inconveniente era que tenía que cruzar el Cuadrángulo para ir a comer a Ware, donde estaba el comedor. Pero en la suya vivían los estudiantes de Leyes. «Res Publicae, Res Populis», leía el escudo de armas, que sostenía con garbo sus flores de lis contra un fondo de listones azules. Luis Arsenio pasó por debajo de ese escudo de armas. Se dispuso a cruzar entre las hojas secas del Cuadrángulo. Al fondo del pasillo, un tumulto de gente se arremolinaba en los comedores. Se puso en línea para que le sirvieran un pollo esponjoso, sin sal, papas majadas, vegetales aguados. Los sabores (o la falta de ellos) ya se le estaban haciendo usuales al paladar. Del otro lado de la línea de comensales se extendía otra de caras oscuras, sin expresión, que les ofrecían los platos servidos y humeantes. Caras como la de Delmira y Carmela. Caras como la de Minerva.

Minerva desnuda contra las paredes de tabla del cuartito del Elizabeth's. Luis Arsenio enredado entre sus piernas, intentando no perder el control. Minerva arañándole la espalda, mordiéndole el hombro hasta dejarle marcados los colmillos. Arsenio chupándole el cuello hasta dejarle a Minerva la huella de su paso por el cuerpo. Minerva empujándolo traviesa, susurrándole al oído un «¿quién te dijo que podías?». Luis Arsenio pensándola con la mano perdida entre los pantalones, oliéndosela en el cuerpo desde que llegó a Filadelfia.

—Me aceptaron para estudiar en el extranjero.
—¿Dónde?
—En la Universidad de Pennsylvania.
—… te voy a extrañar.

Así no fueron las despedidas. Luis Arsenio le superpone otras al «quizás te sorprendo y me aparezco por aquí el sábado entrante» que le dijo mentiroso antes de marcharse del pueblo para siempre. Le hubiera gustado atreverse a más. Le hubiera gustado, por ejemplo, haberse tumbado en la cama desnudo a fumar despacio un Tiparillo, mientras le informaba a Minerva que se iba. Que aquella reunión con los muchachos que lo esperaban en el salón de baile era su fiesta de despedida. Que se había escabullido de la casa por última vez y no sabía si regresaría jamás.

Bandeja en mano, buscó con la mirada entre las mesas el lugar donde Jake Barowski estuviera sentado, en una esquina, con sus libros cerca, como siempre. Jake Barowski, hicieron amistad al instante. Subía su baúl por las escaleras hacia el segundo piso de Fischer Hassenfield cuando se tropezó con una torre flaca de huesos desgarbados, de sonrisa abierta que lo saludó: «Hola, ¿eres español?» «Corso.» Se le hizo más propio que decir «De las islas». En Fischer Hassenfield casi todos los compañeros de dormitorio eran anglos, pero los había otros de países más peregrinos: daneses, una especie de Conde de Lautréamont chileno, mexicanos muy ricos que operaban encerrados en su claque, dos o tres rusos, y Jake. Jacob Barowski, judío de Filadelfia. Aquel día, mientras le ayudaba a arrastrar su baúl de ropa, le explicó procedencias. Su padre fue miembro de la congregación Mikveh Israel, segunda más antigua en el país entero. Además de los estudios de la Torah, Barowski dedicó su vida a estudiar todos los libros. Tanto los amaba que se hizo bibliotecario de profesión y trabajó con el legendario Cirus Adler en la fundación de la Biblioteca Libre de Filadelfia. Abraham Barowski le inculcó a sus hijos (eran tres) el amor por la tinta. Quizás por eso Jake quiso hacerse letrado y también quizás el dato explicara qué hacía un judío en Filadelfia hablándole a Luis Arsenio en español.

—Lenguaje de familia. El segundo apellido de mi padre es Machado. Gallego-portugués. No quiso que perdiéramos la costumbre.

Lo vio en una esquina del comedor y caminó hacia él. Por enfrente le pasó un coro de muchachas también de camino hacia las mesas. Una de ellas se le quedó mirando. Tenía la cara color perla alabastro. No era del blanco trigueño común a las muchachas de su clase, ni tampoco del pálido anémico de las jibaritas del campo. Ella tenía un tinte traslúcido, algo como de nácar que relucía bajo la piel oblicuamente tersa, dejando ver una tibieza que latía debajo del rubor de las mejillas, contra las sienes enmarcadas por un pelo terriblemente rojo y unos ojos color marrón. La muchacha lo miró con un desparpajo que ni Minerva hubiera esgrimido. Le dirigió una sonrisa y siguió con sus amigas hacia una mesa contigua.

Cuando llegó junto a Jake, lo encontró riéndose en voz baja. «Ni te molestes», le dijo, y por un momento Luis Arsenio no supo de qué hablaba. Jake miró en dirección a la muchacha.

—Está fuera de tu alcance.

—¿Sabes quién es?

—Maggie Carlisle. Segundo año. Pero no deberías molestarte.

—¿Por qué no?

—¿No te das cuenta? No eres su tipo.

—Me miró como si lo fuera.

—Si lo fueras de verdad, no te hubiera mirado así.

Leche pura de pechos enteros. Pelo y su pubis en llamas. Pero no debía pensar eso. Aquélla era una chica universitaria, entregada a su educación, a su intelecto, una chica decente. No había más que mirarla. Se echaba hacia atrás un mechón de aquel pelo terriblemente colorado. Cortaba con delicadeza un pedazo de carne, lo mordía con sus labios rosados, boquita de porcelana perfecta. Apoyaba su cara sobre el puño atenta a los comentarios de sus amigas, inteligentes comentarios, de seguro, masticaba y tragaba despacio. La muchacha lo volvió a mirar. Luis Arsenio se sorprendió pensando cuán caliente podría ser el contacto de aquellas mejillas que deglutían, cuán febril el roce de sus labios, cuánto podrían aliviarle el hambre que tenía metida en el alma. Pero no, imposible. Esas cosas no se piensan por muchachas tan finas.

Llegó a la ciudad de Filadelfia a finales de septiembre, a quedarse en casa de unos amigos de sus abuelos, antiguos propietarios de una fábrica de tabacos en la calle 14 en Nueva York. Los señores Viña, corsos de Cuba ambos, se mudaron a Filadelfia al darse cuenta del cambio que se avecinaba y que hundió a muchos otros. La industria importadora de tabacos iba a ser azotada por un vendaval. Los estados del Sur se imponían con aranceles que aumentaban el precio de los importes, que hacían del cigarro habanero objeto absoluto de lujo, desplazado del cotidiano por cigarrillos producidos en masa con hojas cultivadas en Arkansas, en Mississippi, en Louisiana. Un habano Montecristo de calidad podía valer hasta un dólar en aquellos tiempos; mientras que los Pall Mall, los Lucky

Strike, los Marlboro, se vendían a centavos la caja; alivio preferido por los miles que aún quedaban desplazados por la Depresión. Había que actuar, y pronto. Los señores Viña (ahora Mr. and Mrs. Vineyard) vendieron el local en donde se situaba su tabacalera. Con el dinero obtenido quisieron irse lejos de la urbe. Se mudaron a Filadelfia como ciudad de paso. Abrieron un Smoke Shop. Pero su plan era amasar capital para construir otra cosa en Florida; en medio de la pujante ciudad en que se estaba transformando el pueblecito costero de Miami.

Estuvieron a punto de matricularlo en la universidad de la capital cuando se acercó el cartero con el sobre que selló su destino. Aceptado en la Universidad de Pennsylvania, ciudad de Filadelfia, en la universidad fundada por el mismísimo Benjamin Franklin. Su madre «Dios mío, qué orgullo, mi querube, mi niño» lloraba y reía. Pero «¿y ahora qué hacemos con esta noticia tan tardía?». Cristina Rangel no esperó para revelar sus intenciones. Caminaba de un lado para otro de la sala con el sobre en una mano, con su contradictorio orgullo hinchándole el pecho porque su hijo era una lumbrera; pero qué suerte la suya, la carta había llegado tarde y por eso habría que esperar. Cristina pesaba completa sobre los hombros del hijo. Era mejor tomarse su tiempo, arreglar todos los detalles, no actuar con prisa para solucionar asunto tan delicado, imagínense, irse a estudiar al extranjero. Leyes, eso, su niño, como el padre, estudiaría Leyes para después heredar el bufete, llevarlo a lo más alto. Pero a su debido tiempo.

—Es lo mejor. No se va a poder ir.

Pero Fernando Fornarís los tomó a todos por sorpresa. Sentado en una butaca de pajilla, mientras su madre revoloteaba por cada esquina de la sala, dejó oír su palabra. «Así tenga que mover cielo y tierra, Cristina, Luis Arsenio no se queda aquí.»

Desde el día en que se decidió su partida, su madre andaba envuelta en aquellos aires. Penaba por las esquinas.
Se tomaba más «cafés bautizados» de la cuenta, más tés de
tilo con chorritos de un «tónico» que le calmaba los nervios. Tan evidente andaba que de sus trucos se dieron
cuenta todos; hasta el abuelo. «Tienes razón. Nosotros nos
quedamos aquí, no te preocupes por el despacho que yo le
doy la vuelta en la semana.» Don Luis fue a rescatar al muchacho. «Cristina, a ver, déjame despedirme de mi nieto.»
Se toparon de frente los dos Luis Arsenio Fornarís, uno
que ya no podía ser otro que el abuelo, otro que le tocaba
ser el nieto; ojos verdes, barba cerrada que hacía lucir más
viejo. Esa misma barba había ayudado al abuelo a enro-
larse antes de tiempo como marino mercante. Lo protegió
de las inclemencias cuando cruzó el Atlántico y terminó su
viaje en los puertos de una ciudad plomiza en la cual sus
compañeros desembarcaron para perderse entre las calles
del Lower East Side. Pero él se sabía afín a otras temperaturas y a otros temperamentos, así que siguió la ruta del
barco hasta que entibió el mar y se puso turquesa, hasta
que su barba le pesó contra el calor del viento. Llegó a
esta isla y supo que su viaje había terminado. Dio su nombre en aduana —Luis Arsenio Fornarís—. Quizás ese día
inició el proyecto de su estirpe. Ahora le tocaba a su nieto
asumir el rito que comenzó él. Emigraba. Ampliaba los ho-
rizontes de su clan. Habían hecho bien en ponerle su nombre. Ojalá le sirviera de amuleto para neutralizar la herencia nerviosa de la madre.

—Esto no sabe a nada.
—Deja que vengas a casa a comer comida de verdad.
Te vas a chupar los dedos.
—Jake, en serio, no quiero importunar.
—Por favor, Louie. Además, en Ros Hashannah no hay
ritos, ni plegarias, ni actos de contrición. No te tienes que

convertir a la fe del pueblo escogido si vienes a comer el jueves a casa.

Luis Arsenio interrumpió el conjuro de miradas con la muchacha, allí, en medio del comedor Ware en la universidad de Pennsylvania. Su amigo Jake lo invitaba a celebrar el inicio del año judío. Aquel jueves sería el primer día del mes de Tishri. Octubre. Ya empezaba a refrescar en las noches y las hojas a cambiar de color. Filadelfia se teñía de rojo y ocre, con las hojas cerniendo una luz diferente por todas sus calles asfaltadas. Aquello no era un pueblo perdido en el Trópico. Aquello era ciudad de verdad. Altos edificios de cristal y metal, autos por todas partes, tiendas de las cosas más disímiles, de la gente más disímil. Luis Arsenio recorría Filadelfia palmo a palmo. Urdía rutas improvisadas por City Hall o por la calle South, donde se arremolinaba la bohemia del jazz. Después de las clases o en los fines de semana, se echaba al cuello su bufanda y se lanzaba a caminar la ciudad. Cruzaba hacia el oeste hasta llegar a Market Street, subía de allí al barrio Chino y luego cruzaba en diagonal de regreso al este, a la universidad. Era hermoso el otoño y era hermosa la ciudad. Quería celebrar Filadelfia. Si su madre se enterara. Su hijo, su preciado príncipe bautizado con faldellín y mantilla en la más católica de las tradiciones. «Aceite y vinagre no mezclan», le habría advertido. «Aceite ungido en tu cabeza, vinagre que le dieran de beber los impíos al Hijo de Dios…» Algo así de idiota le monsergaría su madre si se enterara. Pero en aquella ciudad era libre, veloz y volátil. Había espacio para cualquiera. Allí no había que ceñirse a las costumbres de su isla.

Maggie Carlisle se levantó de su mesa. Luis Arsenio no pudo evitar notarla. Ni ella a él. Caminó con sus amigas hacia la salida del comedor. Justo antes de perderse por los pasillos se paró de nuevo a mirarlo. Ella y todas sus amigas lo miraron y estallaron en risas contra el dintel de la puerta.

—Allen nos lo está poniendo difícil. Pero yo le voy a dar batalla. ¿Ya terminaste de estudiar para el examen de mañana?

—En eso estaba cuando bajé a comer.

—¿Qué tal si nos encontramos en un rincón de la biblioteca de Fischer y repasamos el material de ley gubernamental?

—Tú ve buscándonos hueco, que yo subo por los libros y te alcanzo en un momentito.

—Date prisa, Louie.

—Luis Arsenio.

—No pierdas tu tiempo, aquí nadie va a acostumbrarse a llamarte así.

No le gustaba el apodo, pero peor era lo otro; corregir a los pocos que encontraban el tiempo para hablarle, tratar de que pronunciaran bien la «r» de Arsenio, de que no terminaran su nombre en una molestosa «u». No se explicaba por qué razón los yanquis no podían dejar la boca abierta al final de su nombre. Su apellido era caso perdido. Con suerte, se trasmutaba en un tartamudo «Forneress» que hacía que las muchachas circundantes soltaran risitas por la proximidad sonora con tantas otras palabras fornicantes. «Louie Forneress», ése era su nuevo nombre; un nombre sin arraigo, veloz y volátil.

El examen de ley gubernamental había estado matador. Pero lo sobrevivieron. Luis Arsenio subió a su cuartito en Fischer para cambiarse de camisa, buscar un abrigo de noche, ponerse una corbata. Jake lo esperaba en el vestíbulo. Cuando bajó las escaleras Jake lo esperaba con su sonrisa franca. «Se ve que te educaron bien. Serás un hit con mi madre. Pero de la comida del Ware nadie te salva.»

Subieron por la calle Spruce hacia la 36 y de ahí doblaron a la izquierda hasta llegar al barrio judío. En la Mikveh Israel hicieron un giro a la izquierda. Una señora bajita con un gran moño de canas les abrió la puerta de una
casa de ladrillos de tres pisos a la que llegaron temprano en
la tarde, aunque oscurecía. Era la madre, Ruth. Enseguida,
haciendo resonar sus pasos en las escaleras del segundo
piso, bajó Abraham Barowski. Los hizo pasar a una sala que
cobijaba un buen grupo de comensales. Luis Arsenio se
sentó en un mueble acolchonado en terciopelo oscuro, cerca
de una chimenea en piedra. Cortinajes espesos cubrían las
ventanas. Todo parecía hecho de un material denso, compuesto por miles de capas. Al fondo, enmarcada por dos
puertas de madera labrada, se veía el comedor. «Estoy en
un mundo viejo», pensó Luis, recordando los salones de su
casa Fischer Hassenfield. Paredes recubiertas en paneles
de caoba, tonos oscuros, olor a aire encerrado. Aquello era
un recinto protegido del aire y de la luz.

En la sala se arremolinaba el clan Barowski —el hermano mayor Elisha, su hermana Doris y la madre—. Abraham Barowski le presentó a Mircea Dauberg, a su esposa
Nelly. Suerte que no era el único invitado, ni el único extranjero. Mircea acababa de llegar desde Austria y les traía
a los Barowski noticias de unos parientes. «Gracias a Dios
que aún están bien. Ruth, mi esposa, se crió en Viena, pero
sus padres eran polacos», le explicaba el viejo. «Nosotros
somos corsos», apuntó Luis. No mencionaría las islas. No
hacía falta. Aquella sobremesa era punto de encuentro de
miles de viajes y miles de mundos viejos. Viena, Lisboa,
Amsterdam, los puntos geográficos se sucedían en las conversaciones, convirtiéndose en referencias de paso. Porque lo que reunía a aquellos comensales era un rito que en
nada tenía que ver con las procedencias de la tierra.

—Ahora que llegaron todos, vamos a comenzar con el
brajá.

Se arremolinó el clan alrededor de la Patriarca, que comenzó a recitar una oración en hebreo, «Baruch atah adonai melech ha´olam». La entonación le hizo bajar la cabeza. A Luis Arsenio le sonaba a canción de cuna, a encantamiento, a bendición. Deseó que la luz de aquellas velas que encendía Ruth Barowski disipara todas las tinieblas del mundo, se derramara sobre todos los seres queridos que pisan la tierra —los ausentes, los presentes—. Jake le susurró al oído.

—Son las luces del Yahzeit, para los que ya no están con nosotros.

—Van a ser muchas las que encendamos este año.

Ya doña Ruth había terminado su oración cuando Mircea Dauberg dejó escapar el comentario. Los Barowski se tensaron en medio de sus ademanes. La sala por poco se quiebra con un peso nuevo. Elisha, el primogénito, dirigió una mirada furtiva hacia donde estaba su padre.

—No hay que alarmarse. No son más que campos de trabajo...

—Parece que sí. Dicen que en Dachau están construyendo unas salas cerradas donde caben miles. Y que en Breintenau se ven por millas los humos negros de chimeneas encendidas de noche y de día. Que el aire apesta a carne chamuscada.

—No es posible, Mircea. Tienen que ser exageraciones.

—Yo les creo, Elisha.

El viejo Barowski cerró los ojos para dejar escapar un largo suspiro. Mircea siguió ocupándose en contar cómo a los Bonn, los Gorodischer, los Madden se los habían llevado en medio de la noche. «Escapamos por la frontera con Francia. Tuvimos suerte. De ahí pasamos a Canadá.» Y ahora a esa sala tibia en Filadelfia.

—Los Erenberg salían un día después. Y los Krauss quedaron detenidos en Canadá.

—Ésta es tu casa, Mircea. Aquí se pueden quedar todo el tiempo que sea necesario.

temas sobre si los judíos merecen su propia nación

—De uno en uno no los podemos salvar, padre.

Ahora era Jake el que hablaba. Miraba al viejo con los ojos brillantes, con un ademán tenso que Luis Arsenio jamás le había visto. Hasta le desconocía el tono de la voz. El patriarca frunció la boca. Le resoplaban las aletas de la nariz.

—¿Y qué sugieres? ¿Qué nos pongamos a gritar en las calles demandando que el gobierno haga algo? Jacob, mira lo que hacen los gobiernos. El ruso, el alemán, el norteamericano.

—Aquí nuestros derechos deben ser respetados. La Constitución...

—El papel de las constituciones todo lo aguanta. Pero el poder es el poder. Lo que necesitamos es tierra, un lugar donde descansar al fin de tanta persecución.

—Una nación no es más que un pretexto para que la gente se mate a palos. Tú mismo me lo enseñaste.

—Pues me equivoqué. Ahora con gusto ofrecería mi vida por una nación judía.

Los dinteles, las cortinas, el espeso terciopelo de los muebles se le hicieron a Luis Arsenio una tumba sobre el pecho. Afuera, las calles de Filadelfia se prometían frescas y veloces. Quiso perderse en aquella velocidad. Estuvo a punto de inventarse cualquier excusa para escapar de aquella sala. Pero doña Ruth lo salvó. «Vamos Abe, Jacob, no tenemos que decidir el destino del mundo ahora. Ni el del mundo ni el nuestro. El desierto puede esperar por nosotros, pero la cena no.»

Pasaron al comedor y comenzó el agasajo. Pan redondo del challah, salmón ahumado, ensalada de zanahorias, dulces de manzana y miel. El paladar de Luis Arsenio se levantó del sopor en que le había sumido la comida de la casa Ware. Allí estaban de nuevo los sabores bailándole en la boca. No eran conocidos, pero sí de gente para la cual la comida significa algo. Luis Arsenio oyó conversaciones sobre el rabí Joshua a quien no conocía, sobre la sinagoga de la calle Union a la que no había ido. Saboreaba su comida. Mircea contó de los progresos en los estudios de su hijo Daniel. «Una pena que Doris no pueda unírsele en Hochschule Für Musik. Estoy seguro de que la hubieran admitido.» Jake hacía lo posible por mantener a Luis Arsenio informado de los pormenores de la conversación: «Ese rabí es un pícaro, amigo de la infancia de mi padre. Daniel es un genio al piano. Si lo oyeras, Louie, cómo le vuelan los dedos sobre el teclado. Ya quisiera Doris tocar así». Y Ruth: «Jake, no molestes a tu hermana». Luis Arsenio sonreía, entretenido en perderse en los datos de la conversación. Masticaba, complacido. Pero la conversación anterior seguía pesándole sobre el paladar. Las muertes de los judíos, los éxodos y las naciones. Todo transcurría en la mesa como si nada de esto hubiese sido nombrado. Mejor no preguntar más, mejor dejar que pesara densa la omisión en la suculenta mesa de los Barowski. Mejor masticar, degustar, deglutir.

Era como si invocara a Maggie Carlisle. Pensaba su nombre y se la encontraba. Maggie Carlisle. Y allí se aparecía ella, rojo y alabastro por los pasillos de la universidad —por Mayer Hall, por Stouffer Hall—. Le seguía lanzando aquellas miradas que lo invitaban. Pero Luis Arsenio permanecía mudo. Es cuestión de encontrar el momento propicio, se decía, de plantarse frente a ella e iniciar una conversación. «Mi nombre es, tu nombre es, hace frío, qué rápido se acerca el invierno, en mi tierra el tiempo pasa de otra manera; no es que sea más lento, es circular.» Ella se le quedaría mirando, apartándose quizás un mechón rojo de la cara. «¿Circular?» «Sí, no se nota cómo un mes se derrama en el otro porque no hay estaciones.» «¿Que no hay estaciones?, ¿dónde es eso?», le preguntaría Maggie. Entonces él le explicaría que en su isla;

pero no. Hablarle de la isla a secas no funcionaría en la universidad de Pennsylvania. Era imposible entonces acercarse. Imposible tomar esos cuatro o cinco pasos y acercarse a Maggie Carlisle, que sí venía de un lugar sólido en la tierra. Se le notaba.

«¿Y si me la encontrara en la calle?» Allí sí podría dar el paso. Luis Arsenio se encaminaba hacia el Sam's Soda, calle 40 con Spruce Street. Allí, en medio de aquella ciudad, se borraban todos los contextos. Pasaba el muchacho negro con el pan, cruzaba un señor con sombrero rumbo a Woodland Avenue. Pedían una salchicha al vendedor ambulante. Una mujer regañaba a su niño antojado de un helado. Los autos arrancaban, cambiaba el semáforo. «Un emparedado de jamón, una hamburguesa, unas papas fritas, pastel de manzana.» Luis Arsenio empujó la puerta y entró en el Sam's Soda Shop. Todos comían con velocidad, hablaban sagaces. Jake le enseñó el puesto.

—Vengo desde que era pequeño. Hacen las mejores malteadas con chocolate del mundo.

El Sam's era un enjambre de pequeñas conversaciones. Había quedado en encontrarse con Jake al final del día. No estaba. Luis Arsenio buscó mesa y sacó de su bulto sus libros de ley comercial en lo que llegaba la mesera. No había tiempo que perder. La universidad entera ardía en ascuas. Se acercaban los exámenes de mitad de semestre. Pero nadie respondía a esos ritmos. Por todas partes no se hablaba más que de la guerra. Inclusive allí, en su santuario del Sam's Soda Shop.

—No vamos a poder quedarnos por más tiempo a las afueras del conflicto.

—Creo que ya se han enviado algunas tropas.

—¿Y lo que está pasando en Polonia?

—Nadie lo confirma; ya tú sabes cómo son los judíos; hay que tomar todo lo que dicen con un grano de sal.

Un grupo de muchachos se arremolinaba frente al mostrador curvo. Discutían a viva voz. La guerra, los judíos. Otra vez el mismo tema. ¿Quién dijo tamaña estupidez sobre los judíos? Luis Arsenio paseó la vista por el puesto de malteadas y vio a todas aquellas caras iguales, limpias. Morretes colorados, pelos bien recortados, hombros fornidos; muchachos provenientes seguramente de familias anglosajonas de Maine o irlandesas de Delaware. Vigiló ansioso la puerta. Mejor que no entrara Jake. Que no oyera. Topárselo hubiese sido volver a respirar el aire denso de aquella noche en la sala, junto a las velas del Yazheit.

Luis Arsenio abrió sus libros y se sumergió en ellos. Se terminó su bebida. Jake nunca llegó. Empezó a recoger para moverse de lugar, irse a la biblioteca de Fischer, quizás, o al campus, bajo un árbol, a donde se hablara de cosas menos apremiantes, de deportes por ejemplo, de algún baile que ofrecería alguna fraternidad. Que un murmullo leve le sirviera de fondo a su lectura. Pero llegaron unos compañeros que lo reconocieron. «Ven a sentarte con nosotros, Louie», insistió un chico pecoso de clase de historia. Caminó hacia las mesas donde el grupo se acomodaba, cuando a sus espaldas sonó la campanilla de entrada. Se abrió la puerta. Entró Maggie Carlisle.

Venía con unas amigas y conocía a casi todos los muchachos que lo habían convidado. Él era el único que no la frecuentaba. Así que «Louie, ésta es Maggie», se hicieron las introducciones de rigor. Al fin, el puente deseado se tendía entre ojos y ojos, boca y boca; un puente de palabras. «¿Cenas en Ware, verdad? Sí, la cafetería del dormitorio para chicas es un verdadero desastre, no que la de Ware sea el Four Seasons…» Risas. Las amigas se fueron a mirar la selección de música de la vitrola. Pero Maggie se requedó. Fue tan sólo un instante, que Luis Arsenio aprovechó para invitarla a una soda de vainilla.

—¿Tienes muchos exámenes?

—Bastantes. Pero creo que saldré bien en casi todos.

—No veo a tu amigo, el que siempre anda contigo.

—¿Quién, Jake? Anda ocupadísimo.

—¿Tú también eres judío?

—¿Yo? Nada que ver.

Un escozor recorrió a Luis Arsenio de cuerpo entero. ¿Cómo era que lo confundían con un judío? Su madre se lo habría advertido: «Dime con quién andas y te diré quién eres». Pero él es Luis Arsenio Fornarís, hijo del licenciado y nieto del comerciante, de los Fornarís corsos de un pueblo muy distante al Sam's Soda Shop. Su contexto quedaba lejos, incomprensible, imposible de nombrar. Ahora menos, que al fin se habían establecido las conversaciones. Luis Arsenio debía proseguir con el plan. No nombrar las islas.

—Tú también andas con otras compañías.

—¿Qué de malo tiene que una muchacha soltera salga con sus amigas?

—¿No tienes novio?

—No.

Y bajó la vista hacia su sorbete. Tímida quizás, elusiva, pero lanzando la invitación. Allí mismo, en el Sam's Soda Shop, Luis Arsenio Fornarís invitó a Maggie Carlisle al cine.

El brazo de Maggie en su brazo, un acercamiento. Sus manos tomadas, otro. Nariz enredándose en una melena roja, en la fragancia que emanaba de su cuello mientras se despedían con un abrazo en las escaleras de su dormitorio. «Nos vemos luego», sonrió Maggie mientras sus ojos lo miraban desde adentro, con una llamita que a él se le había olvidado que podían tener las miradas de algunas mujeres. Maggie y él caminaron por Old City, por el río Schuykill, sentándose sobre la hierba. Aquélla fue su segunda cita. Luego, se sucedieron muchas otras. Maggie y él en lo más oscuro del cine, en la última tanda, escondiéndose en el palco para que nadie los viera. Allá sentados, la cara de Maggie entre sus manos, los labios de Maggie entre los suyos y Maggie de cuerpo entero olorosa a sí misma; él buscando cómo, sin espantar, enroscarse en los olores de Maggie, para arroparse con ellos y llevárselos a dondequiera que fuera.

—Cuidado Louie, no vayan a romperte el corazón.

Jake Barowski apareció ya cuando finalizaba el mes de Tishri. Tal parece que fue tan sólo para hacerle la advertencia y aguarle la fiesta que era Maggie. Ya el frío de noviembre apretaba contra la cara. Cada resoplido se convertía en hielo evaporado. Revolcando las gavetas de su cuartito en Fischer Hassenfield, Luis Arsenio buscaba su bufanda de cuadros. Se la quería regalar a Maggie, que ella tuviera algo suyo. Jake se acodó en el umbral de la puerta. Luis Arsenio oyó el comentario a sus espaldas y decidió no volverse a mirar.

—No te preocupes por mí. Sé cuidarme solo.

—¿En todas las ocasiones?

—En más de las que te imaginas.

—Las reglas son distintas por acá.

—Cuando dos personas se gustan, las reglas son iguales dondequiera.

—¿Estás seguro que le gustas para lo mismo?

«¿Cómo que para lo mismo?» Luis Arsenio iba a preguntar, pero encontró la bufanda y se la echó al cuello. Maggie lo esperaba en un restaurancito de South Street. Tomarían una cena ligera, mirarían las vitrinas, caminarían por la ciudad. Para eso lo quería a él Maggie Carlisle, para tomarlo de la mano, perderse entre la gente. No hacían falta contextos.

Bajó las escaleras azorado. ¿Qué le importaba a Jake lo que él hiciera con Maggie? No necesita de sus consejos ni de sus advertencias. Tenía a Maggie ahora. Aunque a veces sentía algo raro en ella. A veces, había manos que se soltaban a mitad de la calle «Hi, Collin!», si pasaba alguien conocido. A veces eran demasiadas las salidas al cine, a solas, a las sesiones más solitarias. Tanta timidez lo desconcertaba, porque en privado Maggie era otra. Los besos cada vez más regalados, las miradas invitándolo más adentro.

Dobló por la calle 33 cerca del parque. Se enrolló la bufanda colorada al cuello encima de la que ya tenía puesta. Se abotonó hasta arriba el abrigo. Iba a ser un invierno frío. Al fin llegó al restaurante de la South en donde había quedado con Maggie. Limpia y detenida contra las mesas, su pelo rojo recogía las últimas luces de la tarde. Luis Arsenio recordó que serían dos los regalos que le brindaría. Acababa de recibir buenas noticias. Caminó hasta la mesa donde Maggie brillaba contra la tarde fría de Filadelfia. Un mesero les trajo los menús.

—Mis abuelos vienen a visitarme a Filadelfia. ¿Por qué no vienes conmigo para que los conozcas?

—¿A tus abuelos?

—Me encantaría que vieran con la diosa pelirroja con la que ando.

—Y mientras tanto, que mi padre le ponga precio a mi cabeza. Si no vuelvo a casa para las fiestas, me manda linchar.

—Exageras…

—No sabes lo que es mi padre. Su familia es de las más viejas de la región. Súper conservador, aunque permitió que escogiera una carrera universitaria. Si fuera por mi madre…

—La mía también es un problema.

—¿Quería que te casaras tan pronto te graduaras de la escuela?

—Bueno, no…

—Pues la mía sí. Suerte que mi padre determinó que yo tuviera un poco más de vida.

—Lo que tienes que hacer es presentarme a tus padres y decirles que ya tienes pretendiente para casarte.

—Un vistazo que te echaran sería mi condena. Me encerrarían para siempre en el ático de la casa.

—¿Tan terrible soy?

—De lo peor...

Se lo dice coqueta. Se lo dice ya abalanzándose a su cuello, agarrándolo por la bufanda colorada para besarlo. No lo deja terminar de fruncir el ceño, comenzar a sentir esa sensación incómoda que le brota en la garganta en forma de una pregunta inconclusa: «¿de lo peor?» reticente, «¿por qué de lo peor?» Pero se vuelve a tender un puente entre brazos y brazos, labios y labios. Un puente de salivas compartidas con juguito a frutas, a aliento vivo, a cosquillas que despiertan la piel y la hacen combatir ese frío benigno de invierno dócil que los cobija. El contacto interrumpe la pregunta. La pregunta que se esfuma en el aire, como aliento comprimido, como el humo.

—Toma, esto es para ti.

—Qué hermosa la bufanda. Me la pongo tan pronto terminemos de cenar. Me recomiendan el *meat loaf*. Tengo muchísima hambre. ¿Qué vas a pedir tú, Louie?

2

Sobre el anafre de carbones se calentaba la plancha. Y en un cacharro se refrescaba el agua de almidón. Primero, el dedo a la boca, después al metal ardiente para comprobar temperaturas. Con la otra mano rociaría la pieza. Quizás le deba echar a la mezcla un poco de esencia de Katanga, de la que compró en la farmacia de la calle Virtud. Pero no, le puede manchar la ropa. Isabel en refajo espera mirando la candela. Sopla los carbones con un pedazo de cartón. La plancha debe estar bien caliente para que alise las arrugas de la tela. Que quede lisa, sin mácula, olorosa. Se había cosido ella misma aquel traje de gasa de algodón, con el escote abierto y la cintura baja, como don Antón le enseñó que se cortaban los trajes según la última moda en Europa. Falda plisada a mitad de pantorrilla. El entalle suelto, le quedaba perfecto, marcándole un poco las caderas, pero revelándola espigada, moderna. El pedazo de piernas expuestas se las cubriría con unas medias de puntilla, compradas con sus ahorros de todo un mes. Lo único que desentonaba eran los zapatos. Fueron de la niña Virginia. Isabel los mandó a teñir de blanco, a cambiarles las trabillas por dos de hebillas más finas para que se parecieran a los del recorte de revista que le mostró don Antón. «Así se está vistiendo la gente ahora y no con esos peplos y falda larga que me hacen coser las doñas de este pueblo.» Tuvo que llevarle el recorte al zapatero para que supiera de qué hablaba. Cuánta ignorancia. A la primera ocasión que tuviera, se marcharía de allí para siempre.

Desde el entierro de Madrina Maruca no había regresado. Desde que pasara «aquello». Pero esa noche se celebraba un baile en el centro que levantó don Demetrio junto a sus compinches tabacaleros «ilustrados». Esa gente se la pasaba celebrando eventos. A ella no le interesaba visitar la biblioteca, ni participar de los grupos de estudio ni de las conferencias. Pero al baile sí iba. Quería lucirse ahora que podía, ahora que se acostumbraba a su nueva vida entre recortes de moda, apliqués del momento, el artificio del lujo que cualquier persona tiene a su disposición, no importa dónde hubiera nacido. «Lo que hay que tener es inventiva y buen gusto, querida mía, como pocos lo tienen en estas tierras cerreras. Míralos cómo se visten, listos para irse a desbrozar la tala. Ah, quién pudiera marcharse a la gran ciudad, la gran ciudad.» Isabel se transportaba con don Antón, su nuevo jefe, a las amplias alamedas, los parques del Retiro, las plazas repletas de gente donde cada pieza de ropa contaba con vitrina para verse y admirarse. «El buen gusto como carta de presentación, que no hace falta nada más, mi niña. Ni abolengo, ni familia, ni ocho cuartos. Porte y elegancia, como gente civilizada. Pero aquí, es mucho pedir...»

Dedo en boca, y luego dedo al metal. El resquemor le anunció que la plancha estaba exacta para alisar los plisados del vestido. Con los ojos fijos pasó el fierro caliente por la tela hasta marcarle bien los pliegues y alisar costuras. Que todo quedara exacto, que la noche quedara así, lisa y volátil contra el viento. Buscó los zapatos y las medias de puntilla. Por más que le explicó al zapatero, las trabillas no quedaron exactamente igual a las del recorte. En lo que la pieza refrescaba, Isabel se empezó a calzar.

Tuvo suerte. Después de que pasara «aquello» y doña Georgina la botara sin más de la casa, Isabel se encontró en la calle sin saber adónde ir. A San Antón no podía volver, ahora no estaba su Madrina. Deambuló por las calles del pueblo la tarde entera de su desahucio, con toda su ropa hecha un ovillo. Hasta que llegó al taller.

La atrajo un corte de tela amarilla. Jamás había visto cosa igual. Aquellas fibras tenían el brillo de las cosas que todavía no alcanzan su lustre verdadero, pero que, ásperas aún y con heridas, dejan mostrar la fibra de que están hechas. Isabel quiso pasar los dedos por las heridas de aquella tela, acariciarla, saber su nombre al menos. Entró en el momento exacto en que el modisto comentaba la apertura de La Catalana —fábrica de tabacos en plena expansión— «y que me robó a la más eficiente de mis muchachas…». Don Antón se quejaba con una clienta «por qué las mujeres dejan la costura para irse a trabajar como los hombres, claro que tienen el derecho; no soy tan retrógrado, pero irse a meter en esos ranchones llenos de murcielaguina a despalillar tabaco, no. Mejor que se me fuera la Cecilia. Yo necesito muchachas de otra sensibilidad». Suspiraba el modisto alisando nervioso un rollo de tela y arrastrando un pedazo de papel cebolla con el taco de su botín. Isabel lo escuchaba sin atreverse a interrumpir y Don Antón «pero mira tú en qué situación me dejan, porque dentro de una semana se va a celebrar el baile militar en el Casino; el coronel ha invitado a la crema del pueblo y yo, pensando que tenía personal, acepté una orden que ahora amenaza con ahogarme entero». Isabel ya se daba por vencida. Nunca sabría el nombre de la tela. Entonces don Antón dio un giro en medio del taller y le soltó un «¿Y tú a qué vienes, a buscar trabajo? Pues a ver si me santiguo. Dime niña, ¿cuán buena eres en la máquina de coser?».

La sorpresa de su buena estrella la envalentonó. Por toda respuesta, Isabel se sentó en la mesa de costura con un retazo de aquella tela que la atrajo. Había un pedacito tirado al lado de la máquina de coser. «Eso es seda cruda, niña. Empieza con algo más fácil.» Pero no. Isabel pasó los dedos por la superficie de las fibras brevemente, lo necesario para leerla, establecer complicidades con su brillo. Tomó una tijera y la cortó al bies. Buscó el hilo propicio para enhebrar con la otra mano. Sin chistear, hizo pasar el hilo por el ojo de la aguja, bajó las presillas dándole revolución a la polea. Fijó una dirección tan perfecta que la costura le salió en exactísima línea recta, sin arrugar la superficie, y con cada hilo un continuo; tal como había aprendido bajo la tutela de Lorenza. Don Antón quedó impresionado. Hablaron de salarios, un dólar más al mes de lo que ganaba en la casa Tous, un cuartito de trastienda a su disposición, «y espero que te puedas cuidar tú sola, niña. Pero qué digo, si ya usted es toda una mujer». Isabel contó los años que llevaba sobre la faz de la tierra. Quince, serían, o dieciséis, no estaba segura. Sonrió. Así que ésos eran los años que tomaba el convertirse en «toda una mujer». Saberlo no era poca cosa. No tener a nadie a quien rendirle cuentas por sus idas y venidas, estar libre de servirle a la niña Virginia, de saberse bajo el sabueso en la mirada de doña Georgina. ¿Era eso convertirse en «toda una mujer»? Pues no era poca cosa.

Ya vestida y calzada, Isabel cotejó que todo estuviera en su sitio. Cerró su cuartito asegurándose de darle dos vueltas hacia la derecha a cada cerradura, como le había instruido don Antón. Se echó a caminar a las afueras del pueblo, montando el tramo de la calle Comercio hacia San Antón. No iba sola. Pequeños grupos de sirvientas vestían sus mejores ropas para ir al baile. Demetrio había convencido al más célebre de los músicos para que amenizara las fiestas en el centro obrero. A Bumbúm Oppenheimer. Su fama (y su infamia) eran el señuelo. Pendenciero, bebedor, atrevido. No era músico de retreta, de esos mulatos engominados, miembros del cuerpo de bomberos, que insistían en quebrarle los acordes a las polcas y contradanzas que oyen los blancos en sus bailes. Bumbúm era músico de batey, de barrio bravo. Oírlo entre toque y toque daba deleite, con ese ritmo que le arrancaba a los cueros de chivo prensados sobre un bastidor de madera. A donde quiera que iba Bumbúm siempre llegaban tres, con sus tres panderos como barriles, pero portátiles; el bajo, el dos golpes y el requinto, que en manos de Bumbúm hablaba. Se trepaba por encima de la base para repiquetear en golpes agudos, improvisados a contrapelo del bajo que latía como un corazón. Los dedos de Bumbúm bailaban sobre el pandero como los pies de una buena bailadora. La voz de Bumbúm era el pregón que contaba lo que pasaba en el barrio, noticias que no salían publicadas ni en el *Águila*, ni en *La Democracia* ni en ningún otro periódico. Lo requerían por todo el litoral, en bailes públicos que se celebraban en los bateyes Vista Alegre, o la Joya del Castillo, o en el mismo barrio Bélgica. Los muchachos querían tocar como Bumbúm, beberse un mar entero de pitorro como Bumbúm, después de cantar ellos también sus plenas, atacando veladamente a los señoritos, comentando los bochinches de vecindario. Todos querían ser Bumbúm Oppenheimer. Él también emigró de las islas inglesas, como su madre, en busca de trabajo. Quizás hasta fueran familia.

La mayoría eran mujeres. Algún que otro hombre caminaba por la calle hacia el baile, pero enfrente, alrededor, detrás de Isabel, un enjambre de mujeres ocupaba el panorama. Las más llamativas eran las putas. Tenían temple. Isabel las miraba reírse más alto que las demás, llamarse con gritos más agudos «Camburi, niña, no te me adelantes». Bravas yeguas alebrestadas. Tenían que serlo. Andar sola de noche en aquellos días era motivo suficiente para que la policía acusara a cualquiera de «solicitud deshonesta». Peor si eran «de profesión desconocida». Se las lle-

como avisar de las putas 丁

vaban al Hospital de Damas y allí las encerraban hasta por año y medio, sin celebrar juicio ni levantar cargos ni permitir visitas familiares. «Reglamento de Higiene», argumentaban, «dizque para curarnos las pústulas, pero mentira». Se lo contaban esa noche las fulanas, e Isabel las oía, «Sí mija, y te meten a la fuerza como una tijera de hierro que abre en dos por allá abajo para ver si estás enferma. Por más que tú grites, te lo hacen. A una prima mía que, muchacha, no la ha tocado ni el aire, la agarraron una noche que a su patrona le dio por que se quedara remendando unas sábanas. Tuvo que ir mi tío y dos vecinos a reclamarla al cuartel y ni así la soltaron. "Mire que mi hija es virgen", les decía tío Chabelo, y mi prima gritando mientras le metían la cosa esa entre las piernas. Cuando se dieron cuenta de que era verdad, la soltaron. Pero quedó mal mi prima, porque en el barrio todo el mundo se enteró y ella, de la vergüenza, se fugó para la montaña, a donde nadie la conocía. Ahora se muere de hambre recogiendo café por fardos. Tan bien que le iba aquí en el pueblo…».

Hablaban alto, reían duro, lanzaban gritos de un lado a otro del camino. Si algún hombre se propasaba con ellas, las otras le salían al ruedo, gritándole improperios.

—Es que dicen que viene guerra.

—¿Y a mí qué? Yo ni soy americana ni porto armas.

—Más que las que tienes entre las piernas…

—Perdóneme cristiana, pero éstos son mis hábiles de trabajo.

—Pues por eso mismo es que nos la están poniendo difícil, porque según los guardias nosotras les sonsacamos a los muchachos que los americanos quieren reclutar para la guerra.

—Ni que después de un revolcón quedaran mancos para disparar.

—Pues que conmigo no se metan, que yo muerdo y ahora corto.

—¿Cómo mujer?…

—Ayer mismo me compré una navaja de puño en la ferretería de don Neco. Y al primer policía que me ponga la mano encima, te juro que se va a acordar de mí cada vez que se mire al espejo.

Algo plateado atrapó las pocas luces del camino. Era la fulana, que para alardear desenfundó su navaja. Las otras se arremolinaron en torno a ella para tomarle el peso al metal.

Una voz se le hizo conocida. Algunos pasos adelante caminaba una de las costureras del atelier Vilarís. Leonor. Llevaba trabajando para don Antón más tiempo que ninguna otra. «Esto va en puntada francesa» o un «tú le pegas los botones y yo termino los ojales» era todo el comentario que habían podido intercambiar.

Isabel se le acercó. Saludó a Leonor con un «hola» medio tímido y la muchacha le soltó una sonrisa. Aquello fue otro destello contra la noche apretada. «Ésta es Teresa.» Le presentó a una amiga. Juntas hablaron de la posibilidad de convencer a don Antón para que la empleara como costurera, aunque fuera por un mes. Teresa acababa de fugarse de la casa de sus padres.

—¿Y qué pasó?

—Pues mija, que el hombre ese me prometió villas y castillas y después no podía ni ponerme un techo, así que lo dejé. Ya me cansé de andar detrás de los hombres. Yo lo que quiero es hacerme de mis cosas hasta que aparezca un marchante completo. A ése sí le paro unos cuántos muchachos y ya.

—Ésta se cree que es tan fácil.

—Parir es facilísimo…

—No mija, encontrar un hombre completo.

Rieron las tres, sumándose al barullo del camino. La entrada del barrio se veía a los lejos; un encuadre de calles con bohíos de paja, la plazoleta cerca del ranchón antiguo donde antes guardaban los utensilios de labranza que todos los vecinos (o sus padres) utilizaron en los cañaverales que rodeaban San Antón. Algunas lenguas decían que aquel ranchón había sido barracón de esclavos. Pero ya no lo era. Lo habían transformado en el centro donde se celebraba el baile público amenizado por Bumbún Oppenheimer.

«Parecemos las tres Marías.» Isabel, Teresa y Leonor pagaron su centavo para entrar en el baile. El barracón estaba iluminado con quinqués y teas. Al fondo se oía a los hombres afinando sus panderos. En el centro del coro y repartiendo alcohol de una garrafa mediaba el famoso Bumbúm. Ancho como un músculo tenso, negro canoso. No era de estatura. Su sonrisa se quedaba con el patio entero, marcando el ritmo para todas las otras risas maliciosas de los hombres del solar, concentrados en su rito de improvisar cuartillas de plena y retarse la inventiva para pulsarse entre ellos el eterno nervio de la competencia.

En la esquina opuesta del batey trajinaba Demetrio, con otros hombres de su taller tabacalero. Habían adornado una mesita con un mantel blanco. Encima acomodaban los panfletos de «Páginas libres», «Musarañas», «Unión Obrera» y una copia del «Programa de la Federación Libre de Trabajadores» según don Eugenio Sánchez. Al lado, un grupo de mujeres de la Federación vendían frituras de bacalao, alcapurrias rellenas de jueyes y vasos de guarapo de caña a medio, uno y dos centavos. Un tropel de gente hacía cola para comprarse su refrigerio. A Isabel se le retorcieron las tripas al instante. Enfiló paso con las muchachas hacia allá. El aroma de la esquina le había abierto el apetito. No sólo el de ella.

—¿Y quién es ése?

—Demetrio.

—Pues parece hombre completo… Si me le pego ¿tú crees que me haga caso?

—Pero Teresa, ¿no que ibas a concentrarte en hacerte de tus cosas?

—Sí, pero míralo qué buen mozo.

—Pues dale la vuelta, porque es de lo más raro. Toda la vida metido en huelgas y detrás de unos libros que él mismo compra, a veces hasta quedándose sin comer. Ay no, Teresa, yo creo que está medio loco.

—No está loco nada, Leonor. Es que a él lo que le gusta es leer, pensar. Y dice que si no hubiera nacido pobre se metía a practicar leyes como los Tormes.

—¿Quién te dijo eso, Isabel?

—Él mismo. Yo lo conozco.

—Ay nena, preséntamelo…

Había que aquietar las hambres. Mejor presentarle a Teresa Demetrio para así consolidar esa amistad que surgía. Isabel se dejó tomar del brazo por las muchachas de camino a las mesas. «Tengo amigas», se dijo por lo bajo. Contó todas las cosas que estrenaba aquella noche. Vestido, baile, compañía, ganas de gozar. «Toda una mujer» se volvió a decir y sonrió. La noche se le auguraba perfecta.

Un toque de bombas comenzó a hacer vibrar las paredes del barracón. El cuero de los tambores le retumbó contra la caja del pecho. Isabel se comía su alcapurria, se tomaba su guarapo intentando no moverse, no sudar, no manchar su vestido recién cortado, pero se le iban los pies. Recordaba a su Madrina enseñándole pasos de bomba. «Te imaginas lo que quieres que el tambor toque y se lo dices con el cuerpo.» Isabel quería decirle al tambor que estaba feliz. Que había sobrevivido a «aquello» en los abrazos de don Aurelio, el orgullo herido de doña Georgina. Que ahora estaba en un sitio mejor, que se lo dijera a su Madrina. Leonor le notó las ganas de bailar. Suavemente la empujó al centro del ruedo que se formaba entre los bailadores. Isabel se quitó los zapatos, las medias, «que calzada no se baila bomba». Dio la vuelta requerida, derechita, arrogante. Se plantó frente al repiqueador y con la punta del pie empezó a deletrearle el ritmo de su recién encontrada fuerza.

Un par de ojos seguían su movimiento. Unos en especial, que la miraban insistentemente. Le cayeron encima como una ola tibia y a la vez como una brisa y como un tizón. No eran los ojos de ninguno de los músicos. Tampoco estaban junto a las mesas, en los rostros de los compañeros de Demetrio. Mientras buscaba el par de ojos, una negrita pizpireta le robó la atención del repicador. Desconcentrada, Isabel tuvo que salirse del ruedo. ¿De quién eran aquellos ojos que la seguían? Fue a sentarse en las escaleras del batey, a limpiarse los pies para ponerse de nuevo las medias. Atrás quedó Teresa, conversando con Demetrio, «porque sí oiga, ahora que me lo explica, a mí también me han violado mis derechos». Atrás quedó Leonor, buscando la manera de robarle el puesto a la pizpireta, preparándose para lucirse en el baile ella también. Isabel se sentó en los escalones del batey a subirse las medias con cautela. Un dólar y pico le habían costado, el salario de todo un mes. No se le fueran a romper ahora.

—*May I?*

Irguiéndose derecho hasta el cielo y vestido con uniforme militar, un hombre le tendía un pañuelo. Tenía el pelo engominado con partidura en medio, una camisa verde oliva, abotonada hasta el cuello de solapas menudas muy almidonadas. Olía a loción de afeitar. Contra su piel brillaban unos ojos claros, quizás amarillos. Isabel no se los podía notar bien en la oscuridad. El hombre le hacía señas para que tomara el pañuelo y le farfullaba algo en otro idioma. Vio que no se hacía entender. Acto seguido y sin mediar palabra fue bajando hacia los pies de la negra. Se los empezó a limpiar con el pañuelo, a esperar que se pusiera las medias y a colocarle los zapatos. Las trabillas, la correa del talón, cada paso fue meticulosamente ejecutado por unos dedos largos como de pájaro que levantaron la hebilla del metal e insertaron la correa por la cerradura.

—Me llamo Private Isaac Llowell. Soy de aquí, pero mi madre nació en Saint Croix.

«¿Dónde queda eso?», preguntó Isabel, despertando de algo así como un letargo cuando lo oyó hablar en español. Por toda respuesta, el soldado apuntó hacia el este, más allá de los cañaverales, hasta donde se extendía el mar. Apuntó lejos con el dedo, pero con los ojos le hablaba de cercanías. Eran, definitivamente, unos ojos amarillos. Isabel decidió no levantarse de los peldaños del batey. Quería escuchar mejor lo que aquellos ojos le querían contar.

«Primero me enviaron a Alabama, a un campo de entrenamiento que había sido infierno puro.» Gritos a las cuatro de la mañana, carreras en traje de combate, con casco, botas, mochila y rifle. «Nunca, ni cuando niño en Saint Croix, el calor me había abrumado tanto.» Y, para colmo, aquel sargento de su regimiento desató sobre él su saña. «Cuando se enteró de que era "de las islas" quiso enseñarme cómo se hacían las cosas en su territorio. Pelé más papas que nadie, mantuve el uniforme más impecable y aun así aquel *drill sargent* no me quitaba la bota de encima.» Ya se encargaría él de que a ese «little island nigger» no se le subieran los humos a la cabeza, que ese «little island nigger» aprendiera a ser civilizado. «Ahora que lo pienso, lo peor de aquel infierno fue el sargento.»

Isabel no supo más dónde quedaron sus amigas. Las vio desvanecerse en el batey, entre los cuerpos de los bailadores, de los comensales. Le pareció ver a Teresa perderse puerta afuera entre los matorrales con Demetrio, y a

Demetrio sonreír contra la oscuridad. Quedó a merced del cuento de Private Llowell. A merced de sus ojos amarillos que le contaron de su abuelo, ministro episcopal que emigró a Nueva York escapando del encierro de las islas. No conoció a otro padre, aunque le dijeron que el suyo era un bodeguero vasco que jamás le ofreció sus apellidos. Se crió entre la isla de su abuelo y esta otra, donde su madre aún trabaja de costurera. Mas fue su abuelo quien proveyó la oportunidad cuando se embarcó hacia la gran ciudad, invitado por una congregación con la que mantenía correspondencia. Lo pidió como báculo y su madre, orgullosa, le cedió su hijo, para que probara suerte con él allá en el Norte.

«Yo quería ir a la escuela de aviadores, pero antes de ser aceptado me trasladaron para acá. Al principio me puse contento, porque estaría cerca de mi madre. El trabajo la ha avejentado… Pero mis órdenes son para este campamento en el Sur. Aquí no hago otra cosa que servirle mandados a los oficiales.»

Le contó el final del cuento ya al filo de la madrugada. Private Isaac Llowell la acompañó el trayecto de vuelta hasta la puerta de su cuartito en el atelier. Sus palabras fluían sin cesar. Isabel se transportaba con las historias del soldado, pero al mismo tiempo se encontraba tan allí, tan pisando segura la tierra bajo sus pies. Ni detenida, ni desplazada, ni obligada por su presencia. Mientras duró el cuento del soldado, Isabel se sintió en su lugar.

Dio las dos vueltas indicadas a cada cerradura, abrió la puerta para entrar. Ya eran las tres de la madrugada. Pero aquellos ojos amarillos todavía la observaban.

—¿Puedo verte la próxima vez que me den pase?

—¿Y cuándo será eso?

—Dentro de dos semanas.

—A esas alturas ya se te habrá olvidado cómo llegar hasta aquí.

—No se me va a olvidar. Prometido.

—A las promesas se las lleva el viento.

—Las mías pesan como piedras. Ya verás.

Eso dijo el soldado. Isabel se apoyó del dintel de la puerta. Isaac le puso las manos alrededor de su cintura y ella le encontró el ritmo a ese abrazo. No sintió zozobra. Ella quería aquella tibieza de dedos contra su espalda, la estaba esperando, propiciándola poco a poco. Sabía exactamente lo que traería la tibieza, un acercarse apenas de los cuerpos, un erguir la barbilla para que sus labios quedaran expuestos, un cerrar los ojos sin trincarse, un zumo de saliva posándose con calma en la boca. Su primer beso consentido. Su primer contacto como hembra con hombre que le gustaba. A los muchos regalos de la velada, ahora se le sumaba ese beso. Venía con una promesa con la cual quizá podía contar. Aquel soldado se comprometía a buscarla dentro de dos semanas, y mientras tanto, a ocuparle la espera contra los días del calendario. Si cumplía, quizás Isabel tendría frecuentemente una cara conocida que esperar. Una vida más allá del taller, de nuevo. Pero era mejor no adelantarse. «Por hoy, tengo», se dijo. Mientras veía al soldado perderse en la noche, la puerta se le fue cerrando sola entre los dedos.

Era bonito levantarse con el recuerdo del soldado sobre la boca. Bonito dormitar sin decidirse a salir de la cama. Pero Isabel tenía que trabajar. Don Antón trasteaba sin tregua en el taller y la llamaba con premura. La levantó de tres toques contra la puerta del taller.

—Isabel avanza, niña. Mal día para que se te peguen las sábanas, que se nos ha formado la de Maribelén.

Acto seguido se puso a revolotear por las estanterías, tirando al suelo los lápices de cera, las plumillas para marcar patrones. «Encargo especial». Ya lo tenía leído. Don Antón siempre se ponía así cuando le caían pedidos urgentes de ropa. Armaba un escándalo tirándolo todo al suelo, llamándola antes de las horas de trabajo a las puertas de su cuarto. Isabel se tiró por encima el primer traje que encontró, se puso unos botines de ojal y, casi sin terminar de acomodarse los moños, salió de su cuartito a ocuparse de lo que tenía a don Antón tan agitado.

—¿A qué horas le dijiste a Leonor que llegara?

—A la hora de siempre.

—Pues fíjate que muy mal, porque ayer en la misa de las once me topé con don Luis que me hizo un encargo especialísimo, de urgencia.

¿Qué iba a saber ella que en la misa de las once cambiarían sus planes de trabajo? Don Antón voló como un colibrí calvo a buscar un rollo de tela azul. «Son tres pantalones de paño y una chaqueta cruzada azul marino. Celebran la llegada del hijo, que se acaba de recibir como abogado. Virgencita, ¿pero dónde puse las tijeras?» De inmediato, Isabel se las tendió a la mano, haciéndose ella también la agitada. Don Antón frunció su ceño y su boquita, resoplaba y se ajustaba nerviosísimo su chaleco bien cortado, sus calzones en juego, un poquito demasiado ceñidos a su cintura de pajarito zumbador. «Las de Maribelén, ahora sí que estamos en aprietos...» Pero Isabel sabía que todo era parte de una histeria de mentira para que a ella y a Leonor le volaran las manos sobre la manigueta de la máquina, para que la prisa le vibrara sobre las manos mientras don Antón cortaba patrones y cotejaba medidas, canturreaba canciones de cupletera y plegarias a la Virgen, llenando el taller entero de un zumbido entrecortado que se mezclaba con el rumor de las agujas y las tijeras de cortar.

Al fin llegó Leonor, a las mismísimas ocho, como de costumbre. Entró sorprendida de que el taller estuviera en funcionamiento. «Al fin llegas, niña, estaba desesperado.» Corrió don Antón a azuzarla para que acabara de cortar una manga contra las medidas que él le iba a recitar. Leonor miró a Isabel. «¿Qué le pasa al pájaro este?» Tuvo que agacharse a esconder la carcajada. Ya repuesta de la risa, corto un retazo de satín negro que le cosería como forro a una de las piezas.

—Cuentan que te vieron de manos con un uniformado.

—Mucho averiguado hay en este pueblo.

—Así que la presa cayó…

—¿De qué tú hablas, Leonor?

—Ay, Isabel, no te hagas la loca. ¿Ya eres mujer de soldado? Acaba y dime, que me muero de curiosidad.

No pudieron hablar más porque don Antón se les acercó palmoteando y azuzándolas en una jerga que él decía que era francés. Remató con un «le prometí a don Luis que todo estaría listo para mañana. Vamos niñas, que además tenemos que entregar lo atrasado…». Leonor aprovechó el instante para sacarle detalles de la cita. Entre puntada y puntada, Isabel contó lo del baile, lo del beso antes de irse de nuevo al campamento.

—¿Y no pasó más nada? Señor, qué castidad…

—Dame la vuelta que no soy como otras que se enyuntan en un santiamén.

—Ay Virgen, Isabel se nos casa, de blanco y por la Iglesia.

En los instantes exactos de la broma, don Antón entró a buscar un carrete de hilo y oyó a Leonor. Se allegó hasta la estación de trabajo agarrándose el pecho, con cara de solterona asustadísima, y un «¿es cierto eso, Isabel?» entre los labios. «No, don Antón, son inventos de ésta…» De todas formas tuvo que tragarse la sucesiva perorata del modisto que «tienes que tener cuidado con los hombres, que son unos aventajados. Yo lo sé por experiencia, hombre al fin, y una muchachita como tú, tan seria, tan sola en este mundo…». Isabel asentía, «sí, don Antón», jurando vengarse de la otra, que se hacía la mosquita muerta. Ya casi terminaban uno de los pantalones especialísimos, de urgencia, que don Antón comenzara aquella mañana.

Mujer de soldado. No lo pensó hasta que su nueva compinche se lo preguntara. ¿Qué sería ser la mujer de un soldado? ¿Acompañaría a Llowell por el mundo, a donde lo destacaran? ¿Viviría en la base, en una casa parecida a las que les daban a los tenientes en Loosey Points? ¿Viajaría por países lejanos, por Europa? Saldría de aquel pueblo para siempre. Atrás quedarían las calles polvorientas y las mujeres flacas, ojerosas, caminando descalzas en medio de la calle. Atrás quedaría la muerte de su Madrina, el recuerdo de las calumnias de los Tous. Echaría de menos a don Antón, pero le escribiría, detallándole las modas que viera en las calles de Nueva York, los colores de otoño, el último grito en los sombreros de pluma y en los bordados de flores de organza para el escote de los trajes. Echaría de menos a Leonor, aunque ahora mismo lo único que quería era pisarle los callos por haberla puesto en evidencia. Pero no sonaba mal. Mujer de soldado. No era poca cosa.

Subir por la calle Salud hasta Guadalupe. Cruzar el Portugués. Isabel se levantó temprano, encendió los carbones de la plancha para sacarle filo a los pantalones, a las solapas y a las mangas del chaquetón que debía entregar. Almidonó, dobló la ropa. Roció el lío entero con el agua de lavanda que don Antón guardaba en el taller. Era un trecho largo para llegar a la casa Fornarís en La Alhambra. Llevaría el pedido bien planchadito para causar buena impresión. Con suerte le darían alguna propina. Había visto un pedazo de tul que podía bordar y hacerse un chal para la próxima salida con su soldado.

Aún era demasiado temprano. Isabel decidió matar el tiempo escogiendo otra ropa que ponerse, alguno de sus mejores trajes de a diario. Después de todo, iría a la casa de don Luis Fornarís. Isabel lo había oído nombrar en el taller. Mercader próspero en negocios de importación y exportación Se decía que algunos muchachos del mandado en sus bodegas eran sus hijos naturales. Tenía múltiples negocios, pero los atendía sólo él, porque a su único hijo reconocido, que era un príncipe, lo reservaba para mejores destinos. Tuvo que vender algunas tierras para enviarlo a estudiar a la capital, pagarle sus caprichos. Pero a don Luis no le importaba. Su consentido nunca lo podría defraudar mientras siguiera estudiando, mientras trajera un título profesional a la casa. Tal parece que se le cumplía el plan. El muchacho se recibía de abogado. Isabel apretó contra su pecho el paquete de ropa. Sí, olía rico. Se preguntó si había almidonado lo suficiente las solapas del chaquetón que ahora iba a entregar.

Una muchacha le abrió la puerta trasera sin mirarla a los ojos. Isabel entró por la cocina y se quedó esperando con el paquete entre las manos. La muchacha se escabulló silenciosa por los pasillos de la casona y a Isabel se le alojó una desazón en el cuerpo. Los cuartos de trastienda, la cocina, los platos de porcelana en el balde de agua espumosa, los chineros que cobijaban los cubiertos de plata. Esa sensación de encierro. Isabel casi pensó que oiría a Lorenza llamándola para que la ayudara a recoger los restos del desayuno que descansarían fríos en la mesa de caoba (estaba segura que sería de caoba) del comedor. Pero no había por qué azorarse. Se podía ir de allí, regresar a su taller en cualquier momento. No tenía, como la niña de servicio, que bajar los ojos y esconderse en el silencio de sus pasos, enfrentarse a los señores para importunarlos con el mensaje de que alguien los esperaba en la cocina. Un cuplé de los de don Antón se le prendió de los labios.

Chal de tul que se enredaría sobre los hombros para esperarlo, chal de tul que combinaría con sus ojos amarillos. Isabel aspiró las fragancias frescas que salían del lío de ropa.

Le bordaría unas flores rojas en el centro a su chal, no, mejor unas azucenas pálidas con unas hojitas verdes que se le enroscarían por los bordes. Luego, prendería flecos en las terminaciones. Escuchó unos pasos que se acercaban. Una silueta ágil avanzaba por el pasillo. Isabel se mesó las faldas, cotejó las peinetas de su pelo. Ya ensayaba un «Don Luis, aquí le manda don Antón» cuando quedó con el aire pasmado a media boca. Ojos verdes que la miraban en directo, barba cerrada en cara joven, manos blanquísimas.

—¿Éstos son los pantalones?

—Sí, señor…

—Vamos a ver si no hay que tomarles ruedo. Mi padre insiste en que soy más alto de lo que soy en realidad.

Fernando Fornarís le tomó la ropa de la mano. Le rozó los dedos. Le dirigió una sonrisa certera y se alejó de nuevo pasillo abajo. Isabel no pudo sacarse aquellos ojos de encima, aquella cara acabada de bruñir aunque una sombra oscura aún le bordara el mentón. La tomó desprevenida y no pudo protegerse. Tuvo ganas de salir corriendo de aquella casa.

El hijo de don Luis regresó con uno de los pantalones puestos. También vestía la chaqueta. Se veía bien. Las solapas le cruzaban por entero sobre el pecho, revelando un porte esbelto en el que relucían los botones opacos que Isabel había convencido a don Antón que usara para resaltar la elegancia del conjunto. Fernando Fornarís se le plantó delante «¿Qué tal?» e hizo un ademán con los brazos para comprobar que el tiro de la chaqueta no le quedara muy ajustado. Levantó una pierna, luego la otra, agitando un poco el filo de los pantalones. Esta vez ella mantuvo la mirada baja, concentrándose en las piezas de ropa y no en el rostro del modelo, en aquellos ojos verdes.

«Todo un licenciado.» Era don Luis que se acercaba. Canas cercándole las sienes, cejas pobladas. El padre era el doble exacto del muchacho, pero más viejo. Había, sin embargo, algo duro en su mirada, ausente en los ojos del hijo. Isabel suspiró aliviada al verlo llegar. Con este señor sí sabía a qué atenerse, cómo tratar.

—La chaqueta me queda perfecta, pero los pantalones... ¿No habrá que tomarle algunas puntadas al ruedo?

—A mí me parecen bien, pero pregúntale a tu madre. Ella sabrá. Y tú, muchacha, dile a don Antón que pase por el importe esta tarde. Le saldo por entero.

—¿No le vas a dar propina por el encargo?

—Toma, por tus trabajos. Este hijo mío y sus costumbres de capital...

Isabel tomó las monedas de las manos del padre. Hizo una venia pequeña y salió por la puerta de servicio. Una vez en la calle, pudo respirar de nuevo con el pecho completo. Se metió las monedas en su bolsillo para asegurarlas. Con esto le daba y le sobraba para comprarse los materiales de su chal.

De camino, paró en el almacén de géneros Zaragoza. Por ser empleada de don Antón, le dieron descuentos en la tela y en la puntilla. En el taller había hilos de bordar, pero ella se empeñó en llevarse unos de importación que relucían cuando se acercaban a la luz. Compró un carrete amarillo palidísimo y otro verde para las hojitas de la enredadera en el diseño. El recuerdo de los ojos del hijo del mercader se le coló en la memoria. Ojos verdes con rayitos fulgurantes color musgo y color miel. Tal vez las hojas de su chal podrían tener esos colores.

Esa tarde, don Antón cerró la tienda temprano para poder pasar por la casa Fornarís y cobrar a tiempo, «porque tú sabes cómo son los ricos, niña. Tienen fiesta por lo del muchacho; a fin de que se gasten los dineros en chucherías y entonces habrá que esperar meses para que nos paguen el trabajo». Isabel vio cómo don Antón se ponía su chaqueta, se perfumaba los cuellos y las mangas con su agua de lavanda y cruzaba a paso ligero hacia la calle Reina, revoloteando entre los bancos de la plaza. Echó los dos cerrojos a la puerta principal y se alejó a su cuartito, con una canasta preparada con bastidores y agujas. Faltaban algunos días para volver a ver a Isaac. Lo sorprendería envuelta en su chal. Con él se cubriría sus hombros. Lo oiría conversar mientras le mostraba la fina pieza que salió de sus manos. Luego, despacio, se iría acercando. Se arroparía y desarroparía en su chal para que viera cuánto podía cobijarlo. Porque ella también podía, diestra, bordar una casa entera para ellos dos. «Mujer de soldado No es mala idea.» Isabel acercó un banquillo de costura. Metió la tela en el bastidor redondo. La madera tensó la fibra. «Visión perfecta.» Isabel enfocó los ojos para enhebrar su aguja. Escogió un carrete de hilo verde, para empezar a bordar.

Isabel se esta ilucionando con la idea deser mujer de soldado y se esta preparan para cuando lo vea.

ÁNGEL VENGADOR

Rafael, yo quería que se llamara Rafael. Nombre completo Roberto Fernando Fornarís. María Madre Terrible, mantenlo en tu gruta. Envuélvelo en tu manto y hazlo invisible. Cobíjalo en tu sombra porque yo soy tu devota sierva. Sisisisisí, no abrirá el santuario para los peregrinos que vienen a buscar tus favores. No abrirán tus puertas porque te ocupas de proteger al Hijo en tu regazo. Virgen negra, Carbunclo de la Esperanza. ¿Ahora, vieja, te postras ante mí? Tú que me tenías olvidada, tú que no bajabas al fondo de la jalda a ofrecerme luces encendidas ni flores para mi altar. ¿Y ahora vienes? Entonces que sea yo la que pague las culpas. Tú mantenlo ahí escondido hasta que llegue el Padre. ¿Ahora vienes a pedir? Te aconsejo que me atiendas. De madera eres y facilito se puede volcar una vela. Los relicarios cogen fuego facilito. Mi mano temblorosa servirá venganza si lo encuentran y lo someten a escarnio. Yo que tú, cumplo con los pedidos desta vieja. Yo que tú, me callo la boca ya. No hablen en la Iglesia las mujeres. Yo que tú, recuerdo que mi lugar es servir. Sisisisisí, guarda al Hijo. Por los siglos de los siglos, amén Jesús.

La vieja suelta las cuentas del rosario. Mira de nuevo hacia el camino. El Padre no debe tardar. Enemigo. Ellas eran el Enemigo, doña Eulalia y doña Pura nunca me dieron las señas del Padre. Nunca me dijeron dónde lo podía encontrar. Tú dime si al Nene le hace falta algo, ¿cómo vamos a permitir que marques el número si ni siquiera sabes lo que dice este papel? ¿Y qué? No sabes leer, vieja bruta, no sabes nada. Allá en Hatillo del Mar te criaron salvaje entre las bestias. Entre los cocotales, oscuro como una alimaña. Tizón que me ardía entre las carnes cuando las Arpías me negaban acceso al Señor. Vete a cuidar al Nene, y yo sisisisí; pero por dentro Candela, pero por dentro, María la Candelaria. Humo sale por la única ventana de la gruta. Allá estará el Nene ovillado contra el manto de la Santísima Virgen. Un celaje azul cielo se acerca por el ramaje. A Dios gracias, el licenciado ya está aquí.

—Al fin, Dios Santo.

La vieja se siente respirar.

—¿Dónde está?

—No lo sé seguro, por los montes.

—Mejor es que se entregue. Entonces podremos negociar.

¿Es el negocio del Padre sacrificar al Hijo? ¿Es el camino del Hijo ver que el Señor lo abandona una vez más? Y ella. ¿Y yo, Señor, que te he servido todos estos años? ¿Yo que cargo la Cruz de tu ignominia, que en mi piel cobijo la mancha de tus faltas? Te lo dije, vieja, te lo dije, yo soy la única que puede interceder. Te lo dije, Montse, así es, María, nunca confíes en el Señor.

La vieja lo mira y no dice palabra. Los ojos se le van en redondo. El licenciado capta el desorbitaje de sus pupilas, las manos temblorosas, boca que se mueve muda sin musitar palabra. La cara se frunce en muecas, ceño concentrado, amago de llanto, brillo de rabia en los ojos secos, labio que se muerde hasta la veta roja.

—Voy a hablar en el pueblo. Pero antes paso por el hospital.

—Arrastrada, primero muerta, sin el hijo…

—Si el muchacho del ganadero no se muere, podemos alegar defensa propia.

—Sin el Hijo, Virgen, quién, sisisisisí.

El licenciado la sacude levemente por el hombro. «No se me rompa ahora, doña Montse, tenemos que ser fuertes, por el bien de Roberto.» Roberto Fornarís, nombre completo. Ángel de la Venganza, debió llamarse Rafael. Mira lo que te pide el Padre, como si no hubiese sido el tuyo lomo fuerte para aguantar los latigazos de las Arpías. Como si fuertes no hubiesen sido los brazos que acunaron la Simiente. Fuertes, don Armando. Fuertes, señor. Que no le toquen un pelo al Nene o verán la fuerza que todavía habitan estas carnes de la ira. Se sacude de encima la mano nívea del Padre. Camina hasta el fondo de la jalda y se para contra la puerta del santuario. Primero muerta, te digo. Tú serás el filo de mi espada. Tú serás el fuego en mi semblante. Me llamo María de la Candelaria Fresnet, y nadie entrará al santuario donde mezo doble al Hijo en mi regazo acompañada de la espada desta rabia que soy.

Otra vez se aleja el Packard azul cielo por los caminos. Cae la tarde. Cae la noche. La vieja se engañota a la entrada de la gruta. Oye pasos adentro que se mueven hacia la puerta.

—Nene, ¿estás ahí? Ando sola.

—Tengo sed, Madrina. Hace dos días que no como.

—Yo te traigo comida, vengo ahora. Quédate escondido ahí.

«Ay, Madrina, lo que hice…» Oye llantos, resoplidos de mocos, aire entrecortado. Sube la jalda mirando hacia atrás. Allá adentro ella lo cobijará en su regazo. No te apures, Nene, todo va a salir bien. Sube la jalda deprisa y busca un plato de viandas frías con pollo seco. Esto es suficiente, esto alimentará las entrañas del Hijo. Se dispone a bajar de nuevo. «Ya llegué, Nene. Abre.» La puerta se va moviendo en sus goznes. Ojos verdes ojerosos, pelo revuelto en rizos apretados. El Nene tiene una camisa rota, manchada en sangre. No lo pueden ver así. Come tranquilo, déjame buscarte algo para que te cambies. Deja la gruta abierta, vieja bruta, la puerta desgajada de par en par en lo que sale de brinquitos hacia el tendedero. No sabe cómo, no lo oyó, los grillos, las voces, ni cuenta se dio cuando el Packard volvió a presenciarse ante el santuario. Nívea la camisa que traía del Hijo entre las manos. No lo oyó. Entró de regreso y el licenciado estaba adentro, allí.

Ataca, María Candela, quémalo con tu furia. El licenciado le tiende su mano al Hijo. «Roberto, ¿qué hiciste?» Ataca. «Padre, ¿es cierto lo que dicen por ahí? Que soy hijo de una puta, dime ¿es cierto?» Un velón titila en su fuego humeante. Ataca. El padre se acerca un paso más. Toma al hijo por los hombros, lo acerca a su pecho. Se funden ambos en un largo abrazo. Le roba el abrazo a la vieja, no se me rompa ahora. Le roba el abrazo a Ella que le dio de comer y de beber, a ella que veló la noche entera en su santuario. Manto de noche su estrella. Y tú, vieja, pintada en la pared. La Virgen la mira, se ríe. A la vieja se le cae la camisa del hijo de las manos. Una brisa la arrastra hasta donde el Padre y el Hijo la pisan, encaminándose ambos hasta el Packard.

Sola estoy, sola en mis atribulaciones. Pasa la mañana entera. Sola estoy sola sin la piedad del Señor. La vieja hace que cocina, no, que lava, no, que friega los trastes. Nada en tu mente floja, ahógate vieja, ahí. ¿Creíste tú que valías más que la mano poderosa del Padre? ¿Creíste que tu llanto borraría las huellas del Señor? Ay, Madre, si hasta aquí me traes, termina ya la faena. No puede más. La vieja caminará hasta el pueblo, buscará entre las piedras de la plaza si es necesario. Necesita saber adónde se llevaron a su Nene.

Nombre completo, Roberto Fernando Fornarís. Se cambia su bata rala por un traje de domingo. Se calza unos zapatos que le aprietan contra los pies. Calloso el pie, ah, vieja, toda tú callosa y arrugada. Se ajusta dos peinetas contra las trenzas y busca un parasol. Baja la jalda hasta el Camino Nuevo, traspone el barrio Santuario. Camina por el campo hasta que llega frente a la iglesia de Nuestra Señora de la Montserrate. Es mediodía casi cuando llega. Suda ahí, vieja de brea, suda y apesta. Quien te huela no te habla. ¿Quién, dime, te va a decir dónde está el Nene apestando así? Camina hasta la plaza, al otro lado se encuentra el cuartel de la policía. Unos revendones hablan bajo la sombra de dos gomeros. «Por un pelo el hijo de don Eusebio sobrevivió. Al otro lo tienen en la casa Alcaldía. Llegó con abogado y todo.» Nadie sabe que es el Padre quien lo salva. Debiste haberte quedado en tu casa. Si tú al Nene no le sirves para nada. Heme aquí que soy su Madre. La vieja sube uno a uno los escalones de la casa Alcaldía. «Doña Montse.» El licenciado sale de uno de los despachos. «¿Dónde tienen al Nene? Dígamelo, por Dios.» La vieja se desploma entre los brazos del Santísimo. Juan, vete, tráele agua. Sí, licenciado. Sale corriendo el chofer, la sienta en un banco el patrón.

—No se apure, doña Montse, ya todo está arreglado.

—Quiero ver al Nene, quiero ver a mi hijo.

—Hoy no va a poder ser.

—¿Dónde está?

—Lo tuve que mandar a la base Ramey. Se va a alistar como soldado.

—El Nene…, sisisisisí.

—Si lo saco del pueblo, no pasa ni un solo día en prisión.

Pero ya la vieja no oye, salvo salvo salvo es el Nene. Sola sola sola estoy. Ya la vieja no escucha al Padre que le acerca un vaso de agua fresca a los labios. Dos goterones de agua le bajan por las grietas de sus mejillas.

Si se va y es un soldado
no va a la carcel

3

Aquel mar plomizo le heló los huesos. Sin calidez, sin invitaciones a desamarrarse la camisa y caminar meditabundo por su orilla. Era un mar que instigaba a la prisa también, un mar de ciudad volátil y veloz. Luis Arsenio miraba el mar aquella tarde en que fue al puerto. Fumaba un Pall Mall con furor, deprisa, mientras se alzaba los cuellos del abrigo. Había dejado de fumar desde que llegó a Filadelfia, pero esa tarde en particular compró una cajetilla entera. Mar frío, quién lo iría a creer. Por ese mismo mar, a las cuatro y media de la tarde, arribaría el *Coamo* procedente de la isla a vomitar su carga de pasajeros a la desembocadura donde el Delaware daba al mar. En él viajaban sus abuelos. Hacía frío aquel día, y el mar, azul plomizo, tenía pedazos sucios de hielo flotando sobre sus aguas. Luis Arsenio terminó de fumarse su cigarrillo y lo tiró a las aguas. Caminó hasta el desembarcadero. Oyó el acento natal saliendo de decenas de bocas que intentaban calentarse sus propias manos con el aliento. ¿Qué era aquello, qué hacían tantos boricuas allí? En el puerto también estaban los Viña-Vineyard, que lo saludaron con entusiasmo. «Muchacho, si ya pareces todo un americano. ¿Y eso que fumas? Cigarrillos de galán de cine.» Venían ellos también a recibir a don Luis Fornarís y esposa.

Por la escalinata del *Coamo* bajaron los abuelos deshaciéndose en sonrisas. Don Luis venía cargado. Luis Arsenio se acercó para ayudarle con las maletas. «Primero ven y dame un abrazo.» Lo apretó fuerte. Entre los brazos de su abuelo, Arsenio oyó quejidos extraños que se le escapaban del pecho, como un ronquido de fiera cansada. Pero sus ojos verdes refulgían contra la tarde fría del puerto. Debía de ser el cansancio de un largo viaje. Los Viña también se acercaron a ayudar.

—Montuno, por ti no pasa el tiempo.

—No te ves tan bien como yo, corso, pero tampoco pintas para tumba. La que parece una diosa es Alicia.

—Siempre tan galante, Custodio.

—Niña, si él ya no se llama así. Ahora insiste en que le llamen Custer.

—Al fin me cambié el jodido nombre de mariquita de iglesia. Malhaya el día en que me lo pusieron. Llámenme Custer Vineyard. Nombre de galán, de hombre de acción.

Luis Arsenio tenía planes para esta visita. Llevaría a sus abuelos a comer a solas, les enseñaría la ciudad. Pero los Vineyard «ni pensarlo chiquillo, ustedes se vienen para casa ahora mismo. Para conocer Filadelfia ya habrá tiempo. Pero hoy, con el frío que hace…». En la casa los agasajaron con una exquisita cena. Nada de pavos con salsa de arándanos ni esos postres de batatas mameyas que a Luis Arsenio le provocaban arcadas. Los Viña recordaron su contexto original y prepararon un pernil al horno en adobo criollo, moros con cristianos, platanitos en almíbar «óyeme, como para chuparse los dedos; que yo podré cambiarme el nombre, pero no se me olvida que soy cubano». Tuvo que aprovechar el minuto en que los anfitriones estuvieron fuera del salón.

—¿Cómo está todo por allá?

—Bueno, tú sabes, tu madre…

—Alicia, no me entretengas al nieto con pamplinas. Mejor cuéntame cómo te va en la universidad.

Jake Barowski, las clases de gobierno, los elegantes vestíbulos de Fischer Hassenfield. Luis Arsenio les contó de todo. De todo menos de Maggie Carlisle.

Terminaron de comer hasta el hartazgo. Los hombres fueron a tomarse una copa al estudio de don Custer y las mujeres se quedaron en la cocina, preparando café. «Fresquito de la finca nuestra del Tibes. Esto es café de verdad.» Emilia Vineyard insistió en que Luis Arsenio se quedara en la casa. «Tengo preparada una habitación, no me hagas el desplante. Además, así mañana aprovechamos el día para dar un paseo por la ciudad. ¿No querías hacerle de guía a tus abuelos?» Lo convencieron.

Les tocó una mañana crujiente para salir a ver Filadelfia. Hacía sol y frío a la vez. El aire casi se podía morder como una manzana. «Día perfecto para salir de paseo. Te sacaste la lotería, corso, porque aquí diciembre es una sopa gris que le quita las ganas de salir a cualquiera.» Fueron a Old City, a la casa de Benjamin Franklin, a ver a la gente patinar en el Schuskyll. Hicieron las rondas del turista. Luis Arsenio les mostró a sus abuelos la Casa de la Constitución, los geométricos dinteles masones del Carpenter Hall, los monumentos de la primera capital de la nación, defensora de la democracia y de la riqueza del mundo. «Eso mismo, corso, de la democracia y las riquezas, que aquí el que se faja sale adelante. No hay tirano que te venga a nacionalizar las fincas ni a perseguirte por tus opiniones, maldita sea la madre de Machado…» Don Custer Viña cantaba las glorias de su país adoptivo mientras el muchacho paseaba a sus abuelos por los amplios bulevares frente a la Biblioteca Libre y el Museo de Historia Natural.

Luis Arsenio se quedó semana y media en casa de los Viña-Vineyard. «Nosotros seguimos para Nueva York a visitar a unos antiguos compañeros de mi tierra. ¿Vienes?» Tenía mil ganas de ver la gran ciudad, la más grande de todas, pero le esperaba Maggie Carlisle. Durante las vacacio-

nes no había podido comunicarse con ella salvo por teléfono. La llamó en dos ocasiones, desde el correo y en
secreto. Ella le contestó a escondidas. «Fuimos a esquiar
campo a través con mi primo Kyle; es un pesado.» Le contó
cosas insignificantes. «Mi tía me regaló una bufanda horren-
da, no como la tuya, Louie; te la mostraré tan pronto nos
veamos.» Pero entre los detalles se colaban unos suspiros
que dejaban a Luis Arsenio con la piel encandilada. La quería besar hasta que le faltara el aire, hasta que su aliento
frío se alojara en el pecho de Maggie Carlisle y se quedara
allí, eternamente exiliado.

—Tengo tanto que repasar antes de que comience el semestre. Mejor me regreso a la universidad.

—Ni modo, Luis. Los estudios son primero. Pero escrí-
bele a tu madre.

—Pórtate bien, muchacho. Cuídate de las malas faldas.

—Alicia, no me lo chiquitees tanto. Tú ya sabes, comu-
nícate.

—Me le das un abrazo fuerte a papá.

El Sam's Soda estaba casi vacío. Algunos *townies* tomaban café, una madre le compraba un bizcocho de grageas
a su hijo. La mayoría de la población estudiantil todavía
no había regresado de sus hogares. Pero habían quedado
en que Maggie estaría allí, esperándole. Luis Arsenio se
bajó de su carromato, hizo una parada rápida en su cuarto
y salió disparado al Sam's Soda. Ella estaba en una mesa
de esquina frente a la puerta. Pelo rojo, piel de alabastro.
Tan pronto la vio, se le fue acercando lentamente, pero con
el pecho encabritado. Maggie le sonrió, levantándose
como un resorte de su silla. Lo abrazó. Sus rizos cobrizos
se le enredaron a Luis Arsenio entre los labios. Se fueron
ambos cogidos de la mano, caminando despacio entre las
calles desiertas. Cruzaron hacia Mayer Hall, pasaron
frente a la residencia Goldberg y llegaron, casi sin darse

cuenta, hasta Fischer Hassenfield. No había nadie en el vestíbulo. Luis Arsenio miró a Maggie. Maggie bajó, cómplice, la cabeza. Se escurrieron ambos por las escaleras de servicio y subieron al cuarto de Luis Arsenio, que cerró las cortinas, «Louie» y echó la cerradura a la puerta. Allí estaba Maggie Carlisle, ahora, en su cuarto cerrado. Permitía que le pusiera las manos sobre los senos, que la besara ardiente encima de la cama, él sin camisa, ella con la falda cintura arriba, cada pieza de ropa suelta, una conquista y una promesa. Los muslos de Maggie eran un cielo frío y anhelado. No la penetró, pero no importaba. Se moría de hambre y le dolía la vida entre las piernas, pero ése era el precio a pagar por estar horas besándola hasta la asfixia sobre las sábanas revueltas de la cama, con sus piernas y su sexo duro rozándole los muslos. Ella era la chica por la cual esperar, a la cual convencer, por la cual quemarse las pestañas estudiando. Ella era el premio y esa tarde Luis Arsenio hubiese querido ser Louie Forneress hasta el fin de los tiempos.

El correo le llegó a fines de mes con un paquetito pequeño. Cuando lo abrió se encontró con un viejo reloj de leontina y con una nota de su padre. «Vinieron a buscarme de emergencia a la oficina», le contó en una carta. «Pensé que era tu madre.» Pero no, era el abuelo. Bien que se tenía guardados sus achaques del corazón. El licenciado se enteró en el hospital, de boca de un viejito calvo. «Soy el médico de don Luis», y le fue informando. El patriarca hacía tiempo se quejaba de dolores de pecho. «Yo quise que se pusiera en tratamiento, que tomara pastillitas de arsénico, que en las dosis adecuadas dan buenos resultados... Pero su padre me dijo que para qué se iba a envenenar si la muerte le estaba pisando los talones. Que se diera el gusto de atraparlo. No hubo caso. Ese padre suyo es terco como un mulo.» Era, pensó Luis Arsenio. El abuelo era terco y desconfiado. Ni a su propio hijo Fernando le contó que estaba lleno de deudas. Tendrían que rematar en subasta el edificio de los almacenes para poder pagar a los acreedores la matrícula de su segundo año de estudios, le informaba su padre por escrito.

La carta se había demorado tres semanas en llegar para enterarlo de la desgracia. Ya el abuelo estaría enterrado, empezando a servirle de comida a los gusanos. A Luis Arsenio le hubiese gustado contemplar lentamente cómo bajaba su ataúd al seno de la tierra. Por una vez hubiera querido tomarse el tiempo para despedirse de la gente que dejaba en la isla, atrás. Pero la carta era rotunda. El abuelo había muerto. No había nada que hacer más que seguir viviendo.

Aquella carta del padre le instaló más de un desasosiego en el pecho. El abuelo había muerto y con él morían otras cosas. Rematar los almacenes en subasta. Seguir costeando su educación. ¿Cuántas tierras le quedaban a la familia? ¿Cuántas propiedades debían salir de manos de los Fornarís para asegurar su abolengo? Sin tierras y sin su apellido terminaría siendo un don nadie. Montón de sílabas en el aire al igual que su nombre en estas ciudades, Louie Forneress. Dejaría de significar.

Jake lo encontró en su cuarto mirando por las ventanas.

—Qué milagro que no andas con la pelirroja.

Luis Arsenio se volteó a mirarlo. Ni sabe cómo, Jake le leyó el abismo en el cuerpo.

—Estamos perdiendo la tierra, Jake. Debemos hasta el alma. Quizás lo único que queda por hacer es volver a la isla, al menos no seguir siendo una carga para la familia.

—Tienes buen promedio, Louie, solicita una beca, al menos una ayudantía con algún profesor.

¿Becas? ¿Cómo se solicitaba eso? ¿Con qué palabras se declararía «necesitado»?

Se topó con el profesor Allen en los pasillos de Ware. Era su profesor favorito, el único que se tomaba tiempo para hablar con él y aclararle dudas específicas. «Deberías considerar especializarte en Juris Advocacy. Es un campo que está en pleno crecimiento, por los conflictos bélicos y la necesidad de personal mediador que tenga una visión afín con los intereses de la nación, pero una mirada más amplia, más sensible a las diferencias de la cambiante población militar.» Le había pedido redactar un trabajo especial para su clase que Luis Arsenio se esmeró en entregar. «Muy impresionante.» Le comentó de su trabajo. Al profesor Allen sí le diría que aquéllos eran tal vez sus últimos meses como estudiante. «Hola, profesor», lo saludó, y se inventó una duda acerca de los estatutos de ley que diferenciaban entre crímenes de guerra y ofensas a la Humanidad. El profesor se envolvió en un argumento sobre la ley «que siempre es interpretativa, pero decididamente hay ofensas que son crímenes contra la Humanidad, como por ejemplo la tortura de algún prisionero de guerra, que podía ser crimen o no, dependiendo de asuntos en la cadena de mando, ahí cabe interpretación». Luis Arsenio hacía como que atendía, como que seguía discusiones. Cuánto iba a echar de menos la oportunidad de hablar así con un mentor cuando estuviera lejos. Crimen contra sí mismo, crimen de su estirpe contra él. La muerte criminal del patriarca había dejado a su padre tan débil. De repente quedaron los dos frente a la oficina del profesor. Parecía que la conversación se acababa.

—Perdón profesor, es que tengo otro asunto que consultarle.

—¿Otra duda?

—Me temo que no.

Pasaron dentro. Una luz tenue entraba por la ventana. No como la luz de su isla en el sur, aplastante, que le quemaba la posibilidad de terminar lo que empezó en la Universidad de Pennsylvania.

—Mi familia está mal, profesor. Acaba de morir mi abuelo. Mi padre ha tenido que vender tierras. Me temo que no tengo medios para seguir.

—Siempre hay medios, Louie. Déjame hacer algunas averiguaciones y te informo en unos días. ¿Cuál es tu estatus en este país?

—¿A qué se refiere, profesor?

—A si eres ciudadano americano.

Luis Arsenio no pudo hacer menos que sonreír. «Sí», le contestó, y se guardó el resto de la respuesta que le hubiera gustado darle. «Desde 1917, para bien y para mal nuestro», pero no se podía exponer. No tenía ni las ganas ni los ánimos de tener que reconocer que aun su único aliado sabía poco de su estatus sobre el mundo. Por demás, no tenía por qué importarle. ¿A quién le tendrían que importar las minucias de una isla perdida en el Caribe o las de cualquiera de sus habitantes? Y eso era Luis Arsenio, habitante de una isla que se difumina en la imaginación. ¿A qué imperio, a qué historia, en qué discusión era pertinente mencionarla? Luis Arsenio salió cabizbajo de aquella oficina de Ware; una pizca de nada, un ser sin contexto. Aun para su benefactor.

Pero el profesor Allen lo sorprendió. A los dos días de la conversación, le pidió que lo esperara en el pasillo.

—Unos colegas están cada vez más envueltos con las oficinas centrales de Juris Advocacy. Han abierto una sucursal en la universidad. Muchos de sus estudiantes están haciendo internados en ese programa. Ofrecen exención de matrícula más un estipendio. No es mucho, pero da para terminar tu preparación.

A Luis Arsenio se le encandiló la mirada. Al fin una salida a su dilema. No tener que volver.

—Mil gracias, profesor Allen.

—Tan sólo tienen una exigencia para el internado. Tienes que alistarte en el ejército. Pero me imagino que eso no será ningún problema para ti.

4

Le tocaba que Isaac la visitara, como siempre, dos veces al mes. Isabel se puso a hacer arroz, a remojar los granos. Quería ir a la plaza, a buscar un buen corte de carne para el guiso. Pero sería a la vuelta, porque antes debía pasar por la catedral. Buscó en su lata de ahorros dos centavos para la ofrenda. Otros dos para prenderle una vela a la Virgen. «Santísima Madre inmaculada de la luz, concédeme esta gracia para mayor gracia de Dios, honra tuya y mi provecho.»

Llevaba casi un año viviendo con el soldado. Al principio del cortejo, Isabel siguió los consejos de don Antón, jugando a «comportarse como toda una señorita, para que el caballero aprenda a valorar lo que eres y esté dispuesto a pagar el precio de tu intimidad. Date tu puesto, niña». Pero aquellos ojos amarillos le estaban pidiendo más. En verdad no se explicaba cómo las muchachas de sociedad podían resistir por años. «Chaperonas, mi amor, la más estricta vigilancia.» Era tan fácil dejarse llevar. Que sea el goce, quería decir, pero aún no. Isabel se recomponía. Dejaba a Isaac mirándola con hambre. «No quiero hacerlo entre los matojos, como las perras, no quiero mancharme el traje.» Isaac respiraba profundo y parecía entender. Volvía a tomarla entre las manos, a acoplarle el rostro entre los dedos, «tienes razón», y a darle un beso tierno como en la plaza. Ni sabe cuál era la fuerza que la detenía.

«Te tengo una sorpresa. Cuando regrese a visitarte, te sorprenderé como nadie.» Isaac se lo había dicho y luego, por más ruegos y súplicas, no quiso soltar prenda. Para ese día, con ayuda de Leonor, Isabel se confeccionó un traje especial. Sacó algunos dineritos que tenía escondidos debajo del colchón. Se compró un corte de tela del mismo tono amarillo de los ojos del soldado. La organza de algodón liviano le caía sobre las caderas y se las marcaba bien, grupa dura de mujer propia, para que las viera Isaac y las deseara. Era una pena que aquella organza no pudiera ser seda cruda. Aún no tenía para vestirla. Pero pronto. Quién sabe cuál sería la sorpresa que le guardaba Isaac, quizás hasta un compromiso definitivo. Entonces podría darse mil lujos.

Isaac llegó a buscarla a las escaleras de su cuartito en la trastienda del atelier. Le entregó un ramito de miosotis y depositó un beso casto sobre sus labios. Isabel dio unos pasos al frente para que Isaac viera bien su vestido, lo perfectas que le quedaron las alforjas sobre el pecho, sobre la espalda, el imperceptible pespunte de las aplicaciones. «¿Te gusta? Lo hice para ti.» Isaac miraba otra cosa, pero se mantenía sereno. Caminaron por la calle de la Salud y subieron por la del Castillo. Doblaron hacia la Romaguera y después de unas cuantas cuadras, ya al inicio del barrio de artesanos, Isaac se detuvo. Enfrente había una casita blanca, con un balconcito de tejas y balaustres. Una enredadera de miosotis adornaba el portoncito de entradas.

—Qué bonita esa casita. ¿A quién vamos a visitar?

—A nadie, Isabel, la alquilé para ti. La casa es tuya, si la quieres.

Isabel se dejó conducir, a través del portón, por los escalones del balcón, a través de la puerta y hasta la sala de la casa de madera. Miró sus techos altos, de zinc, sus losetas en arabescos pintados. Midió el medio punto que separaba en dos la sala, un lado para el recibidor y otro para el comedor, y contó los cuartos —uno, dos—. «Aquí puedes poner una sala de costura.» Isaac abrió una de las puertas. «Los muebles te los iré comprando poco a poco.» Luego la condujo hasta el fogón de leña con un espacio para el anafre y un tope de losetas. Había un patio pequeño con suficiente espacio para colocar un tendedero, una pila, sembrar algunas plantas. Isabel se lo imaginaba ya completo. Contra la verja sembraría rosales como los que había en el patio de muchas señoras del pueblo. Los cortaría todas las semanas y pondría un florero de rosas frescas en la mesita del recibidor. Se sentaría en un sofá de pajilla. Cosería manteles de hilo bordado para la mesa. Enceraría los pisos todas las semanas y todas las semanas los limpiaría con lejía y con agua de florida para que la casa siempre oliera fresca y ningún viento malicioso se aposentara en sus rincones. Ésta era su casa. La casa que le ponía su soldado para que no tuviera que vivir en la trastienda de un taller.

Isaac Llowell, soldado del regimiento 42 destacado en la base Loosey Points, natural de la isla de San Tomás, hijo de un tendero vasco que nunca conoció y de una costurera de las islas, condujo a Isabel Luberza hasta un cuarto entrecerrado que se había guardado de mostrarle. Empujó las cuatro tablas pintadas que componían la puerta. Adentro no había nada más que una mesita de patas disparejas, un quinqué iluminado y una cama de pilares vestida con sábanas color azul. Isabel caminó hasta el centro del cuarto, que le pareció el lugar más lujoso del mundo. Miró con detenimiento las paredes, la camita, el vaso con agua que reposaba junto al quinqué en la mesa del lado de la cama. Depositó en aquel vaso su ramito de miosotis y luego, de espaldas a Isaac, se fue desabrochando los botones de su traje, uno a uno, despacio, hasta que la organza amarilla cayó al suelo como espuma de río. Se quitó los refajos, las ligas que le sujetaban las medias. Bajó, así, de espaldas y desnuda hasta el suelo, para desabrocharse los zapatos, para dejar que Isaac la contemplara flexible, gata oscura y redonda en la amplitud de sus carnes. Dejó ver como por accidente la hendidura de piel rosada y húmeda que escondía entre las piernas. A sus espaldas, Isabel sentía el corazón de Isaac acelerándose, su carne endureciéndose, su ropa también cayendo al piso. Entonces se sentó en la cama de sábanas azules. Sintió los pasos de Isaac acercándose adonde su corazón le retumbaba contra el pecho. Dos corazones repicando.

Atrechó por la calle Salud. Al fondo de la avenida vio el letrero del «Atelier Vilarís» pero siguió de largo. Llevaba prisa esa mañana. Isaac llegaría al filo de la tarde. Quería tener todo listo. Si paraba en el taller, don Antón la entretendría. Cruzó la avenida hasta Las Delicias. A medio costado de las Alamedas, la catedral se levantaba majestuosa. Sus dos torres de pico herían el cielo despejado. Su altar sereno recogía los rezos de los feligreses. Esta vez iba a entrar hasta el mismísimo pedestal de la Virgen. «Virgen de las Mercedes, Madre protectora, ampárame y cuida a esta sierva tuya…» Nadie se lo podría impedir. Eran las nueve de la mañana y ya se había acabado la misa. Es decir, ya las señoras habrían dejado el proscenio para regresar a fustigar a sus sirvientas. La iglesia estaría vacía.

Isabel sacó su chal bordado y se cubrió la cabeza. Caminó lentamente por la nave oyendo retumbar sus pasos. Un diácono levantaba las rodilleras y acomodaba los bancos. Al fondo, la Virgen Inmaculada elevaba sus ojos al cielo, al cual ascendía rodeada de querubines. Rubia, serena en su mirada azul, brazos abiertos acogiendo su peso leve hasta el Altísimo. Isabel se postró. Entornó sus ojos. «Virgen Santa, Intercesora nuestra. Que no me caiga la sangre. Quiero estar fértil para la visita de Isaac.»

Francia, España, Nueva York. Iría a todas partes. De la mano de Isaac. Acogida en su abrazo. Viajaría en tren, en barco, hasta en avión. Se montaría en carros del ejército. Y a su lado, Private Isaac Llowell estaría al volante. Luego conduciría el sargento Llowell, y después el teniente, el capitán Llowell. Para entonces tendrían hijos y vivirían lejos del pueblo, inmensamente lejos, en algún lugar donde el calor no aplastara tanto. Isabel vestiría creaciones en lana escocesa, abrigos con piel en los cuellos y en los puños. Los había visto en las revistas de costura de don Antón. No se veían difíciles de cortar. Eran los años veinte. Isabel vestía a la altura de los tiempos. Líneas sueltas, cortes a media pierna, trajes a la cadera con caídas que dejaban que su cuerpo se marcara en cada movimiento. Si la miraban mal, que la miraran. Es más, que la envidiaran. Y más cuando iba del brazo de su soldado.

Mudarse del cuartito de la trastienda fue fácil, lo difícil fue explicárselo a don Antón. Cuando la vio recogiendo su mudanza, «tú también me abandonas…», no supo cómo explicarle que las cosas no eran como él pensaba. Don Antón puso cara de circunstancias, aspiró profundo para consolidar el aire trágico que requería su próxima intervención. Isabel se sentó en un banquito a esperar el discurso que el modista quisiera propinarle. Se lo debía. Por haberla recogido de la calle, por brindarle un techo y un oficio y ayudarla a completarse. Lo oyó tranquila, «yo que esperaba verte casada de blanco con un hombre de bien», don Antón respondía a libreto ajeno. «Las cosas no son así para las muchachas como yo», le hubiera gustado decirle, «las cosas no son así y ni falta hace que sean». Isaac era un buen hombre, había cumplido su palabra armándole una casita. No necesitaba ni parafernalias, ni permisos, ni fiestas para celebrar a quién le daba el cuerpo. «Es así de sencillo», le hubiera gustado explicarle a don Antón, pero decidió, en vez de eso, asegurarle su lealtad con otra cosa que con explicaciones.

—Si usted quiere puedo seguirle trabajando.

—¿Su marido le dio permiso?

No se le había ocurrido preguntarle a Isaac, pero ya sabía la contestación a esa pregunta. Claro que sí podía seguir trabajando. Isabel asintió con la cabeza y don Antón, en su pantalón ceñido, con su boquita fruncida en tragedia de zarzuela, dio un profundo suspiro. «¡Qué se le va a hacer! Pero no te creas que me hago de ilusiones; ya sé que a la primera barriga no te veré más.» Zumbó entonces don Antón taller adentro, con la cinta de medir colgada al cuello. Isabel siguió empacando sus cosas. Creyó que iban a ser menos. Esos años con don Antón habían sido prósperos.

Dos chales bordados, cinco trajes de paseo más los trajes de diario que usaba para trabajar. Tres pares de zapatos —los blancos que mandó a pintar, unos botines negros y otros zapatos de fiesta—. Empacó dos juegos de sábanas, utensilios de cocina, un mantel, un libro de oraciones, más recortes de revistas de moda. Guardó dos peinetas de hueso para el pelo y tres botellitas de fragancias. «Muchacha, vamos a tener que llamar a un carretero...» Leonor la ayudaba a empacar. Isabel sonrió. Partía del taller de don Antón con posesiones para armar su nueva casa. Le faltaban ollas, tal vez unas buenas cortinas, pero eso vendría pronto. Isaac se lo proveería, como proveyó el techo. A ella, escogida entre las demás. Tenía motivos para sonreír. Si la viera Madrina.

Don Antón regresó a la trastienda como al descuido. Traía un paquete liado entre las manos. «Llévate estos paños, los dueños no los han venido a reclamar.» Eran tres yardas de hilo del más fino. A Leonor se le desencajaron las quijadas.

—A la verdad que ese don Antón te ha cogido cariño.

—Con esto voy a hacer un mantel de morirse.

—Te limpio la casa entera si me das un cachito de esa tela.

—Claro, Leonor. Y con los retales que sobren, le bordo unos pañuelos a Isaac.

De regreso paró en la plaza del Mercado y compró un buen pedazo de cabro. Encendió la leña del fogón y puso a hacer el guiso. Bordó unos encargos para don Antón. En eso le cogió la tarde. Isabel esperó a su soldado en el balconcito de los miosotis. Los carreteros pasaban por el medio de la calle, las revendonas regresaban a sus casas con sus canastas vacías. Lo vio doblar la cuesta y sonrió. Isaac, algo había de turbio en su mirada. Subió las escaleras, soltó su saco de ropa en el dintel de la puerta, «vengo ahora». Salió de nuevo a perderse en el pueblo. Ni notó la fragancia a guiso fresco en la casita, las esencias de Isabel en la piel de ella. La dejó allí parada, como si no la hubiese visto.

Ya era la noche entrada cuando regresó. «Aguanta Isabel, aguanta.» Eso hubiera querido la Virgen. Que ella aguantara, que fuera sumisa, que se echara dispuesta en la cama para que Isaac se le escurriera encima. «No te llegó la sangre. ¿No era lo que querías?» Pero la rabia no la dejaba proceder con el plan. «¿Quieres que te sirva la comida?», le preguntó a su hombre, distante. Isaac trajo los ojos rojos y un tufo a alcohol que le agriaba el olor del cuerpo. «No tengo hambre.» Oyó un rumor de ropas que caían al suelo y un «¿Vienes?». Su hombre la reclamaba. «A mí ese animal no me va a poner un dedo encima.» Se apartó del cuarto. Isabel se quedó en la sala, entreteniéndose con un bordado.

Al otro día, lo oyó echarse agua en el traspatio, cambiarse el pantalón. Se fue a la cocina a pelar viandas, pero lo oía. Cuando escuchó pasos de botas entrando de nuevo al corredor de la casa, Isabel se le cuadró cortándole la ruta.

—¿Me quieres decir qué es lo que te pasa? Porque si ya no te intereso, me regreso tranquila adonde don Antón y a Dios gracias.

Isaac miró a Isabel como si aquella mujer que él se había traído fuera menos que aire frente suyo, nada, un cuerpo sin nombre y sin precedentes que se apareciera allí para mortificarlo. Le vio las manos apoyadas en puños cerrados contra la cintura. La miró a la cara, con el gesto listo para una batalla. Pero después cambió de semblante. Tomó a Isabel de la mano y la sentó en uno de los sillones de la sala. «Mujer, no es lo que te imaginas. Es por Harding.» Poco a poco le fueron saliendo unas palabras que Isabel no entendía. El presidente Harding. La Paz de Versalles. Los refuerzos a una campaña antibélica reduciendo personal militar.

—El coronel nos explicó que vienen recortes, sobre todo en las bases de menor presencia. Adivina, Isabel, por dónde empezarán a recortar.

Armamentos, tratados, presidentes. Isaac se le perdía en un mundo que ella no podía imaginar. Se le perdía y ella no iba de su brazo. Quedaba del otro lado de una frontera invisible y poderosa. Miró los brazos acaramelados de su hombre, su pelo revuelto en rizos, su nariz ancha y feroz. No había que saber mucho de política para concluir por dónde empezaría a recortar el presidente.

—¿Y si nos vamos para fuera, adonde tu abuelo?

—¿A vivir de qué? Si tan sólo lograra que me ascendieran… Estar en un destacamento más importante. Acá en Loosey Points nos morimos en la nada.

—¿Pero tú no me dijiste que por allá matan negros, los linchan como a animales y después les pegan fuego?

—Cincuenta y ocho linchamientos el año pasado.

—Acá no linchan a nadie.

—Porque no dejan que ninguno sea un verdadero peligro. Lavanderas, costureras, revendones. No servimos ni de competencia.

Entonces se lo dijo: «Me transfieren para Panamá». Isabel se agarró el vientre como si se lo hubieran desgarrado. «Me voy primero y enseguida me establezca, te mando a buscar.» Un amarre se soltaba. El aire se volvió una estación de murmullos que rebotaban contra las paredes de la casita, contra el piso recién trapeado, contra el vientre vacío. «Tengo que irme porque si no me eliminan de la división.» Isaac siguió hablando, pero Isabel no lo oyó. No pudo escuchar palabra que le aliviara la pesadez del vientre, ese que ella se agarraba con fuerza, recogiéndolo de un peso que se le derramaba encima y la obligaba a caer. Caminó despacio por el pasillo hacia el anafre donde humeaba la comida que le había preparado a su hombre. «Me cuentan que Panamá es un punto más estratégico...» De espaldas, le preguntó, «¿quieres que te sirva la comida?». Todo se le hizo extraño, poner la mesa, ver a Isaac comer tranquilo, recoger los platos vacíos. Isaac descansó de la cena tomándose una siesta, convencido de que cumpliría todo lo que había prometido. Isabel se puso a fregar con sus manos extrañadas de todo, con el pecho desubicado en aquella casa.

Leonor la encontró cepillando los escalones del balcón con una entrega total, como si en cada comisura de cada escalón se jugara la vida. Por dos semanas simplemente no hizo otra cosa sino limpiar. Se quedó en la casa moviendo las cosas de lugar, las sillas, los sillones, la mesita de al lado de la cama. Don Antón mandó a Leonor por noticias de ella.

—Se te fue el soldado, ¿verdad?

Una gota de sudor bajó por la cara de Isabel y cayó a confundirse con la labaza que espumeaba contra las losetas restregadas. Contó los días de su sangre. Hacía un mes que no sabía de Isaac.

—Ahora sí que vas a tener que trabajar duro para mantener la casa. Si quieres, yo me mudo contigo.

Tuvo que tomar lavado por encargo, volver por la puerta de atrás, como antes. De casa en casa, Isabel esperaba con el fardo de ropas limpias a que las señoras la atendieran, revisaran las camisas, las faldas y refajos, pagaran por su lavado y por su planchado. La negociación se hacía deprisa, sin miramientos. «Necesito esta ropa para el jueves, que no se le olvide echarle mucho almidón a las camisas, Isabel.» «Sí, señora, no se preocupe señora.» Tomaba el fardo de ropa y salía cuanto antes de las casas. De todas salía deprisa, menos de la Fornarís. Había días en que el joven Fernando le intentaba montar conversación. «No me digas *don*, me haces sentir como mi padre.» La miraba desde un silencio tranquilo. Aquellos ojos verdes, aquel mentón de barba oscura se insinuaba tan pronto la rasuraban. Pero a Isabel no le interesaba. No le interesaba nadie, ni señorito ni tornero, ni blanquito ni albañil. «El fin de mes se acerca, hay que hacer los pagos de la casa.» Tenía que seguir corriendo de calle en calle, la Gran Vía, la Virtud, la Salud, la Reina Mora. No le gustaban para nada aquellas miradas del señorito Fornarís, ni las consecuencias que pudieran desatar. Pero el señorito Fornarís le montaba conversación, la requería para algo que ella no podía precisar.

El piso quedaba en los altos de uno de los edificios que el viejo Fornarís usaba como almacén para su bodega. «Algún día abriré allí mi oficina particular», le comentaba con calma, «pero por de pronto, me mudo. Esta casa ya me queda chica». Isabel aún no sabía por qué Fernando Fornarís le comentaba todo aquello bajo la cornisa de los patios. La miraba de frente, sin ademanes de patrono, y ella se encontraba devolviéndole la mirada de igual a igual. «Tiene dos cuartos, una sala, cocina.» Aquellos ojos no la amedrentaban.

—Lo que necesito es que alguien la vaya a limpiar una o dos veces por semana.

—Yo no limpio casas.

Se lo dijo sin bajar la mirada, sin suavizar la voz ni pedir excusas. No fue a propósito. Antes de pensarlo bien, ya le estaba contestando al señorito con su tono usual. Su

voz de Isabel Luberza Oppenheimer, con la que le hablaba
a don Antón, a sus clientes, hace tanto tiempo ya, en el
taller. ¿Qué tenía aquel hombre para hacerla hablar así?
Isabel creyó leer una chispa pasajera en el rostro del señorito, como si pensara que su respuesta era un reto. Y no lo
era, no buscaba serlo.

—Es una pena, estoy dispuesto a pagar bien.

—Por ahí debe de haber mucha gente interesada.

—Pago tres dólares al mes. Eso es bastante.

Sí que lo era. Aquel dinero cubría justo los gastos de la
casita. Era lo que se ganaba con el lavado y planchado de
cinco. Su liberación de las puertas traseras.

—Déjeme pensarlo, don Fernando.

—Y dale con el *don...*, dime Fernando a secas. Si no, retiro la oferta.

—No me voy a acostumbrar.

—¿A qué?

—A llamarlo por su nombre de pila.

—Quién sabe, Isabel. No te le adelantes al tiempo.

Cruzó la calle Virtud hacia la Romaguera. En el sostén
bajo la blusa cargaba con los dineros del último encargo
de lavados y planchados. «Tres dólares al mes», Isabel iba
sacando cuentas. Llegó a las alamedas de Las Delicias y
paró en el almacén para comprar una libretita de apuntes.
Cortar los encargos de lavado no le haría mella a sus economías. Además, una idea se le iba cocinando lentamente
en la cabeza.

Estaban en plena Depresión, y sólo había una manera
de enfrentarla. Aunque estaba prohibido, obreros, desem-
pleados, señorones, el pueblo entero consumía ríos de pitorro que manaban de los alambiques clandestinos de San
Antón.

Alcohol ilegal. Ahí era donde estaba el dinero. Lo veía
claro en su cabeza. Ni sabe de dónde le salía la maña, pero

estaba segura de que la venta de alcohol en el pueblo era negocio redondo. A la porra el soldado que la tomara del brazo dándole sostén para el paseo. Se sostendría ella sola. «Con esos tres dólares al mes... Fernando.» El nombre del licenciado se le escurrió de la boca como una sorpresa. Habría que cuidarse de aquel hombre y de los recovecos por donde lograba entrar. Pero le aceptaría la oferta. Isabel empezó a sentir que una segunda piel le iba naciendo, quizás más densa que todas sus pieles anteriores. Dejó que se le perdiera la mente en el horizonte, entre los números y las cifras que le bailaban en la cabeza. Hablaría con Leonor en cuanto llegara a la casa. Tendrían las dos juntas que hacer economías para poder comenzar con la operación.

Misterios Dolorosos

Estoy en el huerto de mis aflicciones. Estoy en Getsemaní. Estoy enredada en las ramas de mi dolor. El Amado siempre ausente. El hijo se va y ya no hay testigos para mi pena. ¿Con qué me dejas Madre Santa? ¿Con qué me dejas? ¿Con qué voy a para el mar de lágrimas que me anega por dentro? Un licor amargo de frutas que se pudren y que me llevan a descansar, adolorida en las ramas enrevesadas de mi cuerpo seco. «Señor, concédeme el verdadero dolor de mis pecados.» Primer misterio de la agonía. Pero, ¿cuál fue mi error, cuál mi mácula? Yo fui concebida para crecer nívea, alba. Ni siquiera sé y me castigas. Ni siquiera sé Madre, de qué se me acusa para que se me condene a la más absoluta soledad.

Lo peor. Esto es lo peor. Porque cuando el Hijo estaba en mí, al menos. Porque cuando lo acunaba entre mis brazos, le daba de comer y de beber yo entera tenía mis funciones. La casa era el nido protegido. Y aunque el Amado no llegara, la casa me protegía. Los rumores quedaban fuera, las ausencias quedaban fuera. Pero adentro el hijo y yo respirábamos el aire que yo hacía soplar por los rincones. Un aire límpido y liviano que aliviaba la pesadez del mundo. Mi palabra era mandato «Carmela, hay que limpiar las alacenas» y las alacenas quedaban relucientes, «Delmira hay que salir a los mercados» y la casa quedaba provista. Afuera quedaban los huertos y las ramas y el río Portugués, el que me ahoga, el límite de lo que no puedo cruzar. Pero ahora la casa está vacía. El hijo es una ausencia inaguantable. ¿Para qué ordenar? ¿Para qué querer que las alacenas se llenen de los frutos frescos de la tierra que no caben en un frasco? Escancié las libaciones hasta quedarme descartada. Sin nadie que dijera tú eres la reina de todos los recintos, reina de mi corazón. «Señor ayúdame a moderar mis deseos.» Nadie me querrá como lo merece mi sacrificio. Y yo merezco ese amor. Yo merezco ese amor.

Las ramas del huerto flagelan mi rostro, cubren mi frente con espinas. Rezo y pido al Señor. Pero el Amado no me escucha. El Amado se ha ido a buscar lo que no se le ha perdido al río, lo que no se le ha perdido a los montes. Dicen que hay un hijo en peligro. Pero no es el Verdadero, no es el Verdadero, no es el Hijo que le nació de mis entrañas, al que yo ofrecí mi pecho rosado como lirio. Él lo mascó hasta sacarme sangre y yo, paciente, lo ofrecí de nuevo. No quise que nodriza alguna. No quise que ninguna leche tiznada bajara por su garganta. ¿Por qué no puede el Amado hacer lo que es costumbre, olvidar, dar la limosna sin que su nombre toque los labios del proscrito? ¿Por qué no puede ser como el Padre y el Padre de su Padre? Obligar al hijo a que en él se cumpla su voluntad. ¿Y quién tiene la culpa, Madre, sino Aquella que lo abandonó? Que no se sometió, como me sometí yo. Que no abrió su pecho en leche y sangre, que no se escondió en la gruta oscura en la que se arrastra para pagar por el dolor de su pecado. Porque ella sí fue la Pecadora. Ella sí está envuelta en máculas, toda ella, su cuerpo recubierto por el hollín de su culpa.

Seguramente fue Ella, Madre, frena mi soberbia. Ayúdame a cargar mi cruz. Se merecen, ella y el Amado. Dos para los que no existe más mundo sino el de ellos, más hambre sino la que sacian, dejando mil cuerpos a la deriva, sangres y ríos atestados de roturas. Misterios del dolor, tercero y cuarto. ¿Cuántos deben caer antes de que Ella pague su culpa? ¿Por qué, Madre, se tiene que cumplir en mí el designio de su mal?

Pero a Ti y sólo a Ti, Esposo mío, encomiendo yo mi alma. En Ti recaerá el peso completo de mi desgracia. Por no atender a mi llamado, por no atender a mi plegaria, por haberme abandonado. Por no apartar de mis labios el cáliz que es mi sangre convertida en fruta podrida. Por permitir que el Hijo se viva fuera de mis manos, partiera de la isla que es mi casa, que es la habitación de este cuarto donde desfallezco. El huerto de los olivos me cruza la cara con su escarnio. Ésta soy yo, Amado, la Dolorosa, Y éstos son los lentos trabajos de mi pena. Mi dolor recaerá sobre tus hombros hasta partirlos, como me has partido tú a mí, en dos.

5

Llegar al pueblo fue como regresar en el tiempo; como si todo lo que había experimentado, la nieve, el Sam's Soda Shop, los muslos blanquísimos de Maggie, no le hubiese pasado a él. Un tul se le posaba sobre la memoria, haciendo borroso lo que unos días antes Luis Arsenio Fornarís creyera tan concreto. Despedidas amorosas, un quieto contemplar por la ventana del tren cómo se alejaban los abetos y las riberas del Schuskill. Todo aquello se difuminaba en su mente como si hubiesen pasado hace años y él fuera otro; Louie Forneress desprendido de Luis Arsenio Fornarís, que ahora regresaba en coche por la carretera militar hacia el sur. Llegaba envuelto en una bruma de cansancio y olvido que no se podía explicar. Sería el calor.

Ya era mayo cuando recibió la comunicación. Llevaba un año exacto trabajando para el profesor Allen. El segundo semestre estaba a punto de acabar. Luis Arsenio estudiaba en la biblioteca, cotejando libros de referencia. Ya las letras le bailaban frente a los ojos. «Compendio del Convenio de Verno», «Tratado de Versalles», «Tratado de Britania». La cabeza no le daba para más. Por la ventana del Simpson Hall empezaba a caer la noche. Las tripas lo distrajeron aún más de su tarea. Tenía que regresar a Fischer Hassenfield, acicalarse un poco y correr al refectorio del Ware antes de que la cerraran. Robarle tiempo al tiempo para ver a Maggie. Recogió unos cuantos tomos gordos de su mesa. Se los llevaría al cuarto, allí tendría tiempo para volverlos a repasar.

El custodio lo interrumpió cuando ya trasponía la escalera hacia su cuarto. «Forneress, Louie. Tienes correo esperándote. Un telegrama.» Le extendió un sobre amarillo por donde se discernían algunas letritas por el recorte donde apuntaba las direcciones. Las letras que también empezaron a bailar. Telegrama de su padre.

> Es de urgencia, hijo (stop) Tu madre está delicada (stop)
> Regresa cuanto antes (stop)
>
> Fernando Fornarís

El chofer redondeó la plaza Las Delicias. Luis Arsenio miró la alameda y los puntales de la iglesia, los chaflanes. Suspiró sin alegría, pero con cierto alivio. Allí estaba el piragüero, los chóferes de carros públicos, el almacén. Reconoció su contexto. Allí él era de nuevo quien siempre fue. El hijo del licenciado, el niño bien, el señorito del pueblo que regresaba al pueblo. La gente lo miraba y lo reconocía. No tendría que agradar, evadir temas de conversación, medir palabras. Había vuelto, aunque fuera por un instante, a su reino.

El coche se detuvo frente los portones de la casa Fornarís. Luis Arsenio se plantó firme frente a los escalones y cogió aire. El chofer se le adelantó escalera arriba, maleta en mano. Luis Arsenio se propuso seguirlo. Antes de que pudiera trasponer el umbral de la puerta, su padre, Fernando Fornarís, salió a recibirlo.

El tiempo se le hizo materia informe frente a los ojos. ¿Cuántos años había estado fuera? Dos. Entonces, ¿qué eran todas aquellas canas sobre las sienes de su padre, todos aquellos surcos sobre su frente? Hasta la barba Fornarís, aquella que siempre se cerró implacable sobre el mentón de los machos de su estirpe, parecía rala, apocada por una extraña erupción que enrojecía la quijada de su padre. Un abrazo selló la bienvenida. Luis Arsenio notó unos huesos quebradizos enterrándosele en la piel. La mirada de su padre también se veía más mustia que de costumbre, como si estuviera enferma. Pero algo seguía presente en aquel hombre que lo abrazaba, que le echaba el brazo sobre el hombro y lo conducía escaleras arriba. Allí quizás, en la firmeza del abrazo, habitaba una suerte de resolución.

—¿Cómo sigue mamá?

—Bastante enferma.

—¿No querrás decir borracha?

No quiso, pero se le escapó el comentario. Su intención de aquel viaje era otra que la de hacer evidente la vergüenza que de seguro sentía el padre, con la que tenía que vivir todos los días, de la cual él pudo huir. Maldita boca la suya. Sin embargo, para sorpresa de Luis Arsenio y antes de que se pudiera disculpar, el licenciado lo miró con una sonrisa mustia directo a los ojos.

—Tiene el hígado inflamado, pero eso no es lo peor.

—¿Y entonces?

—La cabeza, Luis Arsenio. Tu madre no para de temblar, de decir incoherencias. La tuve que internar en el Hospital de Damas usando influencias de familia porque allí no tratan enfermedades mentales. Pero al menos la vigilan las veinticuatro horas.

—¿Y Carmela, Delmira, no la pueden cuidar?

—El día que te envié el telegrama pensábamos que se nos iba. Pero ven, siéntate, debes de estar cansado del viaje.

—No padre, dime…

—Se tomó un pote entero de calmantes. Hubo que vaciarle el estómago.

—Quiero verla.

—Mañana te llevo al hospital, pero ahora descansa, ¿tienes ganas de comer algo?

Delmira estaba en la cocina «¿Cómo está señorito? Bienvenido.» Cara oscura, cerrada sobre sí misma, ojos desviados hacia la tarea. Por ella sí que no pasaban los años. Le puso delante un plato de sopa de lentejas y Luis Arsenio recordó aquellas fatídicas fiestas de Año Nuevo que quizás marcaron este desenlace que venía a presenciar. Pero ya no quiso seguir recordando. Tomó una cucharada. Don Fernando se sentó junto a él y volvió a posarle una mano sobre el hombro. Luis Arsenio abrió la boca para decir algo, pero se dio cuenta de que nada de lo que dijera igualaría aquel momento. Tomó otra cucharada de sopa pero se le calentó la cara, los ojos se le empañaron; el peso de aquella mano le desanudó algo en el pecho. Hacía años que llevaba esa presión por dentro, ahora lo sabía. Soltó la cuchara. Se cubrió el rostro con las manos y dejó que aquello en su pecho se deshiciera, lento. Su padre apretó un poco más la presión sobre el hombro, aún en silencio. Dejó a su hijo llorar.

Despeinada, de una palidez amarillenta, Cristina Rangel yacía acostada sobre la cama del Hospital de Damas. Una enfermera mulata le peinaba los cabellos también encanecidos. Luis Arsenio entró con un ramo de margaritas que compró en la plaza. ¿Qué le había pasado a su madre durante aquellos años? Habían sido escasamente dos, un suspiro casi que convirtió a Luis Arsenio en un ser liviano, de nombres cambiados. Caminó algunos pasos. Iba con tiento. No quería sobresaltar a la pálida mujer a quien peinaban. Se fue acercando al lecho por su punto más ciego, mientras su madre dejaba que se le perdiera la vista ventana afuera, entre los montes resecos que se extendían fuera del hospital.

«No había rosas blancas» fue lo único que se le ocurrió decir cuando alcanzó el borde de la cama de su madre. Sus miradas tropezaron. La de Cristina Rangel regresaba de entre brumas, como si atravesara un túnel oscuro para toparse con unos ojos adheridos a una voz que le hablaba desde lejos «rosas blancas», y le mencionaba una flor que a ella alguna vez gustó oler en el florero de cristal cortado de la sala de su casa. ¿Dónde estaría ahora su casa? Perdida en aquel túnel oscuro, debe de ser. Al final de la voz estaban unos ojos verdes, vivos, y un mentón de barba cerrada. Al final de la barba, unos pedazos de presencia blanca muy mullida olían al agua que le echaban las señoras que la cuidaban en su cama. Cristal cortado su cama donde reposarían aquellas cosas mullidas como para comerse porque olían bien. Serían las rosas, pero no se parecían, eran más angostas, más filosas, con otro color en el centro. Pero se las traían unos ojos que le sonreían. Ella les sonreiría también, porque olían bien.

—¿Fernando?

—No mamá, soy yo, Luis Arsenio.

Entonces fueron los sonidos solos y algo se le rompió en el pecho. Ya no quiso las cosas que portaban el olor. Tan sólo quería abrazar al otro que se acercaba a su cama. No lo soltaría. No podía dejarlo ir, «Luis Arsenio», dejarlo que se escapara, «hijo». Le tomaría las manos, lo sentaría a su lado, lo abrazaría todo el tiempo. Sus ojos no se perderían más por la ventana. Tenía que fijarlos en aquellos otros ojos, en el mentón rasurado pero fresco, en las manos que ahora le acariciaban el pelo «te vine a ver, madre, ya estoy aquí» como las señoras vestidas de blanco que huelen bien «te traje unas margaritas» y que la peinan y le arreglan la cama de la que ya no tiene fuerzas para levantarse. Pero ella se levantará. Irá a buscar un florero para poner sus flores. «No, deja, madre, no te levantes, yo lo busco. ¿Las quieres cerca de la cama?» y luego hará que Delmira le prepare un café a Luis Arsenio, hijo; a su hijo, que ya llegó. Él ha venido a sacarla de aquella cama para siempre, porque necesita que le sirvan el almuerzo y le saquen filo a su pantalón y le preparen los libros. Ahora recuerda. El niño ha llegado de la escuela y ella tiene que levantarse de aquella cama, no vaya a ser que note algo raro, que se dé cuenta de que ya no tiene fuerzas, se marchita, tiene algo roto por dentro sin remedio. «¿Dónde está Delmira? Que te traiga un café.» Cristina se aúpa en la cama. Unas gotas humedecen sus ojos «no madre, no se apure, ya tomé». Su hijo ya tomó café y llora al verla. Es porque la ama. Es porque no puede vivir sin ella. Es porque ya nunca la va a dejar en soledad.

—¿Estás seguro que ya tomaste? Si no, ahora mismo me levanto y te preparo. Qué lindas flores me trajiste. Son mis favoritas.

—Tus favoritas son las rosas blancas.

—Sí, las rosas blancas, qué hermosas están. ¿Por qué no te tomas un café? Debes de tener hambre.

Tuvo que pedirle a las enfermeras que le trajeran una taza para evitar que doña Cristina se levantara de la cama. Lo hizo por miedo a que se le fuera a desgranar entre las manos. Tan sólo había estado tres años fuera. Cuando vio a su padre pensó que habían pasado diez. Pero ahora, frente a su madre, tuvo la certeza de que pasó toda una vida. Luis Arsenio podía cercar las dos muñecas de su madre entre sus dedos. Acariciaba un pelo canoso, de un color castaño que hace tiempo había dejado de serlo. La bata de dormir le colgaba de los hombros descarnados, que se le hundían en el pecho y amenazaban con romperse al ritmo de la respiración. Había arrugas, pero la cara seguía siendo, sin embargo, la misma. Nívea, tersa, como de imagen de nicho de iglesia. Eso era lo terrible. Que aquella cara de mujer arrobada siguiera allí, enmarcada por un cuerpo marchito que la estaba traicionado. ¿Qué le había ocurrido al tiempo? ¿Cómo su madre permitió que la devorara así? Llegaron las enfermeras con el café. Luis Arsenio se tragó el brebaje a grandes sorbos. Quiso que le quemara por dentro para ayudarse a bajar los reclamos sordos que tenía atravesados en la garganta.

Pasó la tarde entera con su madre. Se tomó otra taza de café y un vaso de agua. Le leyó pasajes de una Biblia que le habían dejado unas monjitas en el cajón de la recámara del hospital. Salió dos veces al pasillo a tomar aire y una de las veces bajó hasta el recibidor mientras su madre dormía una pequeña siesta que le atajó cuando Arsenio leía las Bienaventuranzas. Allí abajo, sentado en los bancos del vestíbulo del hospital, le dieron unas ganas enormes de fumar. Un Tiparillo, un Pall Mall, cien cajas enteras de Lucky Strike. Tuvo que conformarse con un enrolado local que un visitante le ofreció cuando se acercó a pedirle. El humo le serenó el respiro. Subió de nuevo por las escaleras hasta el cuarto de su madre. Quería estar allí cuando se levantara. Temía la crisis que le pudiera sobrevenir al ver a su hijo ausente una vez más.

La hora de visitas llegó a su fin. Para su sorpresa, «Dios te bendiga, hijo», Cristina se despidió serenamente, como si Luis Arsenio se fuera a dormir al cuarto contiguo. Ya atardecía cuando abandonó el Hospital de Damas. Le dieron ganas de no tener que volver jamás, pero sabía que regresaría al día siguiente. Quería aprovechar el tiempo de estar con su madre mientras le durara el coraje. Porque sabía que le iba a faltar. Dentro le latía el presentimiento. Un día, Luis Arsenio se vestiría, bajaría parsimoniosamente su maleta por las escaleras de su casa. Se la daría al cochero. Subiría luego a tomarse un jugo, a comerse un poco de pan. Entonces «a los puertos» se iría sin despedirse acaso de su padre. Todos lo creerían en el hospital. Pero él estaría rumbo a la capital, con su pasaje bien guardado en el bolsillo de la chaqueta.

De regreso a la casa, tomaron la ruta que cruzaba la Gran Vía. Allí estaba el cine Fox Delicias, y los fruteros de la plaza y la farmacia Rangel. Era esquina conocida, por donde paseara tantas veces, con Esteban y Pedrito, o solo, buscando cómo agotar el tiempo lento que se arrestaba en cada espacio del pueblo. Luis Arsenio le pidió al chofer que lo dejara allí, en aquella esquina. Aquella lentitud. Quería tomar un poco de aire fresco. Quizás así se le soltara la presión que cargaba en el pecho, turbulencias con el tiempo que debía sobrellevar. Él era un hombre ya. Un hombre con mujer y a ley de recibirse de la universidad. «Maggie Carlisle.» Una brisa suave le acarició la espalda mientras caminaba bajo la sombra de los gomeros. Pelo en llamas, cara de alabastro. Ya no le pesaron tanto los talones contra el pavimento. Luis Arsenio decidió tomarse un refresco en la cafetería del Hotel Meliá. Quizás desde allí llamaría a los Ferráns. Sí, para saber nuevas de Esteban. Pasaría más tarde por su casa.

Entonces la vio. Piel de ajonjolí, dulce miel en el aire. El tiempo le jugaba otra mala pasada. Minerva cruzaba por la calle Isabel Segunda en dirección a la Perla. Sus caderas se habían agrandado, y sus senos. Pero era el mismo pelo crespo recogido en la nuca, del mismo color que su piel de abeja, y era la misma cintura contoneándose bajo el traje de algodón, entalladísimo arriba, ancho abajo, con una gran falda con la que jugueteaba el viento. Iba de verde «como tus ojos». Aquella visión le congeló el caminar. Seguirla, no. Saludarla, no. Ir a verla más tarde al Elizabeth's, jamás. Luis Arsenio tenía un plan concreto, inamovible. Maggie Carlisle era su meta. No podía dejar que nada, que nadie lo distrajera. Estaría en el pueblo unas semanas, visitaría a familiares, amistades, a la madre. Cenaría con el papá. Luis Arsenio giró en seco y caminó en amplias zancadas hasta la casa. Allí apertrechado esperaría a que pasara la tormenta que era Minerva. Que se la volviera a llevar el tiempo, que la volviera a convertir en un pasado distante, en una carretera rural y baldía del barrio de San Antón.

Esa noche cenó con su padre, a solas en la casa vacía. Ellos siempre habían sido tres: la madre, el licenciado, el hijo; pero ahora que no estaba Cristina parecía que faltaba una multitud. Sin embargo, había paz. Había, por ejemplo, un suave puente que se tendía entre don Fernando y Luis Arsenio, entre las manos que tomaban la sopa y el ritmo de las del hijo que tomaba su sopa también, acompasadamente. Una tenue conversación se desenvolvía entre los dos, «fue fuerte verla». Parecían dos extraños camaradas que se encontraban después de un largo viaje. «Al principio impresiona, pero después uno se acostumbra; no es tan mala la cosa.» No había mucho que decirse. El aire solitario que inundaba la sala acogía bien a los dos hombres Fornarís. Los confortaba. Eran, al fin, dos hombres hablando del destino, solucionando problemas, los dos parados sobre sus propios pies y sin la necesidad de ahogar al otro, de soltarle la consecuencia de sus vidas al otro, de esquivar. No hubo que hablar mucho, ni que encerrarse en ningún silencio de encono. Delmira les sirvió pollo a la cazuela, arroz y habichuelas con recao y calabaza. Tomaron vino. Ya se había revocado la Ley Seca.

—Esperemos que se ponga mejor.

—Va a tomar tiempo.

—Yo me tengo que ir…

—Por supuesto que te tienes que ir; ni pienses que voy a permitir que no termines el grado.

—¿Y madre?

—Eso es asunto mío. Yo la cuido hasta que Dios quiera. Pero cuéntame, ¿cómo te va en la universidad?

Pasaron al estudio, donde se tomaron una copa de cordial «de los que hacía Cristina». A Arsenio le dieron ganas de reír. También de llorar. Se tomó el trago en honor a la lenta destrucción que cabalgaba en los sabores a fruta y sintió que su padre se lo tomaba por razones semejantes. «Creo que me voy a especializar en ley militar.» Empezó a explicarle cómo se había hecho el favorito del profesor Allen y cómo en Juris Advocacy se manejaban casos criminales, pero también de cabotaje y ley internacional. Aquella disciplina le abriría las puertas del mundo. Podría viajar, tomar experiencia y después regresar a la práctica. «No creas que te voy a dejar solo». Reclamaría lo que era suyo. Se llevaría a Maggie a ver mundo antes de regresar como un príncipe con su princesa pálida y pelirroja, a ocupar puesto de prominencia en su clan. Pero esto último no se lo dijo al padre. No le habló de Maggie Carlisle. Para eso habría tiempo, después.

Don Fernando escuchaba las pocas palabras de su hijo, atento. De vez en cuando asentía, con una sonrisa complacida que se le dibujaba a ratos en la cara. «Tuve que vender una de las fincas de San Antón», le comentó al paso, «la enfermedad de tu madre cuesta». Pero por lo demás todo estaba bien con el bufete. Llegaban clientes nuevos. Los proyectos de construcción se multiplicaban y ahora habían abierto una fábrica de cemento cerca de las Canteras. Todos esos contratos le tocaban a él. Luis Arsenio recordó la conversación lejana en la sala de los Ferráns cuando llegó a la isla el tío Jaume. Quiso preguntar si el negocio era de aquella familia, pero decidió quedarse callado. Ya se le estaban cerrando los ojos.

—Tienes que estar rendido, hijo.

—A la verdad que sí.

—Anda a descansar, mañana seguimos hablando.

Luis Arsenio subió las escaleras en dirección a su cuarto. De repente creyó oír un ruido apagado que se escapaba de la cocina. Giró el semblante y se encontró con la silueta de su padre a oscuras, mirando ventana afuera, como siempre. ¿Qué estaría mirando? Quizás en esta visita tuviera el tiempo de preguntarle, de al fin saber qué era eso que vivía fuera de las paredes de la casa y que siempre lo reclamaba, dejándolo ausente puertas adentro, como si aquel no fuera el lugar que realmente le tocara. Tal vez había llegado el momento de saber. Pero hoy no. Hoy al fin acababa. Luis Arsenio empujó la puerta de su cuarto, y casi sin terminar de quitarse la camisa, se tiró en su cama de niño, seguro de conciliar un pesado sueño que lo ayudara a descansar.

Sin embargo, «mariposas amarillas revoloteando en el aire, una mano oscura que surge de los matorrales», el sueño lo traicionó. Otra vez caminaba perdido por los predios de la finca de San Antón, otra vez su madre (esta vez estaba seguro, ¿o era Maggie?) lo llamaba desde lejos, y él se perdía entre la maleza para encontrarse con esa mujer negra que lo empujaba contra las hierbas, que le agarraba firme entre las piernas y lo lamía, él muerto de gemidos y tendido en el suelo, brazos abiertos, cuerpo ardiendo en saliva, delicioso mareo envuelto en un tenue olor a calabazas que se le quedaba enredado en el cuerpo, otro humor. Minerva. La vio. La otra mujer era Minerva.

Se levantó sobresaltado. Caminó directo al baño a quitarse aquel recuerdo de la piel. Se bañó con saña y con vigor. También tuvo que enjuagar las sábanas contra el chorro de la ducha. Resultaba penoso. Él no era ya un niño para tener que escurrirse envuelto en penumbras hasta el baño a lavar las sábanas manchadas por un sueño. Pero no quedaba otra. No iba a llamar a Delmira, a Carmela, pasar por la vergüenza. Ya encontraría cómo bajar las sábanas mojadas hasta la trastienda donde guardaban las canastas de ropa sucia.

Justo después del desayuno, Esteban Ferráns apareció por la casa. Verlo fue un «mi hermano, felices los ojos. ¿Pero qué haces tú aquí?» y olvidar el mal rato de la noche anterior. «Harto de Maryland. Tomé los exámenes temprano y salí corriendo. Me dijeron las malas lenguas que andabas por el pueblo.» Luis Arsenio abrazó a Esteban, le pidió unos entremeses a Carmela y se sentó con él en la sala.

Lo encontró distinto. La cara, «¿has adelgazado?» se le veía más filosa. Tenía las cejas pobladas, el entrecejo marcado, aun en medio de chanzas y de risas, mostrando plena concentración. Pesaba más sobre la superficie de las cosas, sobre las sillas el piso del recibidor «qué va chico, las hamburguesas me tienen cebado». Una sombra de bigote le enmarcaba los labios. Tenía un dejo extraño, como de quien desconfía, «la farmacia no me gusta, creo que voy a cambiarme de concentración». A Esteban se le veía ahora un cálculo, una medición instantánea, como si siempre estuviera sacando cuentas.

—Negocios, Arsenio, eso es lo mío. Si fuera por mí, no iba más a la universidad. Me quedaba aquí, a cargo de las industrias de mi padre. Pero él insiste... Dice que el futuro es de los profesionales. Y a ti, ¿cómo te va?

—Bien, bien. Como que me está gustando la ley militar. Además, tengo una novia americana.

—¿En serio, varón?

Le contó de Maggie, «pelirroja, hermano» y la cara se le llenó de un rubor que era mezcla de timidez y arrogancia. Estaba nombrando sus intimidades, eso lo incomodaba, pero, por otra parte, al fin podía fanfarronear de su conquista con alguien de los suyos. «¿Y cómo se te pegó esa aparición?» Una puerta se abrió a sus espaldas. Entró

Maggie con sus amigas al Sam's Soda. Él la invitó al cine. Lo demás es historia. Agua bajo el puente. Le hacía bien compartir a Maggie con Esteban. Así acabaría de borrar a Minerva, al sueño, la mancha de su cuerpo traicionero. Mientras hablaba, Luis Arsenio observó cómo Esteban lo miraba sonriendo y pensó que no, que eran imaginaciones suyas. Esteban era su amigo de siempre, el muchacho ávido por entrar a la hombría a la usanza de los Ferráns, pero un buenazo por dentro. Allí estaban los dos de nuevo, contándose las aventuras, los pequeños ritos que constituyen esa compleja misión que es hacerse hombre a toda ultranza. Prevalecer.

—Pues yo no he tenido tanta suerte. Me la paso con un venezolano y con otro puertorriqueño de la facultad.

—No te apures, Esteban, que ahora, con ese inglés que ya dominas… las gringas caerán a tus pies. De seguro te traes una para acá al graduarte.

—En verdad, mi hermano, que mis planes son otros. El año que te fuiste me hice medio novio de Ángela Castañer, de los Castañer de Guayanilla.

—¿Los dueños de la importadora?

—Esos mismos.

—Ah bueno, pues enhorabuena. ¿Pero, la cosa va en serio? ¿Hay planes de boda?

—Para eso falta un siglo. Todavía me quedan años de «experimentación». Oye, y hablando de experimentos, ¿por qué no nos escapamos una noche al Elizabeth's? ¿Hasta cuándo te quedas?

El padre regresó aquella tarde con el plan de una visita a un cliente. Salieron rumbo al sector Playa, donde las amplias oficinas de los puertos tenían sus comisiones. Entró en Ferráns Hermanos, Cía. Cuerpos brillantes de sudor descargaban los vientres de los barcos. Palancas mecánicas transportaban fardos por los aires. «Ahora es más fácil recibir las mercancías», dijo, «pero todas nos llegan desde el Norte. Lo que no vienen son pasajeros. Negociantes. Ésos todos se los queda San Juan». Siguieron rumbo a la costa, Luis Arsenio intentaba prestar atención a la conversación familiar, «el domingo invitaremos a tus primos a la casa, para que los veas. Han crecido como hierba mala», sin embargo, lo único que le ocupaba la cabeza era cómo zafarse de la invitación al Elizabeth's.

La próxima semana se le fue en visitas a la madre, que se recuperaba de una infección de orina, en uno, dos almuerzos en el Meliá con Ernesto y los muchachos. «Pedrito se ha puesto inmenso de gordo.» Luis Arsenio inventaba excusas cada vez que Alejandro Villanúa y Esteban lo invitaban de parranda por la noche. «Caballero, que esa pelirroja te tiene sentado en el baúl.» Comentaba dolores de cabeza, uno que no se le despega desde por la tarde, cuando regresaba del hospital. Pasaba muchas horas también en el despacho del padre, disfrutando con don Fernando del silencio compartido entre papeles y libros de leyes; imaginándose su vida como abogado cuando regresara. Haría construir una oficina igual a la del padre, al lado. Allí atendería a los clientes mientras don Fernando tomaba los contratos más livianos, dejándole a él, brioso y joven letrado, los más gordos. Orgulloso, lo contemplaría desde lejos, viendo cómo al fin su hijo, digno espécimen de su estirpe, se apropiaba de su lugar en el mundo.

Su padre tenía razón; se había acostumbrado a los delirios de la madre, a sus manos descarnadas, su mirada perdida que se esforzaba en sostenerle las suyas. Ya se había incluso acostumbrado a la melancolía de extrañarla como era antes; ansiosa, descontrolada, pero viva. Se acercaba el tiempo de partidas. Cuatro días más y estaría de nuevo en Pennsylvania. Se iría pronto, de nuevo, ahora que tenía un padre al fin a quien sentir próximo y cómplice. Pero sabía que no tenía que quedarse para sentirlo cerca. Un nexo los enlazaba fuertemente. Era el dolor de perder a alguien juntos, quizás. Podía partir, tranquilo. Cuatro días y estaría de nuevo en los brazos de Maggie, tomando las últimas clases de su carrera, seguro de lo que debía hacer, de los pasos a tomar.

Esa tarde salió a caminar con Esteban por el pueblo. Y se decidió. Fue de improviso, un poco porque sí. Luis Arsenio, «sabes qué, hermano», respiró profundo y le dijo a su amigo «iría a darme un trago al Elizabeth's, por aquello de recordar». Caminaban bajo los capás y flamboyanes que flanqueaban los costados del Parque de Bombas. Rojo, negro, rojo, negro, rojo, el edificio se levantaba con cada plancha de madera pintada de colores de feria. Adentro dos carros bombas eran lustrados por manos diligentes. El corazón le latía sereno dentro del pecho. Iba a extrañar su pueblo, aquellas tardes de paseo, el tiempo enquistado en las esquinas del salitre que bañaba la plaza, la iglesia que dormía a la brisa de las alamedas. Lo iba a extrañar, claro, en Filadelfia.

Cayó la noche sobre La Alhambra. Luis Arsenio empezó a prepararse para ir con Esteban al Elizabeth's. Sabía que se encontraría con Minerva, pero ya no tenía diecisiete años. Su barba no era el amago de una hombría, sino su señal. No tenía nada que temer. A fin de cuentas, estaba casi listo para solicitar especialización en la Escuela de Derecho, cuando llegara le preguntaría al profesor Allen al respecto. Por eso, él, Luis Arsenio, se rasuró en la ducha, se vistió de punta en blanco y esperó a que Esteban pasara a recogerlo en el vestíbulo de su casa. Estaba acostumbrado al frío, podría irse más al norte a seguir estudiando. Eso complacería a los padres de Maggie, la decidiría a presentarlo en sociedad, y después cuando supieran quién era él y de qué contexto venía, no pondrían ningún reparo a la boda. Minerva fue un rito de pasaje antiguo, algo que siempre se le perdona a los señoritos de su estirpe apuesta, inclusive en Filadelfia. El Elizabeth's también. Un lugar perdonable, una válvula de escape para poder seguir asumiendo el peso de quien se es. Él era un Fornarís, distinto y distante al fin y al cabo de esa otra cosa que mantiene a su isla latiendo del lado de lo innombrable, de la rabia callada que la enquista en el tiempo, como esperando una venganza.

Al Elizabeth's le habían hecho una ampliación de cuartos en la parte trasera. Un pavimento de brea cubría la carretera de entrada hasta bien metido el monte. La iluminación también era mejor. Ya no dependía de un generador de manigueta. Dos faroles rococó que para nada pegaban con la fachada del puterío bañaban de luz los escalones de entrada, que ya no eran de tierra pisada ni de toscas piedras sacadas de las orillas del Portugués. El piso entero era de cemento. Se veía que Isabel había prosperado.

Adentro también había redecorado, pero el ambiente era el mismo. El Elizabeth's seguía siendo un quiosco grande con una inmensa barra. Risas, contoneos, laxitud. Esteban y Luis Arsenio, más un tal Benigno Castañer, primo de la novia de Esteban, buscaron una mesa. Isabel no estaba sentada en su trono de paja, pero la silla vacía estaba allí, en una esquina del bar, iluminada por una luz de techo. Mae Lin servía de cajera. Isabel seguía ausente. Habría ido a atender algún peje gordo.

—¿Cómo que peje gordo?

—Cada vez vienen más. Dicen que por aquí vieron los otros días al nuevo Representante a la Cámara por los liberales.

—¿Políticos en este antro?

—Bueno, nosotros estamos aquí. Que ellos también vengan no es nada del otro mundo.

Que vinieran ellos, por supuesto. Que vinieran músicos, se esperaba. Total, eran jornaleros con dinero ganado precisamente amenizando fiestas de esta calaña. Pero que vinieran políticos… En la veloz ciudad de Filadelfia eso nunca hubiera pasado ¿O sí? ¿Cuán distantes en su país quedaban un político de un jornalero? Lo que es más, ¿cuán distantes quedaban todos ellos, los músicos, los hacendados, los representantes, las madamas, el río y la maleza, el salitre y el lupanar? En esta isla pequeña donde todo se apiña, ¿cuál es la mayor distancia permisible entre todos sus compuestos? Luis Arsenio no lo sabía y ahora no se iba a poner a pensar. Sobre todo en esos momentos en que vio, jura que la vio bailando con un soldado en el centro de la pista, a Minerva.

Pidió un whisky en las rocas «ahora que es legal» mientras la contemplaba. Juró escuchar de repente una risa lejana y un aleteo de ropas. No se inmutó. Tomó otro sorbo de su trago y siguió mirando. Minerva bailaba de espaldas. El soldado le agarraba más abajo en la cintura, justo en el inicio de la curvatura hacia las nalgas. A Luis Arsenio se le calentó la sangre, el cuerpo se le llenó de cosquillas, de roces recordados entre muslos, en la punta de los dedos. Un vestido de satén arropaba a Minerva en cada paso de baile y le revelaba las carnes aún más duras que antes. Luis Arsenio aspiró profundo. Le pareció encontrar los remanentes de un tenue olor a calabazas entre las fragancias a perfume barato, humo y sudor. Sonrió. No había nada que temer. Podía incluso descalentarse la sangre; acostarse con alguien, con otra. No pasaría nada. Volvería en cuatro días adonde Maggie, después de darse ese permiso esperable.

Terminó de tomar su whisky de un aventón. En ese mismo instante, Minerva agarró al soldado del brazo y lo condujo a la nueva ala de cuartos posteriores. Luis Arsenio se levantó de su silla. Pudo ver la oferta entera de pupilas. Había una que tenía el pelo colorado, pero el color de piel de la mulata, quizás un poco más claro. Sí, más claro, lo iba constatando mientras se acercaba y dejaba atrás a Esteban y al primito hablando de cómo maximizar las ganancias de la importadora. Era más clara que Minerva, tenía el mismo pelo rojo de Maggie y unos ojos verdes como los de él, pecas en la piel, como las suyas; la sonrisa un poco chueca, un poco desfachatada la mujer, porque ya era una mujer, mucho mayor que Maggie y que Minerva juntas, como si las hubieran sumado. Todos los cuerpos recogidos en uno. La sacó a bailar «no te había visto por aquí, buen mozo». Le pasó las manos por la espalda y escondió su cara entre los pliegues del cuello. Olía a humo, a colonia agria. La mujer quiso montarle conversación, pero Arsenio pasó directo al lenguaje de los cuerpos. Una que otra miradita, una risita, un apretón de nalgas. «Parece que sabes lo que haces. Y lo que quieres. ¿Me vas a decir tu nombre?» Por toda respuesta, Luis Arsenio le metió la lengua en la boca a aquella otra mujer roja, pecosa, regalada. Se apretó contra ella para que lo sintiera duro contra las piernas. La seducción estaba completa. La mujer entendió seguido y preparó el camino para conducirlo al cuarto que le tocaba aquella noche. Ella iba delante, riendo. Luis Arsenio detrás. En esos precisos momentos, nalgas con vientre, muslos chocando, Arsenio sintió el peso de una mirada quemándole el perfil. Cerró los ojos por un instante; un aire le vació la cabeza. No tuvo que comprobar su sospecha. Aquella mirada era la de Isabel. Casi sintió el eco de una risa acoplándose detrás de él. Decidió combatir en vez de desfallecer. «Creo que sí te voy a decir mi nombre». Interrumpió el «no tienes por qué hacerlo» de La Roja con un rotundo y pronunciado «Arsenio, mi nombre es Luis Arsenio Fornarís». Se sintió de nuevo con los pies en la tierra.

Estuvo un largo rato con La Roja en el cuartucho, más de dos horas. Pagó generoso para que lo recordaran y bajó a reencontrarse con sus amigos con la camisa a medio abotonar y los cabellos revueltos. Casi le pasó rozando a Minerva por el lado, que hablaba con Mae Lin recostada de la barra. No se dignó a saludarla. ¿Para qué? Esteban bailaba con una muchacha y el primo Castañer no estaba por todo el panorama. Quizás en esos instantes bufaría encima de alguna, aliviándose como se había aliviado él en La Roja. Se sentó triunfante en su silla y pidió a la mesera otro whisky doble. Isabel misma se lo llevó a la mesa.

—¿De vuelta por estos lares, señorito?

No se dejaría coger de sorpresa. Esta vez no. Contestó a todas las preguntas que le hizo la madama mirándola a la cara; que estaba estudiando en Filadelfia; que había venido a visitar a su madre, ya más repuesta de una enfermedad. «Y ésta es, como quien dice, mi fiesta de despedida.» «¿Se va tan pronto?» «He estado aquí casi un mes.» Se lo dijo para que supiera que él era un hombre fuera de peligro, libre de sus radios de influencia. Se lo dijo desde la altura de su nombre y para demostrarle su peso.

Isabel lo miró también a los ojos. No se le despegó ni un segundo durante la conversación. Con una sonrisa vacía le deseó un buen viaje, un pronto restablecimiento a su madre y se fue a atender a otros clientes. El muchacho se estiró cuan largo en su silla y terminó de tomarse su trago. Benigno Castañer bajaba las escaleras del segundo piso y Esteban se acercaba a la mesa. Era hora de partir.

Irse fue más fácil que llegar. Del Elizabeth's, de la isla, de la costa. Cuestión de montarse en los vehículos adecuados, en el carro con chófer, en el barco con capitán, en el tren con conductor. Besar a su madre y sostenerle el pulso, abrazar a su padre y sonreírle en silencio, quedar con Esteban en irlo a visitar a Maryland o que él subiera a Filadelfia. Irse fue la cosa más fácil que había hecho en toda su vida. Pero regresar a Pennsylvania fue otro cantar.

Hizo buen tiempo hasta la ciudad. Ya en la estación del tren, le pagó a un negrito para que le cargara sus maletas hasta un taxi. Regresaba con más cosas que con las que había partido. Subió las maletas, los paquetes, por las escaleras de Fischer Hassenfield, tranquilo. Desempacó. Ni siquiera sintió la urgencia de salir corriendo a buscar a Maggie. Venía con otro peso. Así que salió silbando una tonadilla por Pine hasta la 40, hasta llegar al Soda Shop. Quería una malteada de chocolate. En ningún lado hacen malteadas como en Sam's. Por más que se la pidió con especificaciones al mozo del Meliá, jamás pudo reproducirla. Espesa, espumosa, dulce como un beso. Pediría una grande. Se sentaría en una de las mesas con vista a la calle. Saludaría a los concurrentes, ojalá estuviera Stevie, el de ley comercial. Pero entonces pasó lo que jamás debió pasar, lo que nunca estuvo previsto que pasara. Pasó Maggie de la mano de otro chico justo al frente de sus ojos, por la acera del Sam's. Pasó y lo miró como si fuera un extraño. Siguió calle abajo, de la mano de aquel otro muchacho alto, rubio, distinguido. Un aire resuelto los envolvía a los dos, mientras se alejaban con paso firme por la acera. Parecía que iban a un lugar fijo, específico. Atrás quedó Luis Arsenio agarrado a su malteada, mientras los veía desaparecer por la esquina de Spruce, con sus ojos a la deriva.

La esperó en la esquina de Schuyller Hall, y ella caminaba cabizbaja. Por una fracción de segundo le pareció reconocerla, pasos ondulantes, rostro reconcentrado en el entrecejo, pecho sobre el cual cruzaba los brazos para sujetar un libro de educación. Aquella muchacha se parecía a la Maggie suya, a la chica pelirroja que alguna noche lo miró enfebrecida de entre las sábanas de su cama desecha en el cuartito de Fischer Hassenfield. Maggie desaceleró el paso al sentirlo llamándola a sus espaldas. Bajó aún más la cabeza, aquella hermosa cabeza pelirroja. Luis Arsenio «fue todo un malentendido», pensó, «hablará y todo quedará resuelto, como antes». Pero cuando la subió nuevamente, Maggie le mostró una cara de cartón de expresión maleable y vacía. Afuera lloviznaba contra las ventanas de vidrio del pasillo. ¿Qué fuerza actuaba tan certera para lograr tantos destrozos en tan poco tiempo?

—¿Cuándo me lo ibas a decir?

—¿Qué, Louie?

—Lo de tu nuevo amor…

—Pasó tan de sorpresa. Nos conocimos en un pasadía que organizó mi tío James en el lago. No tenía dónde escribirte; como estabas por allá por tu isla…

—Pudiste haber esperado.

—Los sentimientos no esperan, Louie. Además, ¿tú nunca pensaste que nosotros éramos una pareja de verdad, no?

El tiempo se viró sobre sí mismo. La cabeza de Luis Arsenio empezó a zumbar. Hubiera sido mejor quedarse callado; no preguntar nada. Por todo el pasillo retumbaban las palabras de Maggie Carlisle, huecas, como su cara.

—Entonces todo lo que pasó fue invento mío.

—Louie… Yo no sé cómo se hace en tu país, pero aquí las cosas no son tan serias de entrada. Una mujer no pertenece a un hombre tan sólo porque se deja besar por él.

—Tú me devolviste cada beso…

—Y eso no significa nada. Además, ¿cómo iba yo a presentarte a mi familia? Hola, éste es Louie Forneress from some island. No conozco a sus padres. No sé si tiene medios para sostenerme. Nos queremos casar y vivir en la selva, en un árbol junto a los monos. No es tan alto como Johnny Weissmuller, pero… «Me, Jane; tú, Tarzán».

—Tú no sabes quién soy yo. Mi padre es abogado. Mi abuelo es dueño de la mitad de un pueblo. No quisiste conocerlo.

—Y ahora menos. Mira, Louie, lo que importa es que estoy enamorada de otro. Mientras más rápido lo aceptes, mejor.

La vio perderse camino a las aulas de educación y no quiso saber más de ella. El tiempo se desgarró en Schuyler Hall. Esa tarde no fue a clase. Ni la próxima, ni después. La vergüenza no lo dejaba salir. La tristeza no, la vergüenza.

6

Aquel dolor y nada entre las manos. Aquel ardor por dentro si tosía, si suspiraba demasiado profundo. Ella que se creyó con camino libre y potestad. Una mujer con un plan. Ahora estaba tendida en una cama de hospital con un costurón en el vientre. Y sin nada que valiera la pena entre las manos.

Pero tenía la tierra. Y tener lo que debía tener entre las manos le iba a pesar demasiado para hacer lo que debía hacer. Leonor le vino con el cuento. «Se va a casar, Isabel. Don Antón le cose el traje a la novia.» Ella logró pensar en medio del desastre «Nadie me volverá a tocar». No se refería al cuerpo, sino a esa otra cosa densa que era Isabel por dentro. Nadie le volvería a poner el dedo encima a esa Isabel. Eso fue lo que quiso decir.

Arabescos en puntadas de Richelieu, aplicaciones flórales en seda adornadas con cuentas de madreperla, todas haciéndole vivo a la cola del traje, que se extendía metro y medio más allá de las faldas nupciales para imponer su galantería en el desfile por la nave de la iglesia por donde desfilaría la novia. «En lo que esta gente bota el dinero, cómo están las cosas», pensaba. Pero mejor para ella. Aquella boda no podía ser más oportuna. Le daba la oportunidad de ganarse unos buenos cuartos sin tener que desgastarse tanto. Ya casi terminaba el traje cuando Leonor entró a la casa mordiéndose los labios.

—¿Qué pasó, a don Antón no le gustaron los vivos?

—No Isabel, no es eso.

—Menos mal, porque ya no me quedan dedos para seguir bordando. ¿Cuándo nos va a pagar?

—Espérate mujer, que te tengo que decir algo.

La ficha decisiva cayó en su lugar. Leonor mascaba las palabras, «yo al principio como que no caía en cuenta», pero se lo dijo, «porque en el taller lo que se mentaba era el nombre de la novia…». Fernando Fornarís se casaba. La prometida se llamaba Cristina Rangel. El licenciado Fornarís, hijo, la acompañó aquella tarde y de paso aprovechó para ordenar unas alteraciones al frac que utilizaría para la ocasión. «Ése es el novio», comentó una de las muchachas del taller. Leonor se lo dijo. La cabeza de Isabel se le llenó de viento. Había estado cosiendo el traje de bodas para la futura señora Fornarís. Lujo y mortaja. Allí acababa la cosa tierna entre los cuerpos, el sudario de las tardecitas en el piso del hombre que la exploró por dentro con los ojos verdes. Y allí estaba, bordando un lujo para otra, de paso cargando con el hijo del prometido. Leonor le vigilaba el semblante. Isabel se vio reflejada en el ceño de su amiga, se quiso desboronar. Pero una mujer dura la habitó por dentro; fue a su rescate.

El Hospital Municipal es un catálogo de podredumbres. En las camas de al lado hay un sinfín de putas enfermas, una con incontinencia que se mea encima de tan sólo respirar. El olor a orín y a alcohol se mezcla con el de la sangre, con el de los venenos que les ponen en las costras a las putas para desinfectarlas, yodo, coagulación, sudores. Isabel se palpa el vientre. En esos mismos momentos Fernando Fornarís se está casando. Y ella acaba de escapársele a la muerte y de parirle un hijo. ¿Vivo? No lo quiere saber. Tan sólo quiere enfocarse en el precio que le costó sobrevivir a esto. Y en la tierra que la espera para el próximo paso de su plan.

Pero entonces le dan ganas de vomitar…

Al principio no sintió nada. Estaba limpiando los azulejos de la cocina, que bajaban desde la mitad de la pared hasta el piso. Las esquinas estaban renegridas de hollín. «Esa cocinera es más…» pensaba, «salpicando grasa por todas partes y después una tiene que restregar hasta que se le quiebren los dedos». No hizo más que mirar para engañotarse, comprobar que no había nadie detrás de ella, cuando distinguió su silueta contra el dintel de la cocina. Estaba allí parado, mirándola. Isabel se hizo la loca. Se arremangó más las faldas y dejó ver su piel mojada por el agua de jabón, las espumas corriéndole por las pantorrillas, haciendo refulgir ese tinte azul que se le escondía justo debajo de la carne, como el brillo salvaje que refulge sobre el mar, pero que viene de más abajo. El licenciado cayó fulminado contra su propia visión. Ella, serena como un ave suspendida en medio de su vuelo, planeaba a su aire. Era un juego, el mismo que jugara en casa de los Tous, el que a veces jugó con el soldado Llowell. Pero ahora lo dominaba con una táctica más añeja. Fue largo el tiempo que sintió aquella mirada sobre la carne. No se inmutó. Siguió en lo suyo hasta que el licenciado se apartó de la puerta, derrotado. «Tranquila, Isabel» se dijo, y entonces supo que estaba a la caza del joven licenciado. Sonrió ante la revelación. Aún no sabía para qué quería seducirlo. Qué podría sacar de aquel componte. Por el momento, le bastaba con medir su juego, es decir, su habilidad.

Echó un cubetazo y luego otro de agua fresca sobre los azulejos recién restregados y fue a buscar un estropajo para secar el piso. En el pasillo se topó de nuevo con el señorito que, cuando la vio erguida, no puso sostenerle la mirada.

Ella ni intentó bajar los párpados, se los clavó fijos en el rostro. La cara del licenciado enrojeció al instante. «Estos amitos, siempre lo mismo.» Isabel siguió pasillo abajo descalza, húmeda, pisando firme. A los pocos segundos sintió que la puerta se cerraba. El licenciado había huido.

Fregó algunos vasos sucios, acomodó el planchado en los armarios de la habitación, en el baúl de la ropa de cama, arregló el salón. Luego se sentó tranquila a acomodarse el pelo y a ponerse los zapatos, lista para partir. Sobre el buró de la sala, un papelito bailaba a ras de la brisa. Enrollados en la nota estaban el importe del mes por la limpieza más dos dólares extra. «Gracias», decía la nota. Firmaba «Fernando», sin apellidos ni títulos. Fernando a secas. Isabel se guardó los billetes en el sostén y salió del piso asegurándose de cerrar bien la puerta detrás de ella. El juego le pareció divertido y, lo mejor, traía premio.

Ya pasaban las arcadas y desaparecía la náusea. Isabel se seca el sudor de la frente, del cuello, del escote. Por poco se desvanece en humores. «Son los efectos de la anestesia», le advierte la enfermera de turno. «Estuviste cerquitita de enliarlas. ¿Tú no sabías que tenías la matriz invertida?» Eso lo explica todo, piensa Isabel. Ahora sabe por qué con los hombres todo le sale al revés. ¿Y qué otra cosa le queda a una mujer con la matriz patas p'arriba?

Aún le recorre la boca el sabor de la bilis. Pronto llegará Leonor, presiente. Llantitos como de gato. «Lo que quiero es que se lo lleven de aquí. Llévenselo al padre.» Debe extirpárselo del pecho o si no esperar nuevamente a que la vida le haga el favor de invertirla por dentro. Morirse sería un alivio, un lujo que presiente no le va a tocar en buen tiempo. Y vivir con la prueba de su trampa es demasiado para ella ahora, ahora que sabe lo que tiene que hacer.

Convertirse por fin en lo que su matriz le dicta, en Isabel «La Negra» Luberza.

Leonor pasó por el hospital a visitarla, como presentía. «Aquí te mandan las muchachas un caldo de paloma.» Isabel volvió a sentir arcadas. Apartó la vista. «Pues tómate este té de naranjo para los nervios. Te lo mezclé con anamú para fortalecerte las madres.»

—¿Tú sabes de lo que me acabo de enterar? Que tengo la matriz invertida.

—¿Mija, la matriz nada más?

Rieron un poco, Isabel sosteniéndose el cosido del vientre. Leonor le contó cosas sueltas. «La casa va bien, pero Carmiña, mujer, ésa siempre se atrasa con los pagos. La vamos a tener que botar.» En medio de la conversación, a Isabel le pareció oír de nuevo aquel llantito, como de gato. El corazón se le encabritó dentro del pecho. Miró a Leonor con el alma partida, los ojos llenos de un terror que no se podía explicar. Leonor la tomó de la mano. «Cálmate, Chabela, ya se lo llevaron.» No quiso saber para dónde. «El padre lo vino a buscar.» «Que no me vea, Leonor, no dejes que me vea.» Cada paso en el pasillo del hospital retumbaba en ecos infinitos, anunciando la llegada del licenciado contra las paredes que le tendían encerronas. Sudor en la frente, en el cuello, en el pecho. Leonor comenzó lentamente a pasarle la mano por la frente. «Respira, que te estás ahogando en tu propio aire. Vamos, respira…» Morirse habría sido un alivio. Pero está viva. Tiene que seguir viviendo.

Siempre seguir viviendo, aun en aquellos tiempos. Por todos lados despidos, negocios cerrados, gente sin nada que hacer. Ese viernes cruzaba Las Delicias para acercarse al puesto del sargento Peña en el mercado de la Gran Vía. Se topó con don Antón: «El mundo se acaba, muchacha. No tengo casi quien se mande a hacer vestidos; te digo, es un desastre mayor, mi niña, desastre de muy mal gusto...». Huelgas por todos lados. «¿Y qué gente de bien tiene tiempo para pensar en lujos en medio de tanta huelga? Mira en lo que pierden el tiempo estos pelados. Hasta en la plaza, a viva luz, se atreven a confabular». Isabel miró hacia donde don Antón alzaba su bracito siniestro. Trepado en un banco de Las Delicias y rodeado de correcostas y despedidos se alzaba iracundo el perfil de Demetrio Sterling.

«... Porque nos roban nuestro sudor y nos mantienen viviendo de migajas; porque nos mantiene en la ignorancia para ocultarnos que existen países donde el pueblo, los trabajadores son libres y soberanos...» Aquel furor de voz se oía por toda la Alameda. Pero mientras Demetrio Sterling tronaba contra los «opresores, que se soban las panzas mientras nosotros nos morimos de hambre», Isabel le adivinaba otra cosa en el semblante. Sus compinches no daban abasto, vendiendo entre la muchedumbre *Unión Obrera, El Jacho, El Águila* y otros periódicos que apoyaban a la Federación. Y don Antón, «Yo no sé qué tanto grita ése, si de trabajador no tiene ni un pelo. Nadie lo quiere emplear». Así que eran ciertos los rumores. El negro Sterling ahora todo lo que hacía era sindicalizar. Por eso estaba tan flaco y a la vez tan envuelto en un furor temible, como un poseso. Demetrio se paraba en aquella tarima improvisada. Se dirigía a cientos de personas y ella sabía que detrás de sus reclamos se alimentaba otra necesidad. Allí arriba, en el púlpito de las reuniones de la Federación, Demetrio Sterling tenía un lugar seguro donde llamarse como se llamaba, desde el cual mirar a cualquiera cara a cara con aquella mirada sanguinaria de ángel vengador.

Isabel cruzó la Gran Vía hacia la Cruz. En la esquina de la intersección con la calle de la Torre el sargento Peña caminaba despacio, mirando hacia donde Demetrio y el mitin de la Federación. Vigilaba cada movimiento del obrero, pero a la sombra, para no empachar de sudor su uniforme de dril. «Toma, para que te mandes a hacer otro», le dijo Isabel al acercarse, poniéndole el importe de dos pesos en la mano.

—Completo más ñapa. Parece que el negocio va bien.

Le iba bien, contrario a lo que ella esperaba. En lo que iba de año habían cerrado siete talleres de cigarros y la central Merceditas redujo la porción de tierras sembradas después de la última huelga de la Federación. Sus administradores no querían correr la suerte de hace par de años, en que perdieron cuatro mil toneladas de azúcar por la venganza hecha fuego de hectáreas de caña. Pueblo Chiquito, Canteras, los barrios obreros eran un polvorín a punto de explotar. Cuando los carreteros, o los estibadores, o los tabacaleros no estaban en los piquetes de huelga, buscaban dónde escapar, aunque fuera al fondo de una botella. Ella proporcionaba la ruta de embarque. Sí, le iba bien con el pitorro, pero no se lo iba a admitir al guardia.

—Si te incluí un alguito extra es para mantenerte contento.

—Pues déjame devolverte el favor. Te vaticino que esta noche habrá tormenta. Guárdate bien, para que no te lleven enredada. Otra vez recogido de fulanas. Tienen la plaza atestada.

Isabel contempló Las Delicias. Al fondo se empezaba a desbandar la multitud que se quedó para oír el discurso de don Demetrio. Pero la vida seguía, los comercios seguían. No se paraba de trabajar. Carretas y carromatos desempacaban mercancías en los almacenes. Algunos empleados ayudaban a meter cajas adentro, quién sabe por cuántos centavos. Mientras tanto, en las esquinas, miradas ojerosas esperaban con ansia que alguien las llamara para desempeñar cualquier trabajo: barrer la acera, limpiar las baldosas de entrada, desempacar en las estanterías. La calle estaba llena de correcostas. La mayoría eran mujeres, muchachitas recién bajadas de los campos que buscaban emplearse en cualquier cosa. Cuando no tenían otro remedio, se vendían ellas mismas por algunos centavos. A Isabel le recordaban a ella, o lo que pudo haber sido de ella sin el pitorro y sin los dineros extra que se ganaba con el licenciado. Isabel sabía que aquéllas trabajarían hasta por comida, se vendería a los dueños de tienda por una esquina seca donde dormir. Que aunque tuvieran el estómago vacío, la irían a buscar por referencia para comprarle un traguito de ron. Ganas tenía a dárselos de gratis. «Tú estás loca, mujer, ¿y nosotras qué?», le recordaba Leonor. «Ponte dura, Isabel», pero no lo lograba. No del todo.

—Déjenlas tranquilas, si están buscado qué comer.

—Dile eso a las Damas Cívicas y a las Siervas de María. No quieren que las confundan.

—Claro, como ellas se acuestan con el estómago caliente.

—Cliente fijo, Isabel, lo que tienen es cliente fijo y cautivo. Se llama marido.

—Voy a ver si me consigo uno de ésos, para no tener que trabajar tanto. Nos vemos, Peña, sigue por la sombrita.

Isabel cambió de curso. Ya había hecho el pago del día. Ahora se encaminaba a casa del licenciado Fornarís.

La limpieza del piso del licenciado se le había hecho un pretexto vacío. Isabel lo visitaba tan sólo para tenerlo encima. Y él le pasaba su dinero. «Para ayudarla con sus gastos», bromeaba. Sobre el buró de la sala dejaba algunos billetes con una notita que firmaba «Fernando», a secas. A Isabel le molestaba el arreglo, ¿pero cómo atajarlo? Era la carne que ardía y a la que respondía para poder hacer sus otros menesteres, atender su negocio de pitorro, darle su mesada a los celadores y a los guardias de la municipal, ir a San Antón en busca de suplidores más baratos. Fernando Fornarís la ayudaba a dormir mejor, a que ella no se sintiera sola entre tanto desvarío.

Dobló por la calle Torre y recorrió el trayecto hasta el piso del licenciado. Hacía un solecito como el del día en que empezó todo aquello. Traje azul claro en lino con la cintura de mangas hasta el antebrazo, y cinturón de hebilla ancha sobre la mismísima cintura, con cuidado, por la sombrita, para no dañarlo con el sudor. Él le abrió la puerta en mangas de camisa. Quería que la viera en sus mejores galas y por eso tardó en cambiarse. Cruzó varias veces el despacho, haciendo que hacía, vestida de calle. Ni sabe por qué quería que quedara claro. Ella no era ninguna arrastrada de hambre. Era una mujer de medios; que trabajaba, tenía un plan. Ni sabe por qué quiso mostrarle al licenciado a aquella, su mujer secreta. Pero se la mostró por un segundo y después se cambió de ropa. Salió descalza del baño con una simple falda de algodón y un pañuelo en la cabeza. Buscó los cubos, los llenó de agua, buscó el cepillo y el jabón de labaza. Tiró agua de espumas por todo el piso y se puso a restregar, sobre sus manos y pantorrillas, con la falda hecha un ovillo entre las piernas. El licenciado se paró contra en el dintel de la puerta. Esta vez estaba mudo, reconcentrado. Isabel tuvo el impulso de devolverle esa mirada, «ésa tan sólo» y volteó. Lo miró fijo a los ojos con los suyos de almendra profunda. Desde lo más hondo de su cuerpo lo miró. El licenciado cruzó el piso de la cocina como quien cruza un mar a toda vela. Isabel se volteó completa, sobre sus propias espaldas. Y entonces no supo más que entregarse al peso de un cuerpo tibio sobre su cuerpo. Abrió la boca, se abrió completa. La espuma le resbalaba por la espalda.

Se lo dijo tan pronto fue a atender la puerta. «Mire, licenciado, esto no puede seguir así.» Pero él, «¿Seguir cómo?» ya le echaba las manos por la cintura. «O me deja limpiarle el piso o no vuelvo más.» «Haz lo que quieras, Isabel», sus labios se le posaban como pétalos en el cuello, sus labios la humedecían, mariposas en la barriga eran sus dedos. Y ella «déjeme cambiarme, buscar el cubo». «Sí», sin resistirse le murmuraba, cerquita del oído. Ya caía enredada entre sus manos. «Espérese, no me deja pensar.» «No hace falta.» Sí que hace. Hace falta que se desenrede de aquellos brazos, que emerja de los labios que la anegan de cosas húmedas y de necesidad. ¿Cuál era el nombre de su necesidad?

Ahora, que no la viera, que sus pasos nunca más se toparan sobre el mundo. Leonor se acomodó a un lado en su cama de hospital. «Mira, Isabel, no tiene que ser ahora, pero él me dijo que si tú lo recibías, te lo explicaría todo. No tiene que ser ahora, cuando estés más mejorcita…» Leonor no acababa de entender. Aquel hombre no podía volvérsele a acercar. Poseía algo, Isabel no sabe el nombre, que le chupaba entera la voluntad. Ahora iba a necesitarla completa. «¿Es cierto que están llegando soldados nuevos?», cambió el tema. Su amiga frunció el ceño. ¿Qué eran aquellas preguntas en el lecho de una mujer que estuvo al borde mismo de la muerte, que acaba de renunciar a un hijo? ¿Se estaría quebrando al fin en cantos? Pero Isabel insistía ya más dentro de su órbita. «¿Son muchos los soldados que están llegando?»

—Un fracatán. Por precaución, dicen, como hay guerra en Europa. Dicen que hasta submarinos andan rondando por estas aguas, buscando un tesoro que escondieron los franceses en las islas de ellos de por acá, que puede haber un desembarco de alemanes en cualquier momento. Pero a mí me está que son habladurías. ¿Qué van a venir a buscar alemanes a este pueblo?

—Pero los americanos siguen mandando soldados.

—Eso sí.

—Y esos soldados, en algún momento querrán salir del fuerte. Darse su vueltita por ahí, beberse algo…

Ya le empezaba a seguir el hilo a la conversación. Leonor mira a Isabel de reojo. ¿Cómo podía su amiga pasar tan fácil de verse tan rota a esa dureza de granito con que ahora discurría?

—Isabel, acaba y escupe, ¿qué te andas tramando?

Las palabras le salían calmadas de la garganta, como si no fuera ella quien las dijera. Una a una se redondeaban en la boca de Isabel, que encontraba sin esfuerzos los nombres de todo. Ahora que regresaba del límite, ahora que no se había muerto, podía decir que ella, Isabel Luberza Oppenheimer, poseía poco menos de tres cuerdas a orillas del río Portugués. «Me las regaló el licenciado.» En la sala del hospital municipal, le fue explicando a Leonor. «Llegó un buen día, sin más, con unas escrituras bajo el brazo. Yo no sé si fue porque notó la barriga. Pero me los dio, Leonor. Dile que no venga más por aquí. Dile que conmigo tiene las cuentas saldas.» Y enmudeció. Sus dedos recorrían el costurón de su vientre. Otra vez la vencía un mareo. Otra vez se sentía desvanecer contra el colchón de su cama, como aquel día en que Fernando se tomó un buen sorbo de café, mirándola, y luego otro sonreído, con ganas de bebérsela a ella. El licenciado se le metió entre las piernas y luego subió hasta tenerla bien afincada bajo su peso, que dejó caer entero sobre la carne maciza de la hembra.

Después de la carne el licenciado salió corriendo. Isabel se vistió para irse. Sobre el buró de la sala yacía el título de propiedad de aquellas tierras y una notita firmada «Fernando». La Negra extendió la mano, tomó el título, recorriéndolo con los dedos. «Isabel Luberza Oppenheimer» leía; «propietaria hasta el lindero que colinda por un lado con las fincas de la familia Fornarís…», estipulaba. Ahora era dueña de una propiedad. Tomó el papel que decía su nombre y lo guardó entre sus cosas. Isabel se cambió de ropa, se arregló el pelo. Bajó las escaleras del piso del licenciado, asegurándose de que las puertas quedaran bien cerradas. Nada le comentaría a Leonor del título. Ni consigo misma mediría el peso de aquello entre las manos. Iba a seguir viviendo como siempre, limpiando aquel piso, vendiendo su pitorro, dándole su mordida a los municipales. Guardaría todo el dinero que pudiera. Iba a ser poco, pero gota a gota se llena la garrafa y quién sabe. Propietaria. De allí a cien años, pero de seguro tendría un techo propio algún día, un techo al cual reclamar. Ya nadie le podría arrebatar aquella opción. Primero la tendrían que matar.

Se acercaba el fin de la hora de visitas. Un interno vino a hacer la ronda, a tomarle la temperatura, prescribir penicilinas. «Como tuvimos que sacrificar trompas, ovarios, no queremos que la coja una infección.» Soy un saco vacío, sin madres; soy un saco leve y vacío, pensó Isabel. Voluntad vencida y algo que la endurecía por dentro. Aquellas dos fuerzas la iban a rajar en dos mitades. Pero la otra mujer que la habitaba tomó la palabra.

«No le comentes detalles a nadie. Vete a San Antón y procura por Demetrio para que te encuentre un maestro de obras», le dijo a Leonor. «Asegúrate de que cobren barato. Lo que yo quiero es una construcción sencilla, algo así como un ranchón. Que no se vea para nada ostentoso por fuera, es más, que no llame la atención. Dile que te encuentre carpinteros de entre la Federación. Que tan pronto yo salga de aquí, nos sentamos para ultimar el trato. Vamos a abrir un salón de baile y nos vamos a hacer de dinero, Leonor. De mucho dinero. Esto de vivir como hasta ahora por fin se acabó.»

SOLITARIA

Pobrecitas las tres pobrecitas que querían bajar al pueblo. Hablan de una tal Isabel, riquísima decían, como pude haber sido yo si no fuera por este santuario. Debe de ser la misma. Pude haber sido yo, pero el Nene. ¿Tú, vieja bruta?, tú siempre estarás más pelada que la rodilla de un chivo. Nunca tendrás nada que llamar tuyo, más que al piso de mi santuario. Eso es lo que tú dices, Virgen de Mierda. Ella tiene más gloria y más poder. Ella pude haber sido yo, con un manto más rico que el tuyo. Se viste de seda, es prieta como un tizón, como usted, doña Montse, sisisisí, abajo perdición, como la mismísima Virgen, pero se viste como una estrella de revista. Tiene una casa allá abajo en la costa, un santuario.

Pobrecitas las tres. Del Tres Marías, que ya parece un establo viejo de caballos. Se le cae el techo, entra agua por las tablas del ranchón. Las pobres niñas tienen que hacerlo entre los nidos de polilla. Me ven, las ven. Como las perras que son. Qué sabes tú, Montserrate, si a ti el único con güevos que se te ha acercado es el toro que le espantaste al ganadero. ¿Dios tendrá güevos? ¡Vieja blasfema! Pues deja a las muchachitas quietas. Pobrecitas las tres. Nos vamos a la bajura, dicen. Nos vamos con La Negra. Y no es contigo, Montserrate, que a ti ya no te vienen a ver ni los peregrinos. Nos vamos al Elizabeth's; yo sonrío. Ellas no saben que yo sé de quién hablan. Se me apareció un día, cuando estaba con el Nene en el pueblo por la infección. Pobrecitas, ellas quieren bajar. Tengo ganas de irme con ellas.

—Se mandó a hacer una mansión, y tiene chofer y todo.
—Yo la conozco.
—Qué va a conocer usted, doña Montse, si se pasa la vida metida en esa gruta.
—No me crean tan santa.

Se lo dije. Yo la vi una vez. Pero no me creyeron.

El Nene tiene cuatro años «No se preocupe, señor, al niño no le pasa nada», y al licenciado no se le ocurre más que creer a las Arpías. Ni tan siquiera bajó. Me preguntó, «Tengo, doña Montse, ropitas para Roberto. Otra camisita blanca, un gorrito tejido». El Nene ardiendo en fiebre y él le trae un traje de marinerito. «Montse, no vaya a molestar al licenciado. No le digas que el Nene está enfermo, si, total, eso con hierbabruja se le sana.» Y yo, maldita, arrastrada, puerca que me quedo muda, el licenciado se va, me quedo muda, qué médico vamos a llamar a la medianoche. ¿Te acuerdas, Montse? Eso fue hace tiempo. Qué va a ser, hace meses, cuando las lluvias, y yo Virgen Purísima ampáranos, Patrona del Cielo protégenos, compresas de hielo y que al Nene se lo coman las hormigas. Sisisisí, Montse, Montse, ahora qué dirá el licenciado. Dejó mojarse a Robertito, dejó que cogiera la fresca. Y el Nene, Madrina, su manita enrojecida en mi mano, su cabeza enfebrecida en mi regazo, Virgen Negra de las arpías, quieren que tú mueras, pero yo no lo permitiré.

Cuatro días en los Reinos de la Bajura escondida en el revés de mi nombre.

Yo con mi niño enfebrecido en el regazo. Como usted se llama negra, Montserrate. Pero el niño me recordó, así usted no se llama, y se lo dije al camionero, se lo dije. María de la Candelaria Fresnet, y allí mismo tuve ganas de soltar al muchachito, tirarlo por un barranco y encimármele al camionero en el muslaje, cálceme, cristiano, que yo soy la aparición. Soy la Candela. Castígame, Madre poderosa; ampárame, Madre misericordiosa; fortaléceme, Madre de la Humanidad. Aquello fue un calvario, pero el Nene ya está bien.

Liberada del Padre, liberada del Hijo, liberada del Espíritu Santo. Aquello fue un infierno puro cuando bajé donde los hermanos salesianos. Ellos me llevaron a la Clínica de su Caridad. Este niño está muy mal, me llevaron a la clínica. Agujas, metales fríos a su pecho, pechito de paloma, pechito de paloma. Infección. Quién es el padre, y yo iba a decir que yo pero dije el abogado, allá mandaron a un muchacho que lo trajo, y la madre, iba a decir que yo, pero en eso llegó el licenciado y lo musitó por lo bajo, pero yo lo oí clarito. El Padre nombró a la Innombrable. Y yo sisisisí, el Nene que me pone su manita enfebrecida, le está bajando el ardor, su manita ciega de caliente en mi mano percudida. Madrina, tengo sed, y yo que salgo corriendo a buscar agua, a buscar jugos de limón, a buscar horchatas de ajonjolí como mi Niño, como el hijo de la madre que se viste de sedas mientras yo corro por un pueblo que no conozco.

Cuatro días con sus noches y al quinto día fuimos liberados por los padres salesianos. Dios te salve, María, llena eres de gracia, el señor, el señor es contigo y bendita tú eres entre todas las mujeres y bendito es el fruto de tu vientre, Jesús. Fuimos a la catedral de dos picos a dar gracias, antes de salir al pueblo. Yo tengo nombre, Madrina. Me llamo

Roberto Fernando. Quería que se llamara Rafael. Yo me llamo Roberto Fornarís, la enfermera que me puyó me lo dijo. Su manita en mi mano maloliente sisisisí, en mi mano hosca, vulgar, en mi mano su manita penitente. Yo tengo nombre, Madrina, y entonces la Señora se aparece. En medio de la plaza del pueblo, en medio de la calle, en medio de la luz. Luz cegadora que me ilumina el rostro y el rostro del Ahijado que se vuelve del color de los membrillos. Miel coagulada su rostro cuando la Señora se aparece y perturba nuestro camino. El Nene vuelve a ser un simple niño, pero cuestión de mirarlos, cuestión de pasarle el semblante de los rostros, el de ella, el de él. Todo queda revelado. Ella es la Progenitora, ella es la Amante del Santísimo, ella es la que provee, provee velas para mi desvelo. Ni reconoció al hijo que estaba esperando hacía años su Revelación. Quién es esa señora, Madrina. Se llama Isabel y es una mala mujer. Una mala mujer sisisisí, cuando lo que quería era postrarme de rodillas y llorar, aquí estoy señora, que se haga en mí lo que tú quieras, aquí estoy con el niño en el regazo. Llévame contigo, déjame llegar hasta ti.

Les digo que la vi, un día.

Y abajo «Doña Montse, doña Montse, doña Montse». Los peregrinos al pie de la loma. «Ya voy.» A mandarlos a coger por el culo, voy. A abrirles el santuario para que se postren ante ti. Dicen que hace unas fiestas divinas, por el día de Reyes, y que después se va por los montes, recorre la isla entera buscando marucas para su Santuario. «Vino por aquí y se llevó a Saturnina. Aquí, en el Tres Marías, no se hace un chavo. Mejor nos vamos para allá.» Pobrecitas, las muchachas me lo contaron todo. Me voy con ellas, cierro esta cueva apestosa. No te atrevas, arrugada. A ti, quién se te va a pegar. Les ayudo con sus afeites, que de eso sé. «Buenos días, doña Montse, ¿dónde pongo las ofrendas?» Mejor que estar arreglándole el manto a esta Virgen sosa. Mejor que arreglarte tu corona y tu cofia. Por lo menos ésas atienden a sus feligreses. Luz opaca, candela adentro. Tú para lo único que sirves es para oírle las quejas a estos pazgüatos. No los tocas, no los alivias, no sirves para nada. Virgen negra, niño blanco. El Nene.

«Fíjate, Madrina, no es tan malo.» Le enseñan un oficio. «Construimos una base naval. Ya aprendí a montar tubos de cables y a conectar tomas de electricidad.» Eso me dijo el Nene la vez que hablamos. El licenciado estuvo días en lo del Nene. Lo sacó del pueblo. Lo salvó en su Packard. Como al mes volvió. No fue al mes. Qué sabes tú, Virgen hueca, que sabes tú de cómo pasa el tiempo. Regresó como al mes y me llevó al pueblo. Telefoneó al Nene. Le oí su voz. Desde la casa Alcaldía. «Nos levantamos a las cuatro de la mañana y son los ejercicios. Corremos cinco millas y después a trabajar como unos burros construyendo la base.» Como al mes. Te pusiste a llorar como una boba, hiciste un papelón. «¿Y no te cansas, mi vida, y cómo vas de la salud?» Eso fue hace tiempo, no te enteras, vieja tonta. ¿No ves que ya el Nene creció? No me cuques, Montserrate. Ya el santuario no me amarra. No me cuques, que un buen día agarro mis tres trapos, cierro esta casa y no me ves ni un pelo más. Tú no te vas a atrever. Te crees tú. A ver quién te prende velas si me largo de aquí.

Cuenta los centavos de las colectas. Un dólar y medio. El Nene viene sisisisí. Media de azúcar. Le voy a hacer un dulce de batata para que se lo lleve a la central. Ave María Purísima, que no es central, es base. Da lo mismo. Le voy a hacer dulce de batatas y horchata de ajonjolí para que vea cómo lo pienso y lo añoro. La vieja deja la gruta abierta. Otro feligrés se postra ante la virgen. Acá en el pueblo ya nadie se acuerda del ganadero. Acá en el pueblo fue sangre que se llevó el río. Quebrada Lajas, se lo llevó. Quizás ya sea tiempo y el Nene pueda regresar.

Camina hasta la casita, sube los peldaños. Le voy a preparar un dulce de batata. Pasa por el cuarto del Nene. Nombre completo, Roberto Fernando Fornarís. Soldado raso. «Por algo se empieza, Madrina.» Este domingo vendrá a visitarme. Mejor le lavo las ropas de cama y le lavo ropa de civil. Ése lo más seguro se va al Tres Marías. No te hará ni caso, cómo debe de estar hambriento de mujer. Pues yo me voy con él. Y bebemos y fumamos. Le voy a hacer un dulce de batata y horchata, pero después. Tengo que lavarle las ropitas. La vieja saca una caja de debajo de la cama del Nene. Una cota de pomplín, otras tres de hilo, unos pantaloncitos raídos, con el botón saltado. Ropitas del Nene. Aquello de los oídos nunca sanó bien.

La vieja sale al patio de su casita. Se le confunden las ropas en las manos. Empieza por la cotita del Nene infante, del Nene niño. Debió llamarse Rafael. Ahorita debe aparecerse por ahí, andará jugando. Ahora que al fin se siente bien de aquella infección.

La vieja tiende las ropitas del Nene. Me vendrá a visitar. Adiós, pero… Ondea contra el viento el traje del marinerito, la cota con que se lo trajeron, las camisitas de infante del Nene. ¿Y así quieres irte tú con las fulanas? ¿Así quieres bajar adonde la Isabel? Qué sabes tú de lo que soy capaz. Por ti no pasa la vida. La vida pasa por aquí. La vieja se agarra entre las piernas. Doña Montse. La llama otro peregrino. Ya voy, «a ver dónde le dejo las ofrendas». Dámelas mija. Sisisisí, un dulce de batata. Horchata de ajonjolí. Viene el domingo a visitarme y después cierro esta gruta y me voy.

VISITACIÓN TERCERA

Pero hay veces en que no tenemos tiempo para ese íntimo
escuchar, todas esas excepciones, toda esa piedad.
No hay tiempo, así que nos apoyamos en la regla. Y ésta
es una gran pena, la mayor de las penas. Esto es lo que
se pudo aprender de Tucídides. Es una gran pena
cuando nos vemos entrando en tiempos como éstos.
Deberíamos entrar en ellos con un corazón contrito.
De ningún modo deberíamos congratularnos.

La Edad de Hierro, J. M. COETZEE

Magnificat Dominum anima / Magnam me facit Dominus

EL JUSTO JUEZ
(ORACIÓN PARA MUJER)

La Santa Compañía de Dios me acompañe y el Manto de Santa María, su madre, me cobije y de malos peligros me defienda. Ave María gracia plena de Dominus te cumpla, me libre de todos los espíritus bautizados y sin bautizar. Cristo vence. Cristo reina, Cristo de malos peligros me defienda. Por esta venia le pido al Señor y Justo Juez, individual hijo de Santa María Virgen, aquel que nació en aquel solemne día, que no pueda yo ser muerta, ni que me quieran mal. Tenga ojos no me vean, manos no me toquen, hierro no me hiera, nudos no me aten. Como Dios le dijo a Libéon, que con tres nueces no puedan hacerme daño, ni a mí ni a ninguna persona que yo ame y me defienda aunque no lo diga, Amén, Jesús, María y José, *Dominus tecum berrum carrum.*

Santa María piadosa, madre de nuestro Señor Jesucristo, tú, que al Monte Tartario entraste, la Gran Serpiente encontraste; sin la singular la ataste, con hisopo de agua bendita la rociaste, al mundo la sacaste; ablándale el corazón a mis enemigos. Que ojos tengan y no me vean, pies y no me cojan, manos y no me toquen, hierros y no me hieran, nudos y no me aten. Por las tres espadas de San Julián sean vencidos, con la leche de la Virgen sean rociados, en el Santo Sepulcro sean sepultados. Amén Jesús, María y José, tres padrenuestros a la muerte y pasión de Nuestro

Señor Jesucristo. Ésta es la oración de la Santa Camisa. La del hijo de Dios vivo, la que me pongo en contra de mis Enemigos; tengan ojos y no me vean, pies y no me alcancen, manos y no me toquen, hierros y no me hieran, nudos y no me aten. Por las tres coronas del Patriarca San Abraham, aquí ofrezco una oración en unión de mi persona. Que vengan mis enemigos tan mansos a mí como fue nuestro Señor Jesucristo con el madero a la cruz. San Ildefonso, bendito confesor de nuestro Señor Jesucristo, tú que bendijiste la hostia y el cáliz en el Altar Mayor, bendice mi cama, mi cuerpo y todo mi alrededor. Líbrame de brujos, hechiceros y personas de malignas intenciones. Con tres te mido, con tres te parto con la gracia de Dios y el Espíritu Santo. Amén Jesús, María y José. Ésta es la oración del Justo Juez.

PEREGRINACIÓN

«Me embarco, Madrina, me embarco. Me mandan para Norfolk.» ¿Y en dónde queda eso, Nene? ¿En dónde, Virgen Santa? Lo más seguro lejos de aquí. Más allá de Hormigueros, más allá del Hatillo del Mar, piensa la vieja. ¿Qué queda más allá del mar? Mi perdón y la misericordia del Padre. Arrodíllate y pide perdón, vieja arrogante. ¿Ves lo que hiciste al decir que cerrabas el santuario? ¿Ves cómo provocas la ira del Señor? La vieja mira al Nene que tiene delante. Le han cortado sus rizos apretados. Su cabecita tan sólo deja ver puntos donde estaba el pelo. Se le ha subido el color. Ahora es más oscuro, color de hombre que trabaja con sus manos y vive acostándose en sudor. Pero los ojos le centellean más que nunca, y la barba se le cierra contra el mentón densa. Le han salido pecas. Nunca se ha parecido tanto al Padre.

—¿Y el licenciado, Rafael?

—Ya casi no pasa por la base. Me vine en carro público.

—¿No te trajo en su Packard?

—Hace meses que no lo veo.

—¿Meses?

«¿Pero no fue ayer que apuñaleaste al ganadero?» La vieja quiere preguntar, pero algo le dice «estás equivocada». Algo que no es la Virgen, que la sobresalta aún más que la voz de la Montserrate en la cabeza. Ayer mismo ella se ve remontando el tramo de Camino Nuevo hasta el pueblo, pasando por el barrio Salsipuedes hasta llegar a la iglesia de Nuestra Señora. «¿Adónde se llevaron a mi Nene?» Y el licenciado trayéndola de nuevo en su Packard. Ayer también ella hacía un dulce de batata, ayer también el Nene estaba en el Tres Marías desbrozándose la rabia. Ayer también llegaba todo apestoso a sangre y a licor.

—Debes de tener un hambre de los mil demonios. ¿Te sirvo el almuerzo, Nene?

La vieja se para donde el sillón de paja del balcón de la casita y tiembla. Camina temblorosa hasta las escaleras y las baja una a una. «Déjame ayudarte, Madrina.» El Nene la aguanta. Private Roberto F. Fornarís. Debió haberse llamado... se le olvida. Te caerás de ti misma, Montserrate. Te caerás sobre la tierra negra como tú. Te romperás en mil pedazos y ya nadie podrá saber qué parte es tu cuerpo y cuál un montón de barro, plasta de vaca. Te caerás y ya nadie podrá recordarte. La vieja tiembla hasta el fogón. «Te hice unos pasteles de masa. Déjame abrirte una yuntita ahora, que están calientes.» El Nene se acerca, «no debiste, Madrina». ¿Si no debo, para qué carajos sigo viva?

—Entonces, ¿cuándo sales?
—El mes entrante, Madrina.
—¿Durante Semana Santa?
—No, Madrina. Si estamos en pleno septiembre.

Ayer estaba poniéndole una masa de palmas trenzadas a la Virgen. Ya no viene nadie al santuario. Los feligreses le han pedido a la vieja «Doña Montse, doña Montse, ¿por qué no nos cede la talla de la Virgen? Sería un descanso para usted». Pero la Virgen, atrévete vieja apestosa a sacarme de aquí. Éste es mi santuario. Son tierras de mi posesión. Me las regaló el Padre por cuidarle al Elegido. Cómo te atreves, canto de yeso curtido. Las tierras son mías. No me las puedes reclamar. Ayer le tiró a la cara unas pencas trenzadas que traía de la iglesia, esas que les regalan a los feligreses el domingo de Pascua. ¿Y ya hoy es septiembre? Vieja loca, no te enteras ni de cómo pasa el tiempo. Si me llevan del santuario ya no vas a saber el día en que vives ni la hora en que te llegará la muerte.

—Tú sabes, Nene, me vinieron a pedir la Virgen. Los curitas de la Iglesia se la van llevar.
—Yo creo que es buena idea, Madrina, ya tú no estás para esos ajetreos.

El Nene come, ella lo ve comer y se sonríe. Se le llenan los dedos de la grasita del pastel. «Además, Madrina. Pagan bueno. Te voy a ir mandando los cheques para que me los guardes y tan pronto regrese nos hacemos otra casa en el pueblo, para que no estés tan sola aquí.» Sisisisí. Con esta Virgen metida en la cabeza. Sácamela de la cabeza, Nene. Sácamela de ahí que no me deja ni dormir tranquila. «No te preocupes, Madrina, que yo te voy a poner otra casa y nos vamos a ir para siempre de aquí.»
El Nene termina de comer, se quita la camisa, se acuesta a tomar una siestecita. Contra el verde de la loma sopla un aire y ella lo ve doble, entrando por la puerta del santuario. Se sacude los ojos. El Nene duerme la siesta en la hamaca del balcón. Entonces, ¿quién es el otro que está allá abajo en la gruta? No me juegues trucos sucios, maldita. No vengas a plantar visiones en mis ojos, que ni así voy a bajar a verte, ya lo sabes. Yo le voy a decir que sí a los curitas, para que vengan y te lleven de aquí para siempre. Y entonces vas a estar más sola que un dedo. Más sola que una pena. Pues me voy con el Nene. ¿Adónde, centella, no

se va el Nene para la guerra? Imposible. El Nene me vino a visitar.

La vieja examina la camisa de su ahijado. Tiene un rotito en la costura de la manga. Saca aguja y carrete. Se lo comienza a remendar. El Nene se despierta de su siesta.

—¿Vas a pasar por el Tres Marías?

—No Madrina, la condición era que no parara en el pueblo.

—¿La condición de qué, Nene?

—No te acuerdas, por lo del ganadero...

El Nene baja el semblante. Se pone serio, turbio. «Virgen de la Montserrate que protegiste al ganadero de un toro alebrescado, salvándole la vida en la adversidad. Virgen negra de la Montserrate, Niño blanco en el regazo.»

—Mejor que no vayas, entonces. Mejor que te quedes aquí tranquilo en lo que llega el licenciado.

—El licenciado no pasará más por aquí. Me preocupa dejarte tan sola.

—¿No vienes la semana entrante?

—No, Madrina, me van a embarcar. Me mandan a la guerra.

La vieja piensa ganadero, piensa Virgen, piensa oídos, piensa Arpías. Mira al Nene tan quemado por el sol, tan rapado el cuero de su cabeza. Contempla sus manos encallecidas. Virgen santa, ampáralo, déjalo descansar ya. Abre la boca la vieja, pregunta.

—¿Pero a qué otra guerra te van a mandar?

1

Don Demetrio la miró cruzado cuando se enteró de que andaba por el pueblo buscando constructores que la ayudaran a levantar unos cuartos y un ranchón a las orillas del río. Isabel le había mandado a avisar por Leonor. Pero él no quiso actuar en esos momentos. La muchacha había perdido una barriga, al menos eso fue lo que supuso, cuando vio a Leonor llegar así, toda compungida con aquel extraño recado de Isabel.

—Quiere que le consiga un maestro de obras y unos carpinteros.

—Pero, ¿para qué, muchacha?

—Demetrio, quién sabe. Yo no me atrevo a contrariarla porque está bien delicada, reponiéndose de la operación que le hicieron.

—¿No habrá quedado mal de los nervios?

—No parece. Hay unas tierras en San Antón que son de ella y quiere construir allí. Me dijo que lo antes posible.

—¿Tierras de ella? No pueden ser las de Maruca y Casiana, porque esa parcela ya está ocupada.

—No, don Demetrio, otras tierras. Usted búsquele un maestro de obras. Ya sabe cómo es Isabel cuando se le mete una idea entre ceja y ceja. Quién sabe si el afán no le dura, pero yo no la voy a contrariar.

Él no la estaba contrariando, pero era difícil hacerle caso al requisito. ¿Tierras cercanas al río? Todos en San

Antón sabían que aquélla era una finca privada; del comerciante Fornarís. No había que ser muy listo para entender lo que pasaba. Le habían comprado el silencio a la muchacha dándole una parcelita para tranquilizarla. Aquel retoño que Isabel había perdido era o del padre o del hijo. Y don Luis ya estaba muy viejo para correrías.

Pero después se la encontró en el barrio. «Leonor me fue a buscar», le comentó cuando la vio llegar a San Antón, midiendo cada paso, agarrándose el vientre. No quiso preguntar por la barriga, ni por el fruto. «Me dijo que querías levantar una casa a las orillas del río.» Isabel asintió con la cabeza. «Una casa de citas, Demetrio. Un lugar donde las muchachas puedan trabajar.»

Los oía discutir entre las tablas del cuarto de costura que ahora ocupaban de a menudo. Pedro y Leonor, Leonor y Pedro. Su amiga se echó marido, justo en los momentos en que ella estaba en secreto siendo la querida del licenciado Fornarís. No le gustaba aquel Pedro. Demasiada zalamería, demasiados mimos y revolcones en la cama. Después se perdía por semanas enteras dejando a Leonor en vilo, esperándole. Volvía Pedro a buscar a Leonor por la casita de la calle Romaguera. «Me tuve que ir mi cielo, porque abrieron obras en las Salinas y allá paré. Tú sabes, como las cosas están tan malas y hay tanta competencia de albañiles en el pueblo.» Y Leonor, con tal de que no se le fuera el marchante, le abría la bolsa de sus ganancias con la venta del licor. Otra vez, Pedro se le perdía: «Es que me da vergüenza aceptarte más dinero. Y lo necesito para mis gastos, Leonor». Su amiga caía de nuevo. «La construcción anda mala, pero tú sabes que tan pronto recolle, pago todo lo que te debo y de paso te monto una casa mejor que ésta, mil veces mejor.» Isabel lo vigilaba con saña. Medía cada paso del tal Pedro, que empezó a pasearse como amo y señor por aquella casa que no era la suya, sino de ella. También campeaba el tipejo por la noche, hurgando entre los estantes de la cocina. Se hacía el loco cuando Isabel encendía el quinqué. Pero no la engañaba. Andaba buscando los garrafones de pitorro. Tuvo que esconderlos en su cuarto para prevenirse. Tenía que hablar con Leonor, antes de que las cosas se pusieran color de hormiga brava.

Lo que cambió de color fueron las mejillas de su amiga. De un día para otro. Su color caoba profundo cambió a morado, golpetazo de hombre contra el hueso del pómulo. Isabel regresaba de hacer las rondas en San Antón con los proveedores de ron caña. Llegaba con dos garrafas y una canasta de canecas de a litro, para empezar a separar el licor. Se encontró a Leonor en la sala de la casa con un paño húmedo en la cara. Ojos rojos, cabeza caída de la vergüenza. Isabel se sentó a su lado, se agachó a mirarla. Leonor le quitó la cara de entre las manos. Pero Isabel no la dejó escabullirse. Le levantó el paño del costado. La carne se levantaba tensa sobre el pómulo hinchado y sangrante.

—¿Tú te vas a dejar tratar así? Porque si dejas que esto te pase sin pararlo, no lo vas a poder parar nunca.

Leonor, dio un largo suspiro. Luego se encaminó hasta su cuarto y comenzó a empacar los pocos cachivaches que el albañil mantenía en la casa.

—¿Me acompañas?

Enfilaron las dos hacia el barrio Joya del Castillo. Cruzaron la plaza del Mercado y caminaron por la calle Estrella hasta llegar. «Me cuentan que allá está la cantina donde Pedro se pasa las horas muertas. Mentiroso. Yo que lo creía buscando trabajo.» Por el camino se toparon con muchachitas. «Correcostas…», musitaron con pena.

La Joya del Castillo se extendía como una cicatriz en medio del pueblo señorial. Barrio de putas y pleneros. Cada balcón de casa abría sus puertas al filo de la tarde.

Las mujeres salían en refajos a tomar el fresco, recoger las prendas usadas y lavadas la noche anterior, que ya a aquellas horas debían estar secas. Leonor iba envuelta en una furia cerrada, musitando por lo bajo, «mira cómo me dejó la cara, el malandro ese. ¿En dónde tenía yo metida la cabeza? Lo debí haber dejado antes. Total, para lo que sirve. Para lo que sirven los hombres, Isabel....». Isabel escuchaba a su amiga y callaba. «Fernando» pensaba por lo bajo. ¿Ese hombre con el que se entendía, acaso le serviría para más?

Casi a la altura de la cantina empezaron a oír un escarceo.

—Malparida, vete a que te terminen de criar.

Era Betania, una fulana madura, con experiencia. Le conocían la malasangre en el pueblo entero. Tenía a otra agarrada por los pelos y la jironeaba de esquina a esquina de la calle.

—Ya te dije que no me espantaras a la clientela. ¿Qué carnes vienes a vender tú aquí, si eres hueso nada más?

Otras mujeres le hacían rueda. Detrás de ellas, hombres con canecas en las manos se paraban a observar. Aquélla era la diversión de la tarde. Lloraba la muchachita que Betania zarandeaba, implorando que la dejaran ir, «bendito sea Dios, suéltame ya». Estaba con los ojos fuera de sí, como vigilando a que no llegara alguien definitivo, que la reconociera, tal vez. A Isabel le dieron ganas de meterse a ayudar. Pero ¿por dónde entrar al ruedo, cómo pelear contra aquella recua de mujeres expertas en la injuria, en la navaja, más duras que ella? Ella tenía otra misión, apoyar a Leonor. Atrás quedaron las fulanas.

Entraron a la cantina.

—¿Han visto a Pedro el albañil?

—Esta tarde no ha pasado por aquí.

—Cuando lo vean le dicen que se busque otra casa donde dormir y a otra a quien desgraciarle la vida. Que ni se moleste en procurar por Leonor. Aquí le dejo sus porquerías.

Regresaron las dos juntas caminando despacio. Ya la calle estaba tranquila. Leonor medía sus pasos, metida toda en ella misma. Isabel la dejó estar. Pero mientras deshacían el camino de vuelta se toparon de nuevo con la muchachita. Estaba tirada en un zaguán, mirándose los rasguños de la Betania. Desamparada. Esa muchacha no iba a poder hacer la competencia. No podría enfrentarse a las mujeres duras de la Joya del Castillo, que cubrían los territorios de las calles hasta la plaza Las Delicias. Se moriría de hambre antes. Pero si cambiaba de territorio, si dejaba de merodear las calles y ofrecía a los clientes lo que aquellas mujeres no tenían, un lugar tranquilo, discreto, donde cualquier persona (incluyendo señoritos y ¿por qué no?, licenciados) pudiera ir a holgarse las hambres... Entonces sí tendría una oportunidad para sobrevivir. Necesitarían una persona que les ofreciera lo que no tienen, que les diera el techo y atendiera a sus clientes. Una persona que supiera de números y pudiera comprar y vender. Ron, servicios, muchachitas correcostas. Total, la misma mercancía. Mejor venderse una a que la vendan, mejor ser dueña de la propia mercancía. «Aquí hay algo», pensó Isabel. Aquí quizás se encontraba la pieza que faltaba para el bienvivir.

Con el costurón en el vientre fue a imaginarse su obra a orillas del Portugués. Al principio se imaginó tan sólo una casa, de dos pisos quizás, con tres o cuatro cuartos. Luego cogió valor para imaginarse un local en donde ella pudiera hacer lo que no podía en la calle Romaguera. Vender alcohol, cuidar a las muchachas... Cogió valor para más. Se imaginó un salón grande donde la gente bailara, igualito al ranchón de Bumbún Oppenheimer, que ahora era un taller de tapicería. Así, de techos altos como los del ranchón, pero en el suyo los clientes tendrían dónde sentarse a buscar tiempo para su ocio. Necesitaría unas buenas sillas y unas mesas, cajas de hielo, luz eléctrica y un genera-

dor. Sus clientes entrarían en reposo para tomarse unos
traguitos, conversar, sacar a bailar a sus parejas.

Isabel contempló la disposición del viento y cómo aba-
nicaba sobre sus tierras. Un gran peñasco delimitaba el comienzo de las tierras húmedas donde empezaba la ribera
del río. Hacia allá enfilaría las ventanas, para que el frescor de la ribera calmara los cuerpos sudorosos. Contra
aquellas ventanas levantaría una tarima, no muy grande,
lo suficientemente amplia como para que sirviera de escenario para una charanga de músicos sencilla, pleneros,
músicos locales. En el barrio había tantos. De los que tocaban en la banda municipal, en la glorieta de la plaza, o de
los que trabajaban en el foso del Teatro la Perla cuando se
presentaban zarzuelas o se celebraban bailes de sociedad.
Los contrataría por fines de semana, el resto del tiempo sería música de vitrola. Wurlitzer, quería una vellonera Wurlitzer. La más cara. Las muchachas se irían con ella. Allí,
en el mismo bar les sería más fácil enganchar clientes.
¿Pero adónde los llevarían? Era preciso construir algunos
cuartos, en la segunda planta, también con ventanas hacia
el río. «¿Ves cómo no puedes traértelo?» Su mujer de adentro la aconsejaba bien. Isabel tendría que construir cuartos
de ocasión para que las chicas se llevaran a los clientes a
lugar seguro. Si no, se le formaría un berenjenal con los vecinos del barrio, parejas desnudas desmadejándose las
carnes en el pastizal, o metidas entre las casas y los patios,
enganchados contra las verjas como los perros. Mejor era
evitarse los contratiempos y los roces, aceptar de plano
que su lugar no podría ser otra cosa que una casa de citas,
una casa dispuesta de ventanas a las orillas del río. Allí en-
traría sólo el que tuviera con qué pagar. Sí, pagar, allí ninguna carne sería de gratis ni ninguna hambre se volcaría
traicionera contra el cuerpo de ninguna otra mujer para
destrozarla. Dejarla hambrienta y masticando polvo, ti-
rarla al piso desde donde pidiera migajas. Miseria no, mi-

seria no, la miseria de no poder levantar la cara. Nadie tendría que bajar la cara en el lugar de Isabel.

La idea le sobrevino una vez regresaron de la Joya del Castillo. Era cuestión de buscar algunos sacos, coserlos, repartirlos por la casa. Leonor se mudaría de nuevo para su cuarto. En el de costura cabrían cuatro correcostas fácilmente. Pocas para empezar. Podrían cobrar un importe diario, veinte centavos por espacio. Caía la tarde. Estaba remendando ropa en el balcón de la casita. Isabel intentó leer el rostro de Leonor. Se veía serena. Quizás le vendría bien hablar.

—Oye Leonor, nosotras jamás vamos a usar todo el espacio de la casita y hay tanta gente en la calle...

—No acabamos de botar a Pedro y ya quieres hacerte la buena samaritana.

—No es broma. Mira cómo está la calle atestada de gente sin techo. A nosotras no nos sobra el dinero, pero sí el espacio. ¿Qué te parece si rentamos uno de los cuartos?

—¿Y a quién, Isabel, a mujeres de la vida?

Isabel se encogió de hombros por toda respuesta porque, llamando a las cosas por su nombre, ¿en qué la habían convertido sus tratos con el licenciado? Cosa tibia que los fundía por dentro, lealtades para con ella que la asustaban. Sin embargo, Isabel seguía siendo una mujer que había que disimular como la muchacha de la limpieza. «Yo no veo problema ninguno», le contestó a su amiga. Iba a ser sencillo manejar a aquellas muchachitas. «Les decimos que tienen que recibir a sus clientes en otra parte. Si no tienen dónde, arreglamos con las otras inquilinas y les rentamos, por hora, el cuarto nuestro de atrás. De paso les vendemos a sus marchantes el pitorro que nos queda. Nos lo van a agradecer, ya tú verás.»

A la semana se repartieron los trabajos. Leonor iría a buscar sacos para hacer varias camas de yute. Ella saldría a reclutar muchachas. Correría la voz entre las desempleadas. «Busco a cuatro muchachas nada más. Trabajadoras, tranquilas. No quiero a borrachas ni a pendencieras.» Luego pasó por San Antón. Don Demetrio estaba arreglando el techo de paja de su bohío.

—Dichosos los ojos, Isabel. ¿Qué asuntos te traen por acá?

—Ando buscando muchachas que me renten un cuartito.

—¿Mujeres emancipadas?

—¿Y qué es eso Demetrio?

—Que no dependan de marido ni de familia.

—Pues fíjese que a esas mismas.

—Las únicas que conozco practican la profesión.

—Refiéramelas, don Demetrio.

—Te vas a meter a madama ahora.

—A madama no, a mujer emancipada.

—Yo siempre te pensé de ese tipo.

—Me extraña, don Demetrio. Trabajar para patrones no es ninguna emancipación.

Cuando llegó se encontró a Leonor recogiendo la ropa de las dos para lavarla. «Ya traje agua de la toma y tengo las pilas listas. ¿Tienes ropa para lavar?» Isabel fue a recoger su saco de trajes sucios. Entonces se percató. Hacía tiempo que no le caía la sangre; «ya llegará». No pudo evitar preocuparse. Buscó un espejito para mirarse la cara, el cuerpo, que le brillaba con una extraña luz. Tenía los senos llenos de una densidad acuosa y los pezones anchos y oscuros. No le comentaría nada a Leonor.

Pasaron las semanas. Ya había dos inquilinas viviendo con ellas en la casita de la calle Romaguera. Nadie en el barrio sospechaba los negocios que se daban allí. De vez en cuando entraba alguna pupila con un «amigo» que la visitaba. Leonor se ocupaba de peinarlas, «de arreglarlas un poquito, para que no anden por las calles como almas en pena y pudieran conseguir buenos marchantes. Además, tú sabes que eso a mí me encanta». Se marchaba con sus lociones, sus peinillas calientes, sus afeites, a ocuparse de las muchachas que les rentaban el cuartito. Las dejaba como artistas de zarzuela. «Mijitas, que como decía un patrón que tuve, la elegancia no le hace daño a nadie.» Salían las muchachas a la plaza, de cacería. Regresaban en la tarde con su presa. Entonces, Leonor se sentaba en el balcón con alguna labor, por lo que pudiera ofrecerse. Y si no podía ella, lo hacía Isabel.

Una tarde coincidieron las dos en el balconcito. Isabel remendaba ropa sentada en el silloncito de paja. Leonor comenzó a mirarla. Los ojos de su amiga le pesaban sobre la cara. Isabel paró de mecerse. Enarcó las cejas. Leonor comenzó a reír. «Lo que no pasó con el soldado, mira qué vaina. ¿A que adivino quién es el padre?» Se lo dijo a son de broma, pero fue como si empujara a Isabel contra el piso. Un mareo la tiró contra la baranda del balconcito, obligó a Leonor a sujetarla contra el mismo sillón. Aquel mareo le confirmó lo que ella no quería reconocer. «Vas a parirle un mulatito al licenciado, qué escondido te lo tenías...» Isabel tuvo que salir corriendo a la trastienda, a vomitar.

Isabel siguió frecuentando la parcela. Se pasaba horas sola, mirando a lo lejos. Los vecinos empezaron a comentar.

—Se volvió loca La Negra. ¿Qué quiere construir en aquellas malezas?

—Irá a abrir un negocio.

—Una fonda no puede ser, porque hasta allá no se va a tirar a comer nadie.

—¿Pero por qué abrir un negocio en una zona tan apartada? ·

—¿Y si abren una casa de mala vida?

—¡Qué casa de mala vida ni qué ocho cuartos! De cuando acá las putas se tiran al matorral a buscar clientes. Eso se hace en el pueblo, donde hay movida.

—No, hombre, La Negra lo que va es a abrir una taberna, vender el pitorro que nos compra a Lucho y a mí.

—¿Tan lejos, por allá por el río? Ésa lo que tiene es un querido que le compró esas tierras a los Fornarís.

—¿Que le compró las tierras? ¿O se las regaló porque ya eran de él?

—Ay, Virgen de la Paloma. Un Fornarís le montó casa a La Negra.

—Pero, y entonces, ¿por qué anda por ahí buscando tanto albañil, si para una casa no hacen falta tantos brazos?

—Se querrá hacer una mansión.

—No, hombre, si yo les digo. La Negra se tostó.

Don Demetrio oyó a los vecinos y fue donde Isabel «Nadie sabe lo de la casa de citas y ya te tienen despellejada en el barrio. Mide bien ese paso que piensas dar.» Pero Isabel no escuchaba más que la voz de sus adentros. Una voz dura para nada medía comentarios ni moralidades. Ahora no. Esa voz era esa otra mujer, y ya la había ocupado entera. Se tardó cuarenta días en ocuparla. Cuarenta estuvo débil, callada, como perdida en un hoyo profundo, casi sin fondo, flotando dentro de sí. Afuera todo era de un color lavado, deslucido. Leonor la cuidaba como una hermana «tómate este sancocho, Isabel, esta tacita de leche caliente, a ver, te saco el sillón al balcón para que cojas fresco.» Por las mañanas se levantaba con el peso del día anterior en las costillas, meciéndose en sus propios brazos con la certeza de que en ese hoyo oscuro la disolvería. Hasta que un día el hoyo desapareció. Estaba viva. Quizás estar viva era aquella culpa y aquel dolor. Tener una cicatriz que la partiera a la mitad y un chillido como de gatito tierno retumbándole en los oídos. O quizás la vida era el desenlace de pequeños actos que se fueron dando uno tras otro hasta traerla a las riberas de aquel río. A San Antón de vuelta, pero otra. Quizás la vida era siempre regresar.

Empezaron las obras. Don Demetrio se decidió al fin a ayudarla.

—Lo hago por ti, porque eres como familia; pero no concuerdo con el plan.

—Trabajo es trabajo. Además, del salón podré sacar algunos donativos para su Federación.

Su primera compra de favores como dueña de local. Se asombró a sí misma actuando, fría. Ya podía caminar bien y los pasos se le volvieron una obsesión veloz contra el polvo de los caminos. Buscar muchachas, reclutar pupilas. Tenerlas en fila para cuando abriera su local. ¿Qué nombre le pondría?

Uno, dos, tres, cuatro. Isabel comenzó a recorrer Las Delicias. «Saliste sola del hoyo en que caíste. Ahora busca a tu hijo.» No. Iba en busca de otra cosa. Habían pasado cuarenta días. Todas las mañanas tenía que combatir contra aquella voz. Sus pasos la intentaban conducir al asilo de los padres salesianos, al orfelinato, a remontar las escaleras de la clínica y preguntar «¿adónde se llevaron a mi hijo?». Pero la cicatriz de su vientre se lo advertía, aquel hijo era su muerte. La tuvieron que rajar para sacárselo, zurcirla luego, cicatriz de piel brillante que le quedó a mitad de vientre, una serpiente de tejidos levantados como puntada gruesa, el calado de sus tripas recrecidas. Su vientre se le viró en contra, sus manos, el hambre de su entrepierna se le viró en contra y ahora sus pies quieren buscar al hijo regalado. Pero ella entrena los pasos para otra cosa. *Uno, dos, tres, cuatro...* camina por la plaza Las Delicias.

Para donde los carreteros, donde los afiladores de cuchillos, los repartidores de encargos, los limpiabotas. «Si saben de alguna muchacha que quiera rentar un cuarto, que procuren por mí en la calle Romaguera.» Una mujer dura se mudó dentro de ella y le aconsejaba. «¿Dónde vas a cuidarlo?», le susurraba al oído. «¿Cómo, sin aceptar de nuevo la ayuda de él? Ahora que vas a ser lo que pretendes, ¿con qué cara te le presentarás, para que te odie él también, para que también te repudie?»

En la esquina de la plaza frente a la Alcaldía se arremolinaba un tumulto. Habían levantado una tarima. La banda municipal tocaba retretas a todo dar. Unos militares en uniformes muy blancos acompañaron al jefe de la guardia municipal y al alcalde, que desfilaron ante la banda y se ubicaron frente al podio. Isabel se acercó a averiguar.

—¿Qué fiestas celebran hoy?

—Nada de fiestas, comienza el reclutamiento.

—¿Explotó la guerra?

—Todavía no, pero los de Loosey Points abrieron un campamento en Salinas para entrenamiento militar. Dicen que si te alistas, te pagan treinta y cinco dólares al mes. Tienes que hacer ocho semanas de práctica militar y después te mandan por toda la isla, a construir bases militares.

—Está buena la oferta.

—No te relamas, Negra. La guerra no es para mujeres.

—No, si ya me enteré de que la nuestra es otra guerra.

Empezaban los discursos de los políticos. «El teniente comandante Nichols», arengaba el alcalde, «acaba de desembarcar del acorazado *Elizabeth* para presidir estas fiestas de reclutamiento». Isabel dejó atrás el discurso de los militares. Cruzó la calle Atocha rumbo a la plaza del Mercado. Guardaría precaución de no encontrarse a las fulanas de la Joya del Castillo, pero tenía que arriesgarse. Correría la voz entre las tenderas y revendonas. «Si se enteran de alguna que quiera rentar un cuarto decente, la mandan a procurar por mí.» Y mientras hablaba con Lucrecia la dulcera «que me vaya a buscar a la calle Romaguera», y con Adela la de las verduras, sus pies se iban aquietando. El teniente comandante se bajó de un barco con un nombre tan bonito. *Elizabeth*. Le sonaba a Isabel.

Regresó a San Antón. Quería ver cómo avanzaban las obras. En el ranchón frente a la plaza estaba don Demetrio con otros obreros de la Federación. Arreglaban un fardo de boletines. Por frente al ranchón pasaba una lavandera con una niña del brazo. Pequeñita, gimoteaba como un gato triste. Sería de hambre. «Ve y búscala, Isabel.» La Negra sacudió la cabeza. La sonrisa le salió como una mueca tiesa. «Saludos, familia.» Se paró un rato a oír la conversación de los hombres mientras tomaba un boletín. En letras grandes, de tipografía de periódico leía en sus manos «NO al reclutamiento militar».

—Ésta la perdemos, Demetrio.

—La mitad de los braceros del puerto ya están alistados.

—Mientras no se declare la guerra, es una manera de ganarse unos centavos.

—Y de servir de carne de cañón. Hay que explicárselo a la gente. Los únicos que le sacan provecho a las guerras son los ricos.

—Pero bonitos que nos vemos con uniformes limpios y dólares en los bolsillos, buscando dónde gastarlos. La Joya del Castillo es un hervidero de soldados. Bailes, mujeres, ron. Cualquiera se alista.

—Don Demetrio, quiero saber si le hace falta otro desembolso para comprar más material.

Don Demetrio le contestó mohíno, con la cabeza en otra cosa. Isabel se despidió y caminó hasta la orilla del río. El sol rebotaba contra las corrientes de agua, contra las piedras sumergidas que hacían rumorar las aguas. Frente al

recodo del Portugués se levantaban los andamios de lo
que sería su casa. Ya buen momento. Si los soldados querían juerga, allí la irían a encontrar a todas horas. Música,
baile, el regalo de unas caricias. La voz de sus adentros se
deshizo en un eco. A la derecha se alzarían los balcones. Y
muchas ventanas para que el río refresque el lugar. Una
vez tuviera a sus pupilas listas, iría de nuevo de rondas
por el pueblo a avisarle a los trabajadores que la recomen-
daran. Mandaría quizás a hacer boletines, como los de la
Federación, pero con otro mensaje. En español de boca, en
inglés de palabra. «*Come.* Vengan, al bar de Isabel. *Elizabeth's Dancing Place*.»

Ahora no era momento de criar un hijo. Ahora era su
momento.

2

Luis Arsenio esperó en el andén 8 y abrazó a Esteban quizás un poco más emocionado de lo que debía. Fue un alivio ver cara conocida.

—Terminé el Basic Training, hermano. Cuádrate ante mí y saluda, que estás frente a todo un oficial de la Marina.

—Vete al carajo, Luis Arsenio.

Y Esteban le echó el brazo sobre el hombro. Entre risotadas caminaron buena parte del andén, como si aquellas máquinas y la muchedumbre dispersa fueran parte de una comitiva. Así se encontró con su amigo en Washington D.C. Al fin Esteban lo pudo ir a visitar. Luis Arsenio pasó todo el verano encerrado en Fort Lee, a dos estados de allí, haciendo sus ocho semanas reglamentarias de entrenamiento militar. Ocho semanas de levantarse al amanecer a hacer ejercicios de calentamiento, luego prácticas de tiro al blanco, entrenamiento de explosivos y morteros. Las mullidas alfombras de Fisher Hassenfield se le trocaron en caminatas calzadas con botas de soldado. Atrás quedaba su vida de niño bien. Ahora Luis Arsenio se probaba en los territorios de la hombría. Él sólo. Nadie lo esperaba ni le limpiaba el camino.

—Bueno, y ahora que perteneces a los americanos, déjame que te invite a conocer su capital.

—Te equivocas, Ferráns. Tan sólo soy un humilde oficial de la Marina buscando graduarse de abogado.

—¿Ya terminaste el grado en gobierno?

—Sí, señor. Ahora me traslado a servir en las oficinas de Juris Advocacy General y a terminar leyes en la George Washington University.

—Eso si no estalla la guerra.

—¡Qué va a estallar, hermano!

Habían quedado en encontrarse allí, en Washington D.C. Luis Arsenio se mudó a aquella otra ciudad. Atrás quedaron los pasillos de Fischer Hassenfield, la mueca de Maggie Carlisle, su amigo Jake de quien ni se despidió. Simplemente recogió sus cosas y se fue de Filadelfia. Se mudó de ciudad. Ya no le importaba a cuál fuera. Pero da la casualidad que cerca de Washington estaba Esteban. Todavía estudiaba en Maryland. «No aguanto un semestre más. O me gradúo en negocios o me marcho. Ya me harté de esta tierra de puritanos. Ni un solo bar, ni una sola sala de baile y eso que ya el alcohol es legal.»

Lo tenía todo arreglado. El profesor Allen le recomendó a una casa de huéspedes en Ledroit Circle. Él regresaría de Fort Lee a ocupar su puesto en las oficinas de ley militar. En año y medio completaría el grado de abogado. Lo pagaría con seis años de servicio como oficial naval. Seis años que le darían mucho mundo, experiencia. Por él que fueran cien, tampoco tenía prisa en regresar a su ciudad.

—¿Por qué no vamos a comer algo? Después nos damos una vuelta por Capitol Hill, por el parque nacional…

—Ave María, Luis, se ve que no conoces Washington.

—¿Y tú sí?

—¿Cómo crees que he sobrevivido en Maryland estos tres largos años? Para pasarla bien aquí, hay que cruzar Boundary Street.

Tomaron el carro eléctrico hasta Ledroit Cirle. No fue difícil encontrar el número 64 de Allenway Road. Allí se encontraba el cuartito que Luis Arsenio iría a ocupar. «Déjame cambiarme de ropa, darme un baño.» Y Esteban, «pues apúrate, que Boundary Street no espera por nadie». Amplios bulevares sembrados de álamos bordeaban las avenidas. Calles residenciales mostraban sus casas victorianas a cada lado. Pero después de la parada en Logan District, el panorama empezó a cambiar. Luis Arsenio y Esteban iban en carro hasta la frontera de Boundary Street. Los paseos monumentales se convirtieron en callejuelas bordeadas de basura. Esteban pidió parada. El sector más cercano a la estación del trolley estaba cundido de inmigrantes. «Polacos, Arsenio, y muchos italianos.» Pero Esteban caminaba a trazos largos por la calle que ya trasponían. Luis Arsenio se sintió entrando a una dimensión peligrosa. Caras cada vez más oscuras. Rostros cerrados sobre el pavimento. Fue como si hubiesen salido por la puerta trasera de un país y entrado por la trastienda de otro. «Prepárese para la juerga, hermano.» Esteban parecía bien enterado de adónde iban. «Estamos entrando a Anacostia.»

Doblaron una esquina. Allí estaban, de vuelta al Elizabeth's Dancing Place. Sólo que el de allí tenía un nombre diferente.

—Bienvenido al Joe's Outback.

—¿Cómo te enteraste de este lugar?

—Chico, la necesidad. Yo vine para acá a estudiar Finanzas, no a hacerme monje misionero. Además, nunca tuve la suerte que tú con las gringas. Oye, a propósito, ¿cómo te va con la pelirroja?

Un malestar le hizo arrugar el entrecejo a Luis Arsenio. Se recordó tragando vidrio molido. La silueta de Maggie se deshizo de nuevo por las esquinas de Anacostia.

—Agua bajo el puente. Ahora estoy soltero y sin compromiso.

A la sombra de ese comentario entraron al Joe's. El bar, contra una esquina, reverberaba lleno de mujeres perfumadas de más, negras en su mayoría, con trajes de satén barato. Algunas se contoneaban al compás de una música triste que se derramaba de la garganta de un guitarrista, acompañándose de un bajo y de otro que al fondo tocaba una tímida percusión. Se formaban parejas que bailaban olvidadas del mundo sobre el suelo de tierra pisada. Un olor a sudor maduro impregnaba el aire. Algunas caras miraban con recelo la presencia de aquellos dos, de Esteban y Luis Arsenio, de sus pieles de pigmentación minoritaria. Pero ellos no eran los únicos blancos en el lugar. Aquí y allá se observaban, entre las sombras, uno que otro hombre de color parecido acariciando a una chica mientras se tomaba un vaso de licor. Lugar familiar.

Luis Arsenio comenzó a sentirse más tranquilo. En una semana empezaría a estudiar Leyes, a trabajar hasta que se le quemaran las pestañas. Con su trabajo protegería las tierras del padre, su futura hacienda. Además, había logrado sobrevivir la burla de una mujer. Estaba en pie; era hora de celebrar junto a su amigo de infancia. Aquel era lugar propicio para regresar a su piel habitual. Encontraron mesa a un costado de la tarima improvisada donde se cantaba el blues. Pidieron «Moonshine».

—Hoy celebramos por partida doble. No te dije que me escogieron de interno en la oficina legal de Washington.

—Oficina Naval y futuro abogado. Coño, felicidades, Luis. ¿Pero no te da miedo?

—Ya te dije que no va a haber guerra, Esteban. ¿Desde cuándo nos están matando en Europa y Roosevelt se niega a entrar en combate?

—Eso es en lo que caen los Aliados.

—¿Cómo fue?

—Luis Arsenio, ponte a pensar. No son Inglaterra ni Francia; son todos los territorios que los ingleses controlan en el Pacífico y los franceses en Asia y Arabia. Si los Aliados se debilitan, estos linces se aprovechan y ya está. Petróleo, textiles, mercados. Mientras tanto, les venden a unos, les venden a otros, fortalecen su economía y se sientan a esperar.

—Los negocios no son lo único que mueve al mundo.

—¿Ah no?

Con el semblante, Esteban convidó a Luis Arsenio a que pasara revista por el mundo del Joe's. Allí estaban, en pleno lugar donde se traficaba con la carne. La de algunos tenía precio, la de otros, hambre. Pero también existía el mundo de la ley, el del orden, el mundo del poder. Él podría aprender a manejar ambos mundos, asentar otra vez el nombre de su familia, si se enteraba de los resortes internos que ponen en marcha los vericuetos del poder.

—Pues si hay guerra, tendré que ir a pelear.

—¿Por la democracia?

—¿Por qué no? De paso viajo, adquiero experiencia.

—Pues brindemos por el futuro héroe de guerra capitán Luis Arsenio Fornarís, y por la negra de aquella esquina que hace rato quiere que le planten bandera.

No se había dado cuenta, pero sí. Una mujer los miraba entre las sombras del bar. Llevaba un traje morado, ceñido al cuerpo. Parecía ser joven, pero, sobre todo, parecía poseer la fuerza de las cosas que acaban de aparecer, jóvenes sobre la faz de tierra. Esteban alzó su vaso y ese gesto fue lo único que necesitó la mujer para avanzar rumbo a su mesa. Mareas de cuerpos se abrieron para dejarla pasar. Tenía los ojos exactos, «¿a quién de los dos mira?», clavados sobre su presa. Cuando al fin llegó a la mesa susurró un saludo y su nombre, «Lucille», les aruñó el pecho. Luis Arsenio quiso olvidar. No iba a aprenderse el nombre de ninguna otra mujer mientras estuviera en Washington, mientras no se recibiera de abogado. Todas pasarían a ser recuerdo tan pronto las conociera. Minerva, Maggie, la que fuera. Se empinó el resto de su aguardiente, y contempló la luna por la ventana. Era noche temprana. La mujer se sentó junto a ellos, sin soltar mirada. Esteban se mordió el labio inferior, mascando una maldición. «Contigo no se puede salir Arsenio, a quien mira es a ti.»

Risas, alcohol, sabor a carne nueva. Esteban se le pierde, reaparece de entre la maleza de los cuerpos de aquel bar. Otra mujer se les sienta al lado. Lucille, lunar, nueva hembra, es lugar donde depositar el cuerpo, soltar la liana, no tener que pensar. Tan sólo había que cruzar un límite. Más allá del límite estaba Lucille y su carne era más oscura que nunca. Más lejos quedaba aquella, la que era amarilla y húmeda como de hortaliza, y que luego fue color calabaza roja, la que ahora posaba un achocolatado sabor a madera en la lengua. Allí está Esteban. Sostiene un trago en cada mano, regresa con su botín de guerra. Borracho, no quiere recordar.

Regresaron al otro día de Anacostia. Apestaban a humo y alcohol y sin embargo Luis Arsenio se sentía limpio. Esteban insistía en hablar de «los negocios hermano que no pueden nublarte la mente, tienes que ser frío como las piedras, distanciar lo emocional de lo comercial». Frío, sí. Luis Arsenio se regodeaba en el frescor de la madrugada. No encontraron ningún tren que funcionara a esas horas en los andenes de Anacostia. Tuvieron que cruzar Boundary Street dando traspiés sobre el adoquinado, llegar a Logan District y de ahí tomar un carromato hasta Ledroit. Se tumbaron contra las sillas, los camastros. Luis Arsenio se quitó la camisa y se tiró sobre las tablas de madera. Exhalaban más frescor. Y él quería eso, aliviarse con algo fresco contra su espalda repleta de aruñazos. ¿Cuál era el nombre de la garra? Mejor ni recordarlo.

Pero no hubo tiempo de volver por Anacostia. Ni de ver a Esteban una vez más. El tiempo se hizo duro, pesado de momento. Duro como un trasatlántico hundiéndose en el medio del mar. En medio de las clases todas las radios de Washington tronaron la misma noticia. El *Ciudad de Benares* había sido torpedeado por un submarino nazi, llevándose al fondo del océano los cuerpos de setenta y tres niños franceses. La oficina de Juris Advocacy se llenó de un aire duro. Uno de los supervisores de la división advirtió a los internos de la inminencia de la guerra. «Aún no sabemos nada, pero prepárense para ser transferidos en cualquier momento.»

Todavía pasaron meses antes de que ocurriera la hecatombe. En su oficina, Luis Arsenio observaba y aguardaba. Todos los días llegaba correo interno desde varias oficinas de gobierno. Nadie sabía nada y sin embargo se sentía que algo iba a ocurrir, pronto. La universidad entera se sumió en un clima de nervios tensos que no propiciaba el diálogo tranquilo, la revisión de casos ni de tratados. No había tiempo para nada que no fuera esperar. La madrugada del 4 de diciembre del 1941 se acabó la espera. Antes de que la radio comenzara a trasmitir la noticia, ya estaban enterados en la oficina de Juris Advocacy. Los japoneses habían atacado Pearl Harbor.

Luis Arsenio embarcó desde Norfolk, Virginia. Un portaaviones lo dirigía al Sureste de Asia. Por poco no le queda tiempo para telefonearle al padre. Pero lo hizo, en el club de oficiales navales y a toda prisa. «Me embarco hacia Malasia, padre. Te llamo para pedirte la bendición.» La madre seguía enferma, ni se enteraría. Y él no sabe cuándo volverá de esa empresa, o si volverá.

Una fila de soldados también se embarcaba hacia distintos puntos del Pacífico. Luis Arsenio se dirigía hacia su barraca a recoger sus pertenencias y a montarse en el portaaviones *SS. Seaborn*. Entonces sintió una mirada pesada sobre el cuerpo. Fue por una fracción de segundo, a prisa, a toda marcha. La piel le ardía, no supo exactamente por qué. Miedo, incertidumbre, cobardía. Así que no quiso fijarse en nada más que en sus pasos dirigiéndolo hacia las escalinatas del SS. *Seaborn*. Pero aquella mirada le pesó demasiado sobre la carne y tuvo que encontrarle el origen. Entonces le pareció verse desdoblado entre las filas de soldados. Allá había otro él, los mismos ojos verdes mirándolo, de cuerpo más recio pero igual al suyo, estatura mediana, hombros anchos. Vestía la fatiga verde de los soldados rasos. Rizos apretados contra la cabeza recién recortada, mentón fuerte de barba cerrada que lo hacía ver más viejo de lo que seguramente era. Tenía la mirada perdida en la de él. Fue un instante tan sólo. Era él mulato. Las miradas se trabaron un instante para después seguir en la carrera de la guerra. Luis Arsenio no pudo detenerse. De seguro aquella sensación de distensión era ilusión de aquellos aires de batalla.

Pasaron semanas que parecieron años vagando en el tiempo vacío del mar. La promesa de un ataque marcaba las horas, los minutos, lo demás eran día muertos perdidos en la inmensidad del mar. En la cubierta del SS. *Seaborn* pululaban los soldados, recogiendo poleas, arreglando motores. Pero allí también acechaba una devoración. Podía sentirse en el aire la inminencia del colmillo. Quiso escapar del portaaviones, echarse al agua y nadar hasta la costa de su isla. Pero la isla se le hacía tan perdida de todo, tan de orillas que a él le tocaba atestiguar, como siempre, desde su maldita posición, sin estar de lleno ni adentro ni afuera. Días antes de llegar a Malasia tuvieron que cambiar rumbo. Los japoneses capturaron Kuala Lumpur. El SS. *Seaborn* fue a parar a las bases militares de Filipinas.

Manila. Subic Bay. La base quedaba justo en medio de la península de Bataan, al oeste de la capital. Aquello era territorio de nadie. Soldados, niñas que se vendían por centavos. Los japoneses estaban a la vuelta de la esquina, decían. Todos los días se esperaban ataques aéreos, bombardeos. Los filipinos de origen japonés, que no eran pocos, ya estaban organizándose en las selvas para brindarles apoyo a los servidores de Hirohito si se producía un desembarco. Pero en la base, la policía militar no daba abasto para hacer que el personal militar no se desbandara. Era como si presintieran un final. Ese presentimiento les caminaba a todos por encima de la piel, los calaba hasta los huesos. Como a él, borracho perdido rondando por los bares que se abrían en tugurios cercanos a la base. Pisos de tierra, tablas apolilladas, techo de zinc o de palmas. Aquellos ranchones proveían de alcohol y de mujeres al personal militar para espantarles de encima el sabor de su muerte inminente. Muchas calles no tenían ni nombre. Por ellas pululaban «madres» que agenciaban las fiestas. Por cinco dólares cualquier soldado conseguía comida y alcohol servido por unos seres descarnados, de ojos perdidos, envueltos en telas baratas de tafeta. Las «madres» prometían *«great fun, cheap, cheap»*. Cobraban el dinero por adelantado y guiaban a los soldados por entremedio de las callejuelas enlodadas, llenas de perros y de gente realenga hasta un ranchón decrépito y sin pintar. Hacían entrar hasta un salón desprovisto de casi todo menos de alguna silla, alguna mesa. Después desaparecían en la trastienda y reaparecían con alguna de sus «ahijadas» de la mano. Una niña transformada en plato de sobremesa. Algunas no llegaban ni a los trece años.

Aquellos pichones de mujeres lo inquietaban. Tenían la carne huidiza, nada de las caderas rotundas de las hembras a las que estaba acostumbrado, nada de sus espaldas volteadas pero duras, presentes al menos debajo de la caricia que busca agotar. La carne misma de aquellas mujeres orientales estaba hecha de olvido. Niñas sin sangre todavía se ofrecían en la miseria de las calles de Manila por unas cuantas monedas. O sus «madres» se acercaban con la cabeza gacha, enseñando una mercancía que era toda huesos, toda ojos ausentes. A estas mujeres sí que les habían faltado demasiadas cosas en la vida. Trató de acostarse con algunas, pero le sabían a viento.

Sin embargo, aquellas mujercitas quebradizas eran el problema número uno de la base. Los soldados se las comían por docenas. Sería el calor, sería la increíble sensación de estar fuera del tiempo, porque así era Manila. Aquellas callejuelas sin pavimentar eran de una intemperie que Luis Arsenio nunca había imaginado. Ni en San Antón. Ni en Anacostia. El silencio oblicuo de estas gentes lo desconcertaba y despertaba raras pasiones en los soldados. Los volvía sanguinarios.

No estuvo mucho tiempo en Manila, la ciudad casi no la conoció. Su mundo se circunscribió a los predios aledaños a la base. Ahí fue donde lo vio. Porque jura que lo vio. Otra vez el tiempo le jugó una trastada. Un soldado había asesinado a un nativo. El perfil del caso era usual —«Andaba con una mujer de la vida; se puede argumentar defensa propia. Filipinos violentos en una noche de ronda le atajaron el paso buscando pelea. Gritos, insultos, «mono, negro de mierda»—. Un disparo, una herida de puñal. Algunos huesos rotos. Nada de consecuencia. En sus manos cayó el expediente del soldado. «Num. de identificación 67544, 29 años de edad. Roberto Fernando Fornarís.» La sangre se le heló en las venas.

Insistió ir el mismo a tomar declaraciones y ayudar al traslado del arrestado desde el centro de detención militar. Entre las decenas de soldados lo vio, de entrada. Con las manos, el private Fornarís se alisó su corta maraña de pelos y se paró en atención para saludar a sus superiores —al oficial legal, un tal *major* Humbell que le tocó asistir, y a él—. Sus insignias de capitán, conferidas por su grado universitario, le otorgaban superioridad. El saludo hizo que el soldado dirigiera su mirada por encima de la cabeza de Luis Arsenio. Fue entonces el encuentro con otra mirada, otros ojos que siempre se perdían afuera, lejos de la ventana de la casa del pueblo, lejos de las mesas de comida familiar, cruzando la oscuridad de los límites del despacho. Aquella mirada en Manila y otra en el Caribe se encontraron en la memoria de Luis Arsenio Fornarís. Allí estaba el mentón de barba cerrada, la estatura mediana pero fornida, la mirada lánguida en los ojos verdes de todos los machos de su especie. Pero este Fornarís era negro. El pelo, oscurísimo, se retorcía en rizos apretados contra una cabeza que enmarcaba unos labios un poco más gruesos, una nariz un poco más ancha.

Se limitó a tomar dictado de la deposición «alrededor de las 21 horas en un zaguán sin nombre detrás de la cantina Ming…». Arsenio recordó el Joe's Outback, recordó el Elizabeth's. Pensó que los ojos de Roberto lo miraban. Otra vez esa mirada pesada, como en Nortfolk. Anotó deprisa. «Eran tres individuos bastante escuálidos. Fue fácil dominarlos. Uno de ellos llevaba un puñal.» El otro hablaba con propiedad, con corrección, pero su inglés no era del todo bueno. Tenía un acento denso que hacía que el major Humbell le pidiera que repitiera lo ya declarado, que hablara más despacio. Luis Arsenio quiso prestarse como intérprete, pero decidió que no era su lugar. «*Dirty nigger*, a la gente como tú hay que degollarlas como cerdos; entonces perdí el control.» Ahora sí que sintió que los ojos de Roberto lo miraban «vi la navaja, en defensa propia disparé», la confusa sucesión de miradas verdes en aquel cuartucho militar. «Llegaron los de la policía…» Roberto seguía su relato. Los ojos de Luis Arsenio no se apartaban del soldado, tomaban nota, pero miraba, no lo podía evitar. El otro seguía hablando en un tono neutro, «echaron a correr», pero en la mirada se le notaba algo brilloso, duro como un metal. Luis Arsenio quiso decir algo, preguntar, «eso que brilla ¿es odio?». ¿Pero cómo decir algo en presencia de aquel *major?*

No cabía duda, aunque no contaba con ninguna prueba. El soldado 67544, arrestado por ataque en defensa propia en los arrabales de Manila era, sin duda alguna, su hermano.

DESOLACIÓN

—Doña Montse...
—El santuario está cerrado.

—No es eso, traigo carta para usted.

La vieja bajó renegando la cuesta hasta el portón de la gruta. Un señor en una guagua le extendió un sobre. Tú no sabes leer vieja bruta. La vieja miró al señor con expresión vacía.

—Es de la oficina militar. Parece que es de parte de Roberto, firme aquí.

—¿En dónde?, mijo, ¿cómo?

—No se apure, doña Montse, aquí en esta línea, ponga una marca. Dos palitos que se cruzan.

La vieja tomó el lápiz tembloroso en una mano. Una carta del Nene, me dirá que ya viene, me dirá que ya todo es perdonado. Estará bien. La primera raya le salió temblorosa. La segunda casi no la pudo terminar.

—Así está bien. Pase buen día.

Se quedó clavada en el portón con el sobre entre las manos. Virgen Santa, Madre de la Misericordia, que el Nene esté bien. Ni te molestes en abrirlo, vieja, total, no vas a saber qué dice el papel. Cállate, Montserrate, no estaba hablando contigo. Yo soy la Virgen, yo soy la Madre Inmaculada. Si alzas una plegaria, llega directo donde mí. La vieja se apartó del lado de la gruta. Los padrecitos vienen pronto a buscarte, vete despidiendo, Virgen ingrata. Las piernas se le hacían agua contra el camino. Subió las escaleras despacio. Ni quiso poner las manos sobre el pasamanos. No fuera a dejar caer el sobre, que una brisa se lo fuera a arrebatar de las manos. Al llegar al balcón se tuvo que sentar. El sobre le bailaba entre los dedos.

Ni sabes qué te va a decir. Abrió con cuidado la solapa. Los trazos negros contra el blanco del papel de líneas, eran letra grande, como de nene pequeño. ¿Será el Nene quien le escribe? Nunca le conoció la inclinación de su escritura. ¿Será?

Estará herido, que no sea, Madre.

¿Le habrán amputado una pierna? Protégelo, Señora.

Estará lejos y dice que no va a volver, ampárame en esta difícil hora.

Habrá dejado recados para que algún compañero me diga que ya murió.

Que no sea, que no sea que no sea.

Todos los pecados del Nene son de mi hechura. Todos los pecados de ira, de arrogancia, de venganza y de desolación. Que los pague mi carne pecadora. Que los pague este hollín de arrugas que soy, trágueme la tierra y cómanme viva los gusanos, pero al Nene no, al Nene no, Por dios Padre celestial que el Nene esté sano y salvo.

La vieja miró la carta, esas rayitas redondas. Manita ruda del Nene hecho hombre que apretaba un carbón para escribirle. Quiso entender. «Estoy bien, Madrina, me pagan mucho dinero, vuelvo pronto para llevarte del santuario.» Por más que fijó los ojos en el papel, por más que intentó desentrañar los designios de la letra, sus ojos nada reconocían. Te lo dije, vieja loca, no vas a entender nada. No te hubieras molestado en abrirlo. ¿Y tú sí sabes leer, canto de yeso, Virgen hueca en el santuario clausurado? Yo te clausuré en esa oscuridad como tú en la mía. Que se abra la tierra en dos y nos lleve si al Nene le ha pasado algo.

Las letras, el carbón, la zozobra. Rayas y redondeces, trazos tan negros como el hollín, el silencio es negro, el silencio es esa cosa que dibuja una palabra que ella no puede saber. No sabes nada, vieja tonta, no sabes que el susurro del pensamiento deja esa mancha, esa mácula tan negra como una piel, tan levantada como una cicatriz sobre la nívea piel del papel, ese sucio palabrero. Y ella inmaculada por dentro, maldita sea, Dios, llorosa, vacía. Blanca es la sordera, la mirada divagante, la inmensidad de la nada.

¿Y ahora, qué vas a hacer? Se tiró el primer traje por el cuerpo, se calzó los zapatos. ¿Adónde te crees que vas? Ni sabe de dónde le salieron las fuerzas. Traspuso el trayecto hasta el portón, traspuso el trecho entero de Camino Nuevo. No me dejes sola, Montserrate, no me abandones en esta desolación. No te oigo, no te oigo, no te oigo. La vieja llegó hasta la casa Alcaldía. Tiene que llamar al Padre, tiene que encontrar a sus amigos. Sisisisí, alguien me va a ayudar. «Disculpe cristiano.» Temblorosa detiene al primero que ve salir de los despachos. Abre la boca. Se le agolpan en el pecho las palabras. El sobre le tiembla entre las manos. «Mire, disculpe.» El hombre sigue de largo. Viene otro. Es que estas letras, le rueda el mundo por los ojos. Se le revienta la sangre, Arpías, el Enemigo se quiere posesionar, este papel es el Enemigo, estas letras que me encierran en su hollín. El Nene, Rafael nombre completo. ¿Necesita algo? Oye que le preguntan. Abre la boca pero no puede hablar. No sé lo que dice, otra cosa que se me cierra entre las manos, otra cosa que pierdo. Madre, ¿cuánto más me vas a quitar? Yo que nunca he tenido nada, sobras, la vida hecha jirones, las sobras de mi hijo, ¿de eso también me despojas? No queda nada. La vieja tiene los pulmones vacíos. Aquel papel le robó todo el aire, todas las palabras que sí puede nombrar. Señora, dígame en qué puedo ayudarle. Léame esto cristiano, por el amor de Dios. Léame esto y dígame el nombre de mi desgracia.

«Es de un tal Roberto Fornarís, señora. Que está bien. Que lo transfieren a otra base por un problema que tuvo en Filipinas. Un agente enemigo le tendió una trampa fuera de un bar. Fue en defensa propia dice. Desestimaron los cargos. Pero le pregunta que si usted sabe de la existencia de un hermano. Si conoce los paraderos del otro hijo del licenciado. Que le mande a decir a esta dirección. Es de urgencia.»

Misterios Gloriosos

Yo resucito, yo resucito, yo resucitaré. Lirio blanco, Rosa de Jericó. Blancas son las rosas que marcan el camino. María, sé mi Madre, el Señor es conmigo; al fin alzo los brazos y subo. El cielo es una escalinata tibia que me acoge. Asciendo, asciendo voy ahora yo soy la Ausente. Qué alivio, qué delicia, qué terrible desazón. Dejo a todos y lloro por fuera. Se ha invertido todo. Sólo por fuera lloro. Por dentro soy un mar de risas y un líquido donde desnuda me baño. No hacen falta querubines. No hacen falta más aguas que me purifiquen, yo misma soy por dentro el bálsamo y el pozo. Y todo muy oscuro. Salve, salve, el Señor, es contigo. Al fin el Señor se sienta las horas muertas a verme partir. Irme, alejarme de la espada que traspasa mi corazón. Soy mujer revestida de sol, con la luna bajo sus pies y una corona de doce estrellas. Pero por dentro todo muy oscuro. El Misterio soy. Mujer que vence las mareas de su infortunio y pisotea el menguante de la hoz que la fulmina. Mujer que brilla en medio del cielo con luz inversa, libre de su casa de su habitación que la posterga, libre del cuarto menguante que es su cuerpo, cuarto creciente que se extiende hacia las galaxias, que le marca la ruta y la partida. El Sol es el Señor eterno. El Señor es el pecho y su corazón una luz que ciega. Mi luz es inversa, no quema, calcina por dentro. Soy yo misma el Señor y los lirios se abren, los frutos de mi vientre maduran, caen lejos de la rama, echan semilla en otra parte. Soy la liberada del Padre, liberada del Hijo. Soy entre todas las mujeres. La que Asciende. No hacen falta querubines, la que asciende y deja un rastro de rosas inmaculadas, no importa el color de su sangre. Soy la leche que rocío para bautizar con mi Gracia. Mi leche es mi gracia, otro bautizo; mi leche es gracia, mi leche es lirios y pétalos de rosas. Leche sin espinas. María sé mi Madre, báñame con tu Leche Redentora.

Yo no soy Ella, María y soy.

Yo no soy tú y soy. Las doce estrellas y las doce tribus y los doce rayos de Leche. Soy la que se aparta del sendero y quien lo sigue. Soy la que pasa cuarenta días en el desierto cubierta tan sólo de harapos. Soy y también niego mi dolor. La Iglesia se quema y nadie me rescata. El hollín recubre mi rostro Inmaculado. Entonces soy el Anima Sola. Y la gitana errante. *Negra sum sed formosa*. Yo también la Inmaculada.

El misterio de la Gloria y la Gracia de la Leche. El que comparta mi carne alcanza la corona de todos los misterios. Acaso ellos son mejor premio que la vida eterna.

Por eso muero ahora y dejo a los hombres solos con su espada. Me libero de todas las batallas. La batalla que es callar y vivir ansiando. Ahora subo y me libero y veo a todos desde arriba. Al Padre, al Hijo, a la Otra a la que también cobijo. Muero tranquila y bostezo del gran sueño que fui. En mí se hace mi voluntad. Me vuelvo Magnífica. Al fin vuelo a encontrarme con mi luz.

3

«Tiempos turbios se ciñen sobre nuestras cabezas. Tiempos de tentación y de pecado que ofrecen amplias oportunidades para salirse del camino del Señor. Aquí mismo, en este pueblo, las ovejas se descarrilan del rebaño. Y el Padre las mira, mira sus pasos cuando se desvían hacia ese lugar infame en el mismo San Antón.»

Otra misa de domingo es dedicada a ella y a su Dancing Place. Isabel se remueve en el asiento. Mil miradas la auscultan de reojo. Suda bajo su mantilla comprada en los almacenes Padín. Los más prestigiosos. Ya puede hacerlo. Suda bajo la tela del refajo de seda. Aquel obispo irlandés acaba de llegar al pueblo. ¿Cómo lo haría callar?

«La mujer debe ser cuna de virtud, espejo de moral, sostén de la familia. Esposas, ayuden a sus maridos a no desviarse por las sendas de la carne. Maridos, sean fieles a sus esposas y a las promesas que hicieron de rendirles el respeto que les deben.»

Con el obispo Hernández fue fácil. Dos o tres donativos al convento de las carmelitas. Miles de dólares donados al orfanato. Quizás entre aquellos niños se encontraba el suyo. «No lo busques, Isabel.» Quizás. Así que se ocupaba de los huérfanos de la archidiócesis. Y el obispo, «No crea que la absuelvo, Isabel. Lo que hace va contra las leyes de Dios». Pero ella, «No busco absolución, padre. Digamos que vengo a abonar a mi deuda». Le extendía el cheque y se iba, casi sin mirar los rostros de los niños que obsequiaba.

El obispo Hernández fue quien le bautizó a Manolito. A ese niño que sí lo acogió en su casa, y decidió amadrinar.

Ni sabe por qué lo hizo. Se lo entregó a Olga, una muchacha a quien le dio trabajo tan pronto estuvo lista su mansión en el barrio Bélgica. Nunca lo quiso como una madre. Nunca se acercó lo suficiente. Pero lo tenía allí, le dio techo y comida. Lo llevó a bautizar.

Hubo que arrancárselo de las manos a Morena horas después de nacido. Ella ya no lo podía sostener. «Te vas a desangrar, muchacha, suelta al niño, mira que tenemos que correr contigo para el hospital. Minerva se lo quitó del regazo y el recién nacido empezó a chillar como un conejito niño, un animalito desbaratándose entre los brazos de la muchacha. «Se nos muere La Morena.» Isabel estaba bordando en el silencio de su balcón. Había pasado la tarde oyendo la radio, que cubría la manifestación de los cadetes de la República. Conocía a varios de los muchachos que irían a marchar en la manifestación.

—Ustedes quieren buscarse problemas.

—Va a ser un acto pacífico, doña Isabel.

—A mí no me vengan con cuentos. Eso es una provocación. Las únicas marchas que aplauden los gringos son las que organizan ellos.

Por una vez estuvo de acuerdo con Demetrio. «Lo que nos queda a los pobres es el acto de la negociación.» Lo otro se le hacía demasiado abstracto. Se deshacía en palabras —libertad, soberanía— así, en grande, dichas para que arroparan al pueblo, la isla, al mundo entero. ¿Cómo se lograba negociar la libertad sin que al débil le caiga en peso el costo entero? Demetrio la vino a visitar temprano aquella tarde. Isabel se sentó a oír la radio con él. «Ese Pedro Albizu, hay que admirarlo, pero va por la senda equivocada. Se va a verter demasiada sangre para lograr lo que él quiere. Los americanos son muchos y poderosos. Además se están preparando para una guerra. Ahora no es tiempo de pedir libertad». «¿Y cuándo es tiempo para pedirle a un amo que te deje tranquilo?», hubiera querido preguntarle. ¿Pero para qué? Negociar. Isabel no paraba de negociar. Pagarle al muchacho del hielo. «Son tres pesos, doña Isabel» y al de las garrafas. «¿Me salda el jueves el licor de la semana o no dejamos para hoy?» Demetrio le hablaba por encima a sus negocios, con la monserga de siempre: la causa unida, los trabajadores sin fronteras. Abstracciones. Ella tenía un mundo concreto de negociaciones que atender.

La estrategia militar de los nuevos amos estaba resultándole en negocio redondo. Cada vez llegaban más soldados a las bases, a Loosey Points, al Campamento Santiago. Y todos iban a parar al Elizabeth's Dancing Place. No más llevaba cuatro años con el local abierto, que ya se levantaba sólido. Dejaba ganancias. Contaba con Leonor. Levantó una casona para ellas dos, con servicio y jardines, diseñada por el famoso arquitecto Necodoma. Además, mandó ensanchar el local que levantó en San Antón. En la tierra que era de ella. De ella sola. Cicatriz de su vientre.

—Además, Isabel, los muchachos de don Pedro se visten como los nazis, camisas negras en vez de marrones. Estandarte es una cruz gamada. Dicen que la pobreza se acabará cuando salgamos de los americanos.

—Pues yo necesito sus centavos.

—Tú también estás jugando con fuego. Ese local es muy visible, Isabel.

—Cada cual tiene que dar su batalla.

«Me voy para la marcha, a ver con qué salen éstos locos.» Isabel vio partir a don Demetrio por la carretera hacia el pueblo. Apagó la radio. Para provocaciones y encontronazos le bastaba con su vida.

Pero llegaron las muchachas gritando. Isabel sacó el carro destartalado que tenía para aquel entonces. Un Packard. Se había empeñado en aprender a manejarlo entre los abrojos de San Antón. Se compró uno del año. «Corre, Isabel, que se nos muere.» Minerva era una niñita en aquel entonces. Sostenía al recién nacido contra sus pechitos mientras las otras chicas del Elizabeth's acarreaban el cuerpo mongo de La Morena y lo montaban en el carro. «Rompió

fuente esta tarde y ya nació el niño, pero no para de san-
grar.» Isabel no pudo ver bien el bultito de carne que sostenía Minerva, pero lo oyó llorar. El chillido se mezclaba con
los pasos sobre la tierra, el rumor del río, los grillos que agu-
jereaban la noche con sus chicharras. Isabel reaccionó. No
podía permitir que se le muriera una de sus pupilas. Le iba
a salar el lugar, haciéndoselo pesado para el jolgorio, los ali-
vios. Ya se imaginaba el sermón de los curas una vez se en-
teraran. «Allí se mueren las mujeres de mala vida, en pago
por su desviado proceder.» Había que actuar pronto.

Su Packard iba atestado de mujeres. Ella conducía.
Atrás Iban Leonor, su báculo, su sostén, Petra y la pobre
Morena, poniéndose cada vez más ojerosa. Cuando llega-
ron se encontraron con el hospital cercado de guardias.

—Venimos con una emergencia.

—¿Otra herida de bala?

—No, de parto.

Las dejaron entrar después de revisar con una linterna
una a una la cara de las mujeres en el carro. Ya dentro de la
sala se toparon con cantidad de camillas, ajetreo de enfermeras y doctores. «Habrá habido algún accidente.» Isabel
recordó la manifestación. Mientras Petra se ocupaba de
dar información a los doctores, La Negra se metió entre las
camillas. Buscaba a don Demetrio. «No falla. Éste siempre
anda metido en problemas.» Pero no lo vio. «Dispararon
sobre nosotros, acabaron con todos.» Oía murmullos entre
las camillas. Los policías se llevaban a muchachos presos,
con los vendajes aún manchados en sangre. Don Demetrio
no aparecía entre el tumulto. Ampáralo, Madre Divina.
Isabel retorcía entre sus dedos la medalla de la Caridad,
mientras seguía recorriendo los pasillos del hospital.

Regresó hasta donde estaban las muchachas. «Se la llevaron para el quirófano, parece que la tienen que operar.»
Tomaron turnos. Petra se quedaría a esperar noticias. Leonor partiría de regreso al barrio con Isabel, a buscar a un
primo que le conocía a La Morena, para avisarle que es-

taba mal, en el hospital, por si la quería ir a ver. Ya en el volante de su Packard, Isabel no paraba de mirar hacia las riberas de la carretera. El pueblo entero estaba oscurecido, como en toque de queda. Afuera, los policías se apostaban en cada esquina. La guerra se había desatado en las calles. Un día que fueron a visitarla, La Morena ya no estaba. «Le dieron de alta esta mañana. Salió sin dejar rastro.» Le contó Minerva. «Ni se ocupen de buscarla, ésa no aparece más.» Isabel reunió a todas las muchachas del Elizabeth's. Entre todas se había ocupado del muchachito, pero ahora que La Morena no volvería, había que tomar una determinación.

—Yo tengo dos que me los cuida mi madre.

—Si ni me alcanza para mis gastos, ¿cómo voy a cargar con otra boca que alimentar?

—No se apuren, yo me lo llevo al orfanato. Además, éste no es lugar para criar a un niño.

No había más que hablar. Pero cuando tomó a Manolín en los brazos y lo vio con aquella mirada que tenía desde nacido, como buscando dónde anclarse, Isabel no pudo decidirse. Otra voluntad se le fue coagulando entre las manos, entre los brazos que sostenían a Manolín pequeñito con sus manitas agarrándole los anulares. Decidió quedarse con él, por el momento. Después vería qué hacer.

«Tiempos difíciles se ciñen sobre nuestras cabezas. Tiempos que requieren de la paz y la hermandad.» Antonio Hernández hablaba desde el púlpito. «Este cura es bueno, Isabel, no se va a poner con cosas.» Petra la había llevado a la misa del domingo. «Es verdad que de vez en cuando habla en contra del negocio, pero es por bondad. Además, hay que bautizar a ese niño para emparentarlo con alguien, que otra familia no va a tener.» Esperaron a que se acabara la misa y siguieron al cura hasta la casa parroquial. Petra le hizo señas a Isabel para que hablara.

—Perdone, padre.

—No tienes que decirme quién eres. ¿Vienes a confesarte?

—No, a bautizar a esta criatura.

—¿Quiénes son los padres?

—No tiene.

—Entonces, ¿quién lo va a apadrinar?

La miró con una cara severa pero limpia. A este cura no había que bajarle la cabeza, postrarse contrita, *mea culpa*, cosa que ella no iba a hacer jamás. Podía mirarlo a los ojos. Las palabras le salieron de los labios antes de pensarlas con detenimiento.

—Yo.

—No sé si eres la persona más indicada.

—Yo sé que no, padre. Pero el nene no tiene a nadie más.

Pero este otro obispo carecía de esa mirada. Rojo, mofletudo, de cejas casi blancas. Lo habían destacado los gringos a la archidiócesis después de acabada la guerra. El pueblo se cundía de paralíticos, lisiados, locos. Los protestantes enviaron misioneros. Las carreteras rurales se llenaban de iglesitas pentecostales gritando aleluya contra el viento. Pero, ¿qué hacer con la élite católica? ¿Qué hacer para afianzar aún más los amarres del control?

Llegó el obispo James E. MacManus. Irlandés. Rojo, como la ira de Dios. Tronó tan pronto puso pies en la archidiócesis. «Opera una casa de citas a las orillas de ese barrio de obreros que buscan de la guía del Señor. Gente de color, humilde pero honrada. Gente inocente y primitiva que se dejan descarrilar por mujeres de mala vida que los desvían de la verdadera moral. Y no tan sólo ellos se dejan descarrilar, también padres de familia, pilares de la sociedad. Tan sólo una manzana podrida puede apestar la cosecha de almas.» A Isabel la misa le ardía la cara bajo su mantilla. Que se calle MacManus, que se calle ya.

Habían pasado muchos años desde que fuera a misa por última vez. Pero accedió a romper su domingo e ir a la catedral sólo porque se lo pidió Ruthcita. La misma Ruth Fernández, cantante y nieta de la afamada mediunidad del barrio Bélgica, doña Adela Quiñónez, Adela la Divina.

Leonor se la presentó. Parecía mujer de mucho mundo aunque apenas era una niña. Pero ya había enterrado a una madre, tenía un divorcio en las costillas y acababa de lanzarse como solista. «Dejó a Mingo y a sus Whoopie Kids, Isabel, a la mismísima Orquesta de los Salones Elegantès, y me quiere a mí de vestuarista.» La Negra remilgueaba. ¿Y esta negrita ronca es la que me quiere robar a Leonor? Sin embargo, le estrechó la mano. «Tú sabes que el estilo de mis trajes yo siempre me los copio de los tuyos», le dijo Ruth de entrada, sin timidez. Se ganó a Isabel al instante.

—Mamita Adela me dijo que se le apareció un espíritu de luz en sueños. Le dijo que para triunfar en este viaje debo cumplir con una novena de misas.

Ruth les contó todo. Al fin la habían invitado a cantar al Panamá Hilton. Tremenda oportunidad para promocionar su carrera. Cantaba en uno de los hoteles que abrían en la ciudad, llena de comercios, bancos que brotaban de la noche a la mañana como hongos en las miasmas. Banco de Hong Kong, Banco Lufhausser de Alsacia, Bank of America, de los lugares más acompasados con el comercio que traían los barcos que cruzaban el Canal. Y hoteles para cerrar tratos y celebrar la victoria del provecho.

—Daniel me contó que Panamá es lujo puro. Lleno de petroleros venezolanos que encienden sus cigarros con billetes de a cien.

—Embuste, ¿y tú le crees al Daniel ése?

—¿Cómo no le voy a creer a Daniel Santos?

Atrás Leonor y Ruthcita hablaban. Ella se les adelantó bastante. No quería perjudicarlas. No debió haber aceptado ir a aquella misa. Lo único que buscaba ahora era salir de aquella iglesia a toda prisa. Pero afuera continuaban las miradas. La muchedumbre de feligreses se partía en dos para dejarla pasar. La peste era ella, una plaga. Las mujeres tomaron del brazo a sus maridos, apretándolos fuerte. Los maridos se dejaban conducir sin mirarla a la cara. El señor Tous, Villanúa, Méndez Vigo el comerciante.

Todos visitaban al Elizabeth's. «Isabel, gusto en verla.» La saludaban al entrar. Y ese domingo de misa la negaron, adentro la negaron, afuera en la plaza la negaban.

—Isabel, aguanta el paso, mujer.

—Oye, pero qué pesado es el obispito ése.

—Quizás le debas hacer una donacioncita de las tuyas.

—Parece hueso duro de roer.

—No te apures, Isabel, que eso pasa enseguida. Ya tú verás cuando regreses de Panamá cómo todo va a ser agua bajo el puente.

Panamá. Ella acompañaría a Leonor. Leonor acompañaría a Ruthcita. Al fin tenía dinero para gastar por primera vez en su vida. Dinero para viajar, para comprarse cosas. Viajar, siempre había querido viajar. Aquel sería el primero de sus viajes.

Leonor peinó a Ruth Fernández con un moño cerrado en la nuca y una gran flor de organza adornándole el flanco derecho de la cabeza. El *spotlight* la bañaba de una luz que la hacía parecer una aparición. Caminaba envuelta en un traje de una larga cola de volantes. Isabel se lo regaló, así como otro traje de lentejuelas con el que saldría para su segunda intervención. La gargantilla de diamantes que Ruth usaba también era de ella. Un bolero le resbalaba por su garganta melosa. «Estimado público», una voz tronaba por el micrófono. «El Panamá Hilton se complace en presentarles a Ruth Fernández, el Alma de América hecha canción.»

—Eso fue idea mía.

Su amiga escuchó la primera canción, pero después salió corriendo hacia los camerinos. «Qué pena que no te pueda acompañar, pero es que después de esta sección Ruth regresa para cambiarse.» Isabel se acomodó mejor en su mesa de centro a ver el espectáculo. Ruth le separó lugar especial. Isabel estaba sola pero gozaba. Pidió una botella de champaña de las más caras. Un banquero español le montó conversa.

—Yo he estado en tu tierra, criatura; allá tengo familia. Un primo que tiene unas canteras. Jaime Pujols, para servirla.

—Isabel Luberza.

—¿Eres familia de la cantante?

—No precisamente. Digamos que soy amiga y benefactora.

—Pues arrimemos mesas, que estos espectáculos no es bueno verlos a solas.

No durmió en toda la noche. Siguieron la juerga con los músicos después del espectáculo. Pero Isabel estuvo de pie temprano. Don Jaume Pujols le había concertado una cita para verse con otro banquero amigo suyo, oriundo de Panamá. Después de la tercera botella de champán, le dio el consejo de su vida. «Lo que tienes que hacer es abrir varias cuentas en bancos diferentes aquí en Panamá, donde te permiten guardar dinero en dólares. Ni se te ocurra dejarlo en tu país, que lo pierdes todo si entras en litigios con el fisco. Tengo una caja de ahorros en Santo Domingo desde la cual puedes hacer la transacción.»

La cosa marchaba más rápido que lo acordado, «pero a la oportunidad la pintan calva», se echó ánimos Isabel. Nada de timideces. Tenía que prepararse para actuar. Llamó al banquero, confirmó cita. Se encontrarían para almorzar. Isabel llegó a la zona bancaria, acompañó a su posible socio a un almuerzo ligero y quedaron en volverse a llamar antes de la partida. Pidió que le ordenara un taxi y decidió regresar a la zona turística, a comprarse algo que marcara la ocasión, quizás un prendedor de diamantes. Era un lujo que se iba a permitir. Total, según lo recién aprendido, las prendas más que lujo, son inversión.

El agua rompía contra vallas de piedra y troncos secos que protegían la carretera. El agua del mar era sucia, mezclada con lodo después de arrastrarse por toda una costa plana, sin olas. «Son las aguas del río, señora, las que le quitan el azul al mar.» Eso le explicó el taxista. Fueron adentrándose por las callejuelas de la ciudad colonial. A Isabel le parecieron ruinas conocidas. En las plantas bajas, las construcciones levantaban piedra y mampostería. En las altas, barracones de madera se deshacían en la humedad. La calle era una devastación y una miseria. El taxi dobló por una callecita e Isabel se encontró en la plaza frente a la catedral. Después dobló por otra y un mercado chino se extendía frente a sus ojos por tres cuadras. Jamás había visto cosa igual.

Un barrio chino serpenteaba por el centro mismo de aquella ciudad decrépita. Restaurantes, puestos de flores de seda, de mercancías rematadas atraían a una multitud que nadaban entre las carpas y las mesas como peces asustados. Un olor extraño a grasa percudía el aire. Caras orientales se mezclaban con caras negras, con caras indias, con caras mestizas que dejaban ver otros rasgos, otras procedencias. No todo lo que allí se vendía era chino. Entre un puesto y otro, dulces de ajonjolí y frutas tropicales se anunciaba la presencia de comerciantes de otro proceder.

Detuvo al taxi. A dos puestos de la calle una señora gorda con la cara como un plato anunciaba en un español con acento la venta de medias de seda a un precio ridículo. Seguramente serían de contrabando. Compraría dos docenas para las chicas, algunas se las regalaría a Ruthcita y a Leonor. En el puesto de al lado un mulato de ojos rasgados y pelo crespo vendía imágenes religiosas. Cristo negro de Portobello, Virgen de las Mercedes, Virgen de la Providencia. Medias chinas e imágenes de yeso que retrataban terribles dolores. Todo a precio de rebaja.

Cuatro vírgenes, el cristo negro y una docena de medias. Ya casi finalizaba la compra cuando vio a la niña. Caminaba por la calle contoneando sus carnecitas de gata flaca pero llameante. Pasó cerquita del puesto y de un zarpazo agarró un par de medias que escondió en el bolsillo de su falda. Pero la tendera le pescó la movida. La agarró del brazo y le pegó dos bofetadas. Ya iba a descargarle otro golpe cuando Isabel se vio agarrando a la puestera por el brazo.

—Deje, señora, yo se las pago.

No se lo pudo explicar. Tampoco sabe cómo hizo para convencer a la niña de que subiera al taxi con ella. Será que en la cara le vio el abandono. En los ojos le leyó la rabia. Le dieron ganas de llevársela.

—¿Cómo te llamas, criatura?

—Mae Lin.

Cuando llegó al cuarto de hotel, Isabel le informó a Leonor que regresaban con otra pasajera. «¡Pero tú estás loca!», gritó su amiga. «Con tanto problema que resolver en casa y a ti te da con traerte los ajenos. ¿Cómo la vamos a sacar del país?» La madama sonrió. «En este mundo, con dinero se arregla todo.» Llamaría a su nuevo amigo el banquero para ver si tenía algún contacto que le ayudara a resolver el inconveniente de llevarse una chinita de Panamá. Mejor que el prendedor de diamantes. La niña la miraba con los ojos vacíos y precavidos de una fiera. Isabel llamó al servicio de habitaciones y le dio de comer hasta dejarla boqueando en el delirio de un hambre saciada. Llamó a la agencia y reservó un pasaje. Ya encontraría cómo hacerla pasar por Inmigración, estaba segura.

El viaje iba a ser tan sólo por una semana, pero a Ruthcita le extendieron el contrato. Mes y medio completo. Isabel extendió su estadía una semana más y finalizó los detalles con Pujols. Al llegar, transferiría parte sustanciosa de sus ganancias a la caja de ahorros de Santo Domingo. Tendría que regresar. Sólo la retenía Leonor.

—Pero quédate un ratito más. Si tú y yo nunca hemos tomado vacaciones.

—Vacaciones para mí, Leonor. Tú estás de vestuarista. Te gusta verdad.

—Muchísimo.

—Ésta es tu oportunidad, quédate aquí.

—¿Y las muchachas? ¿Quién las va arreglar para los clientes? ¿Y tú, Isabel?

—A mí ya me has acompañado suficiente. Ruth te necesita, y tú a ella. Yo me llevo a Mae Lin. Cuando regreses, en casa te estaremos esperando.

En el avión con su chinita no encontró ninguna resisten-
cia. Unos pesos por debajo de la mesa a un agente resolvie-
ron el problema. «Te va a gustar la isla, ya tú verás.» Mae
Lin la miraba ansiosa. No se dejaba coger la mano, ni soltaba las maletas grandes, de cuero, que Isabel le compró en
la boutique del hotel. Iba repleta de ropa para la niña, de las
medias de seda que envolvían siete imágenes de la Virgen.
Pero al llegar se encontró con la hecatombe. Dos de sus
pupilas habían abandonado el Elizabeth's. Tres más estaban a punto de liar sus bártulos y largarse de San Antón.
Todo por el obispo MacManus, látigo de furia.

—Ahora nos señala cuando vamos a la Iglesia. Nos tira
al cuello a las siervas de María. Desde el púlpito nos llama
con nombres y apellidos.

Esto lo tenía que arreglar. En su casa de Bélgica, entre los
juguetes de Manolín y Olga y ahora de su chinita panameña,
comenzó a diseñar las estrategias. Debía partir en dos el imperio que MacManus consolidaba en su contra. Redoblar los
donativos al orfanato. Aprovecharse de los negociantes que
visitaban su Dancing Place. Iba a poner a funcionar todo ese
dinero que le sobraba. Invertir, como le había aconsejado Pujols. Pero las muchachas, ¿cómo convencerlas de quedarse?

Al otro día manejó en su Packard hasta San Antón. Don
Demetrio. Le llevaría una caja de tabacos que compró de
importación en Panamá. Y le propondrá algo.

—Don Demetrio, necesito de nuevo a albañiles de la Federación. Voy a levantar una gruta. Para que las muchachas se consuelen tranquilas.

—Pero Isabel, no le estarás echando leña al fuego. Una
gruta al lado de un Dancing. Para muchos eso va a ser una
provocación.

—Pues que lo sea, don Demetrio. Las muchachas tienen
que rezar tranquilas. Y además contra ese obispo yo necesito
mi protección. Que me eche a sus ángeles. Yo alzo mis vírgenes de este lado. A ver cuál de los dos bandos gana.

4

Espera por un viajante. Un nuevo socio, excelente oportunidad para sacar a los Fornarís del hoyo; hacer negocios contra las tierras que les quedaban. El gringo era de Louisiana; quería abrir una importadora de piezas para camiones. Necesitaba almacenes con cercano acceso a las carreteras hacia el norte que conectaran fácilmente con los puertos. Aunque ya todas las tierras de las riberas del río habían pasado de manos, todavía le quedaban éstas, al borde de San Antón que hacía tiempo había dejado de ser un pueblo de cañeros para convertirse en un arrabal. Allí construiría los almacenes. Esa sería la base desde la cual se despacharían los camiones para cargar y transportar mercancía. Él pondría las tierras, los permisos, una inversión inicial. El gringo de Louisiana le daría la exclusiva de las piezas y con suerte supliría lo que le faltaba para comprar su flotilla de carga. Una vez cayera el negocio, Luis Arsenio pondría en marcha su plan.

San Antón. Aún quedaban casitas de madera, pedazos ralos donde crecía la caña brava; pero ya todos sus predios se habían convertido en talleres y residencias. Aquel campo de su infancia desapareció. Entre patio y patio de vecino quedaban quizás caminitos de tierra, algún batey soñoliento con techos de penca, de zinc, pero la mayoría de las construcciones eran ahora un parcho desigual de madera con cemento. Entresacados del vecindario se alzaban talleres de todo tipo, de hojalatería y pintura, rotulación, tapicería, mecánica en general. El camino principal estaba pavimentado. Mostraba sus postes de alambrado a orilla de las tres calles que dividían el barrio en abanico hacia adentro, hacia los retazos del cañaveral baldío donde recientemente estaban alzando torres de alta tensión que extendían hacia el cielo una cablería oscura y oscilante. Al otro lado de las torres, el río se escondía por el matorral silvestre. Se veía tan ralo sin su caña, cercado de cemento. Del otro lado serpenteaba la carretera militar. Se hablaba de planes para ensancharla y convertirla en una gran autopista, empresa de años. Que los Ferráns se atragantaran el negocio. Él no quería ensuciarse las manos así. Pero así era como ahora se lograban las fortunas en estas tierras. Con cemento. Luis Arsenio no podía creer cómo crecía el cemento, comiéndose lo verde que antes fuera el cerco de su infancia. Aquella cosa verde y trashumante que no lo dejaba respirar.

Por el altoparlante anunciaban llegadas desde San José, Panamá City, La Florida. El licenciado Fornarís apagó su Tiparillo. Desde que regresó a la isla comenzó a fumarlos de nuevo. Se aproximó al mostrador de las aerolíneas para corroborar que su información estuviera correcta. «Lo sentimos mucho, pero hubo un retraso en el vuelo.» No tenían hora exacta de llegada. No importaba. Ahora que todo estaba dispuesto, que sabía paso a paso lo que debía hacer, lo más que le sobraba era tiempo.

Parecía mentira. Hacía años que estaba de regreso. Su padre lo fue a recibir al aeropuerto un día parecido a aquel, ni muy brillante ni muy nublado; una media mañana de diciembre. Luis Arsenio lo reconoció de golpe, tan pronto salió del pasillo techado de lona que conducía a los pasajeros hasta el piso caluroso donde se recogían las maletas. Hubiera querido pasar a su padre por alto, irlo viendo pedazo a pedazo hasta hacerse un cuadro completo y entonces decir «es él», abrazarlo. Pero don Fernando Fornarís se le apareció en el terminal agitando la intemperie de su vejez de un brazo inmensamente flaco y cansado. Allí estaba lo que le quedaba de padre. Arsenio se olvidó de recoger sus maletas y salió a parársele delante. Su madre había muerto, y la abuela. No le debió haber dejado enterrar solo a tanta gente. Con un solo brazo se lo acercó al pecho. De Fernando Fornarís salió ese olor a bebé antiguo, a talco con sudor, a leche rancia que emiten los cuerpos de los viejos. El hijo casi no se atrevió a besarlo en la mejilla.

—Adrián está buscando estacionamiento. ¿Esto fue todo lo que trajiste?

—Adentro hay más.

—Vete y búscalo. Dame a que te vigile el bolso ese.

Supo entonces que regresar era cumplir. Había al fin terminado su título de abogado y volvía a hacerse cargo, a buscar soluciones para el bienestar y crecimiento del menguado clan. De los viejos ya no quedaba vivo casi nadie, ni en sus manos casi nada. A la muerte de la abuela tuvieron que vender el último de los almacenes para repartirlo en herencia entre familiares lejanos. Queda algún primo como Adrián, con algo de interés en su familia. De vez en cuando ayuda al viejo a resolver problemas pequeñísimos, como el de traerlo a buscar al hijo que regresa. Ya nadie musitaba la palabra chofer. De los hijos de Fernando el viejo, quedaba él y quien se sabía que era un secreto. Regresaba también a buscarlo.

Ya de vuelta con todos sus bártulos en la mano —algunas cajas de libros, un bolso lleno de sus pocas ropas de civil— pudo hablar con su padre sin que se le atragantara la garganta.

—Te ves bien —mintió.

—Y tú estás hecho todo un hombre.

—Vengo a quedarme, padre...

—¿Y vienes solo?

—No quise traer nada que me pesara.

El padre lo miró de rabo a cabo y sonrió para sus adentros. Su hijo venía sin mujer, sin hijos, sin nada más que los años que ahora le habían colocado las arrugas alrededor de los ojos. Luis Arsenio se miró en la sonrisa de su padre. Por debajo de las canas, de la altura recortada por una tenue joroba, por debajo inclusive de los ojos, ahora más color pasto seco, vio un fulgor. Quizás regresaba a tiempo, quizás le quedaba padre para rato.

—A ver si ahora me sueltas el bufete.

—Me lo tendrás que arrancar de las manos. Pero no te preocupes, hay varias cuentas gordas esperándote.

—Por lo menos socios, ¿no?

—¿Cuándo no lo hemos sido?

Caminaron hasta el carro, Luis Arsenio cargando el bolso militar y la maleta con sus cosas. El padre intentaba llevarle el abrigo, el bulto de mano. Había sido larga la ruta del regreso. Pero ahora estaba de vuelta. Al fin en casa.

Para matar el tiempo, el aeropuerto ofrecía dos opciones, o meterse al club militar a tomar algunos tragos, o irse a la cafetería del terminal a procurarse un café. El licenciado Luis Arsenio Fornarís esperaría a que llegara el peje gordo para invitarlo al bar a tomar alcohol del bueno. Un roncito, para entonar. De paso haría alarde de su rango de antiguo oficial de la Marina. Quizás eso ayudaría a disponer las cosas a su favor. Por el momento, lo segundo se le hizo antojo en las papilas. Los aeropuertos siempre le daban ganas de tomar café. Nada más que café. Taza en mano, se sentó a esperar de nuevo y no pudo evitar recordar esa última vez que fuera pasajero. Había viajado mucho después de Filipinas, a Normandía, a Túnez, a la Bretaña Francesa. Pero el viaje que ahora repasa fue el definitivo.

Hacía la travesía con tan sólo una taza de café en el intestino. Así se había acostumbrado a volar de militar, cuando debía desplazarse de improviso de base en base, para resolver algún problema de litigios sobre nuevas delineaciones, o para hacer contratos de reconstrucción en las que debía mediar la oficina de Juris Advocacy. Nunca fue piloto, siempre pasajero, pero de ellos agarró la costumbre de viajar con el estómago vacío, «ya habrá tiempo de comerse algo en tierra firme». No quería pasar vergüenzas al virársele el estómago en la cabina del avión. Aquel vuelo de la PanAm tenía a toda la concurrencia rezando el rosario. Siete horas en el aire. Cada brinco le arrancaba gritos a sus compañeros de travesía. Boquetes de aire sacudían el avión como un siquitraque. Las hélices ensordecían a los pasajeros haciéndoles vibrar los tímpanos hasta las lágrimas. Estaban todos enfermos del mareo, con los vómitos a punta de boca, palidísimos, menos los dos o tres que ya viajaban demasiado borrachos para enterarse del miedo. Sin embargo, la panza del avión se hinchaba de banda a banda. Luis Arsenio miraba alrededor y no dejaba de preguntarse de dónde habían salido tantos viajeros tramontando el aire hacia estas direcciones.

—Yo regreso a ver a la vieja, que se me está muriendo. Me fui en el cuarenta y ocho a Nueva Jersey a recoger tomates. Van seis años de eso. Ya me acostumbré por allá.

—Aunque a veces a uno le hace falta su calorcito, ¿verdad? ¿Y usted, joven, a qué vuelve? Me tiene pinta de veterano.

Le estaban hablando dos señores percudidos por un sol distinto al de los trópicos, estaba seguro. Tenían la piel seca de quien trabaja a la intemperie en las heladas. Pero le hablaban como si fueran todos familia. Y él contestaba tranquilo, sin arderse ni incomodarse. Les contaba de sus conquistas en Túnez, en Francia, de los combates que presenció en las Filipinas. «Tenía unos ojos de gata en celo, se lo juro.» Las palabras se le escurrían de la boca sin esfuerzo. Ayudaban los chorritos de ron legal «Palo Viejo, ¿vio?» que los señores vertían de una caneca a los vasos de las meriendas, de espaldas a las aeromozas. Continuaban pidiendo historias entre brinco y brinco de avión y le convidaban a otro trago «para aquietarnos los nervios, que este armatoste nos la enlía». No se iban a matar, Luis Arsenio se lo aseguraba. Le pegaba el hocico al vasito, como ellos y hablaba con una soltura que no sabía de dónde llegaba.

Terminó su café y salió de nuevo a ver los aviones aterrizar. Mediría su tiempo. Dentro de una hora volvería al mostrador de la aerolínea. Su reloj retilaba contra la muñeca, el mismo de oro que le dejara el abuelo en herencia. Con ese medía el tiempo, cada minuto, cada segundo, y los pasos que debía dar. Por años lo había tenido a mano y aun así el tiempo se le escapaba sin él notarlo apenas. Símbolo de cómo pasa el otro tiempo, el que no se puede medir. Pasó más de diez años en el mar. Así quemó la guerra y después de destacamento. Permaneció del otro lado del océano, en Caen, Normandía, ayudando a la reconstrucción. Aprendió a redactar contratos entre socios americanos y franceses, siempre para ventaja de los primeros. Ventas de cemento, de acero, cargamentos de herramientas de manufactura; el momento de cerrar contratos era ahora que Europa estaba deshecha y los industriales americanos salían fortalecidos de la guerra.

Quemó más de diez años y no se dio cuenta. Las mujeres se le hicieron todas y la misma. En Caen fue Lorene y una de ojos muy oscuros que le decían La Chouette. En Túnez se llamó Maura, que llenó de almizcle el cuartucho donde se estrujaban, tan pronto le levantó las faldas para penetrarla. Pasó año y medio en la región de Ventimiglia. Única, Lusiana y Marilé le acompañaron el lecho durante ese tiempo. Ninguna fue definitiva, así lo quiso Luis Arsenio. Su viaje era de aprendizaje y él ave de paso. Las tierras del padre lo esperaban al otro lado del mar. Pero antes tenía que terminar cosas pendientes.

Podía costearse a través de la G.I. Bill un último año de universidad. Y ése era el plan. Un buen día se decidió a desandar ruta. Solicitó que lo destacaran a Fort Brooks. En el fuerte buscó opciones. Se trasladó a New Haven. Aquella ciudad, que no lo era, se alzaba en picos góticos en medio de una planicie de cemento, de casas recién construidas. Estaba hecha para detectar fácilmente a los tipos de su calaña; hombres sin mujer, merodeadores que ponían en peligro el plan de progreso y estabilidad de la posguerra. Porque eso era lo que se extendía más allá del centro, más allá de las torres de la universidad de Yale, y de las gasolineras, tiendas de neumáticos, carnicerías, cafés. Estabilidad, progreso. Suburbios. Familias y más familias se reproducían en casitas de dos aguas, con su verja blanquísima delimitando territorios. Los bares quedaban del otro lado de las vías del tren, tugurios malolientes, llenos de tullidos y de putas tristes que se quedaba dormidas contra las velloneras. Luis regresaba del otro lado del mundo, y se encontraba otra vez con un país en donde no cabía.

Tuvo suerte. Miss Betty Mae, una señora gordísima y propietaria de un edificio a pocos pasos de la Escuela de Derecho le rentó un cuarto. «Un sitio decente» Todos los estudiantes G.I. con los que se topó se la recomendaban, aunque muchos no podían evitar el preguntarle: «Eso es en lo que llega tu mujer, ¿verdad?» Luis Arsenio sonreía. «No tengo mujer.» Algunos le devolvían una mirada compasiva, otros de envidia.

La costumbre de rondar los puertos le quitó la disposición para el estudio. Encontró las clases anticuadas; no podía dejar de contrastar lo que decían sus libros con la experiencia, con la manera en que la ley se hace agua entre los dedos del practicante y se convierte en cosa viva, un amasijo de palabras que cambia de densidad tan pronto se escurre de una boca a otra, de un papel a otro, de una mano que empuñando una pluma las quiere hacer definitivas. La ley está hecha de viento y el precio para fijarla es el del mejor postor. Pero Luis Arsenio había hecho una promesa y pretendía cumplirla.

Ahora regresaba en aquel vuelo a su país con una taza de café que le calentara las tripas. Borracho de beber ron con dos extraños, hermano de gentes a las que antaño hubiera buscado evitar. No importa. Nada importaba en esos momentos. Luis Arsenio seguía riendo al lado de aquellos dos jíbaros curtidos, como ajustándose al fin a su verdadera estatura de hombre. Le sentaba bien la mediandad de su cuerpo. No necesitaba ya de su nombre, ni de su apellido, ni siquiera de la certeza de que aún le quedaban tierras a la familia. No necesitaba nada más que de su cuerpo ancho y anónimo que lo contuviera, su barba cerrada, la piel sobre sus costillas. La guerra lo había hecho otro. Le había mostrado de lo que era capaz la gente, negra, blanca, amarilla, poderosa o desprovista, amparada por la ley o por el fuego cruzado de un rencor y de una metralleta. Con tal de que no los vieran morder el polvo, con tal de cobrarle a cualquiera su propia vulnerabilidad, eran capaces de vender y de violar, entrampar y de inmolar a otra gente; recién nacida, solitaria o a la intemperie. Había visto a la gente hacer cualquier cosa por comida, o por un negocio o por un traje bonito. O simple y llanamente por sentirse que vencían a ese adversario que de tan íntimo ya no sabían quién era ni cómo se llamaba. Lo encontraban en todas partes, y en todas partes lo querían humillar. «Ya.» Ni sabe cuándo se lo dijo Luis Arsenio, si fue en Túnez o en las Filipinas o en Caen. «Ya basta», recuerda haber pensado definitivamente aquella media mañana de diciembre, sentado en un B-49 con destino a San Juan de Puerto Rico, bebiendo ron sin desayunar con dos emigrantes que había dejado rotas sus espaldas en algún sembradío de tomates de Nueva Jersey. Algo en sus adentros dijo «ya», en serio. El peso grave de un silencio se le deshizo en la boca del estómago. Y nada le fue necesario para regresar a su casa.

Volvió al mostrador. «El avión está a punto de aterrizar.» Ahora debía alistarse para hacer cumplir su plan. Encendió otro Tiparillo. Decenas de personas descendieron de sus tripas de metal. Cajas de cartón agarradas con sogas, sacos reforzados con yute, unos pocos bolsos de cuero fueron depositados en los carritos de empuje que conducían los paquetes hasta el terminal. Desde el puente, el licenciado divisó a su presa. Venía maletín en mano, secándose el sudor que le enrojecía los mofletes y la nuca con un pañuelo blanco. Calvo. Demasiado alto para el trópico, demasiada masa con la cual cargar. Aquel era su socio de Louisiana. Al licenciado Fornarís le tocaba echar manos a la obra.

—Míster Dougald, por aquí. Déjeme que lo ayude. ¿Cómo estuvo el vuelo?

—Una pesadilla; pero aquí estamos.

—No se apure, que yo se lo voy a compensar.

—Eso espero...

—Deje que vea la localización de los terrenos y los planos del almacén. Pero lo noto acalorado. ¿Quiere un whiskicito?

—Hombre, me leyó el pensamiento.

Se encaminaron hacia el club para oficiales del hangar militar. El licenciado enseñó sus identificaciones «Pase, teniente». Le explicó lo de su rango al socio. Buscaron una esquina fresca y silenciosa. Ordenaron sus tragos con mucho hielo. El licenciado sonreía, relajado. Algo le decía que los vientos le eran propicios para esta empresa.

—Usted sabe que el gobierno está ofreciendo incentivos contributivos para el establecimiento de negocios en la isla.

—Eso es tan sólo para fábricas.

—También para industrias de alto empleo. Atuneras, destilerías, empacadoras. Si a nuestro almacén de piezas le añadimos un componente de transporte, y un personal para la administración y almacenaje de material a escala industrial...

—Nosotros ya tenemos una sucursal en la capital.

—Pero esa sucursal no suple la demanda de piezas para maquinarias de construcción pesada. Lo que yo le propongo es duplicar su espacio con otro centro industrial en el sur de la Isla especializado en piezas y servicio para grandes maquinarias. Vienen muchísimos proyectos de construcción en estos tiempos. Lo sé de muy buena lid.

—¿Y quienes serían nuestros clientes?

—De entrada, los contratistas que emplea el gobierno. Muchos son clientes de mi bufete. Esto es una isla chiquita en pleno crecimiento, míster Dougald. Imposible no estar conectado.

Todo lo que decía era mentira. No eran tan profundas las conexiones ni tenía tan amarrados a los clientes. Aunque sí llevaba las cuentas para propuestas de construcción, de darse este negocio, haría lo contrario a lo que decía. Esta vez no iba a negociar en beneficio de otros. No iba a vender favores ni a hacerse de la vista larga. Identificó un boquete en el que nadie había pensado y ahora le sacaría ventaja para él y los suyos. Solamente que la idea de quiénes eran «los suyos» acababa de tomar su forma final.

Aquella media mañana en que lo recibiera el padre, Luis Arsenio estaba loco por llegar. Guió las cuatro horas casi corridas por entremedio de las montañas. Pararon tan sólo a instancias del padre en puestos a la vera del camino donde vendían sacos de china, aguacates. Hicieron provisión. «Cuando tú eras niño yo me la pasaba cruzando esta carretera de norte a sur. Las curvas dejaban a todo el mundo mareado, se despeñaban carros a cada rato. Una calamidad. La Piquiña. Pero para mí estos montes eran un trecho de brea brava que yo cruzaba, una y otra vez, para resolver litigios, representar clientes allá en los tribunales de la ciudad. Mi padre se tiró al agua y yo al monte. Hacia adentro. Me gusta por acá. También hice mis buenos negocios por estos litorales, no te creas.» Luis Arsenio «¿qué negocios, padre?». Y don Fernando «Tierras. En Hormigueros, San Germán. Ahora que estás de vuelta, cogemos carretera cualquier día y te las subo a enseñar». Colinas de todas las gamas de verde se recostaban como una piel viva. Las nubes dibujaban patrones de luz y sombra contra las hondonadas. Luis Arsenio de repente pensó en Minerva. ¿Por qué en ella? «Cuando me muera, entiérrame acá arriba. A mí no se me ha perdido nada en el cementerio municipal.»

El hijo se tomó un día de reposo, y eso fue suficiente. De inmediato se instaló en la oficina de su padre. Todo se le hacía tan natural. Don Fernando no le hizo pasar por cedazos de ningún tipo ni se aferró a ningún poder. Al contrario, cedió llaves; abrió los libros del bufete de par en par. De par en par, le habló claro sobre el estado financiero de la familia. «La enfermedad de tu madre fue larga y costosa. Los Rangel jamás me perdonaron que la internara. El maldito qué dirán. Así que los últimos años me la traje del hospital y le puse enfermeras privadas en turnos seguidos. Tuve que transformar la casa, poner barandas, candados, cama de posiciones. Mudarla para vivir con la enfermedad.» A Luis Arsenio le pasó la imagen completa por la cabeza. Su padre bajó el semblante y respiró profundo, como si soltara al fin el pecho de un aire enquistado. «En el pueblo perdimos casi todo, pero aún nos quedan las tierras de la altura.»

Lo que sí le sorprendió fue saber quiénes eran los nuevos propietarios de los bienes de la familia. «Los Ferráns me ofrecieron comprar la finca del río un precio muy por debajo del valor de venta; pero necesitábamos el dinero, Luis Arsenio.» Al hijo le pasaron conversaciones por la cabeza «hay que ser frío, Luis Arsenio». No pudo evitar pensar mal de Esteban. ¿Por qué no le avisó, le tiró alguna señal, aunque fuera de humo?

Allí estaban los libros, desparramados sobre la mesa del despacho. Número de contrato, costo de sellos, servicios. Al uno por ciento el cierre de compraventa. Los Marcels necesitaban contratos de excavación para acueductos y alcantarillados; los Vega Urrutia para subasta para con que suplir de piedra y arena a la municipalidad por el año pasado, y el anterior, y el anterior. Los Cardoso permisos para la construcción de puentes en dos sectores aledaños a Pueblo Chiquito, reparaciones de trechos de La Piquiña. Con los Ferráns, la lista se hacía larga. Subastas de construcción, permisos para desarrollar tramos de carreteras rurales, puente sobre la Quebrada Morell, dragado de la Quebrada Morell, subastas de materiales de piedra y arena, una, dos, siete veces al municipio. Y las compras de las tierras de los Fornarís. Todas las que quedaban a la vera del río, colindando con la carretera militar, las adquirieron debajo del precio de tasación, hectáreas y hectáreas pasaron de mano en mano. De la mano de los Fornarís a las de los Ferráns.

—Pero papá, ¿tú no les llevabas los libros?

—Casi todos.

—Entonces debiste saber que se preparaban para un negocio gordo. ¿Por qué no buscaste asociarte con ellos?

—Tu madre, el bufete. Tenía la cabeza en otras cosas.

—El patrón se lee a leguas.

—Dragado del río, ensanche de la carretera militar. Hace rato lo vienen tramando, pero el proyecto es tan grande que se cuelga en cada administración. Quizás en ésta logren consenso.

—¿Ninguno te invitó a participar, en vez de arrancarte las tierras de la mano?

—Creí que en la guerra había aprendido la lección, señor licenciado. Así no se juega este juego y yo nunca tuve la sangre fría para jugarlo.

«Ni yo», se dijo el hijo por lo bajo. Pero había que levantar economías. Así lo fue haciendo, paso a paso, hasta el sol de hoy, en que pone los últimos toques a su plan. Míster Dougald terminaba de tomarse su whisky con hielo y de mirarlo con ojos de lince por encima del borde mismo de su vaso. El licenciado Fornarís no se movió de su asiento. Esperaba la señal para que el socio se sintiera motor propulsor de los eventos que se sucedieran.

—¿Y cuando me enseña los planos para los almacenes?

—Cuando usted quiera, Míster Dougald.

—Mientras más pronto mejor.

—¿Qué tal si lo dejo en el hotel, para que se refresque, descanse un poco?

—Mire, licenciado, yo vine a lo que vine. ¿Cuándo bajamos al sur?

—¿Por qué no bajamos ahora?

Tomaron una avioneta desde el aeropuerto de Isla Grande. Otra vez una alfombra inusitada de verdes se extendía bajo el aire. El señor Dougald casi no cabía en la nave y no paraba de sudar, aunque las ventanillas dejaban entrar una brisa brusca por una ranura redonda como de escotilla. Pero el gringo tampoco fue insensible a los colores de allá abajo, ese verde tan sinuoso que parecía el espectro entero de todos los verdes imaginados. «Bonito» musitó. No le caía mal el gringo ese. El licenciado Fornarís se limitó a contemplar ventanilla afuera.

El piloto avisaba proximidades. En unos veinte minutos estarían sobrevolando San Antón. Hacía buen viento y el sol dejaba ver hasta el mar los islotes que marcaban la ensenada por el sur. Por alguno de aquellos recovecos se encontraba su hermano. Roberto Fornarís.

El *private* Fornarís vivía en una casa de cemento de cuatro cuartos que se había comprado con su pensión de soldado. La familia le crecía silvestre del vientre de una jíbara de quien se enamoró en una de sus visitas a la isla. Lisandra. «Ella fue quien me aquietó.» Se casó con ella aún estando en el ejército, pero la dejó en Hormigueros, en casa de su madrina; después se la llevó a Alemania. De ahí al Fuerte Allen, donde finalmente lo destacaron. Entonces se retiró. Poco a poco se hizo contratista. Nunca pudo hacerse del título de ingeniero que le prometió el ejército, pero sus hijos sí lo harían. Ya había uno a punto de graduarse de la escuela superior y con mucho potencial para que lo aceptaran en la nueva escuela de ingeniería de la universidad, allá por Mayagüez.

—No hay nada como que los hijos completen el camino que uno empieza.

Eso se lo había dicho su hermano cuando por fin Luis Arsenio amansó suficiente valor para ir a verlo.

Semanas después de tomarle aquella deposición funesta, los japoneses atacaron las Filipinas. La defensa resistió algunas semanas, pero la ofensiva no dio tregua. Eisenhower ordenó retirada y Luis Arsenio perdió su momento de buscar a Roberto. Quería contarle que sabía algo, no era definitivo, no tenía pruebas, pero sabía. No era el único de su especie y para colmo su especie había mutado. Pero eso, en vez de angustiarlo, lo alegraba. Le daba una extraña paz que no se podía explicar y quería decirle a Roberto, hablarle, al fin desmembrar el silencio. «Ya el abuelo ha muerto» —quería contarle—. «Y mamá está loca como una cabra. Me imagino que la enloqueciste tú o lo que tú representabas en su cabeza, eso que ella dejaba de ser si tú existías. O peor aún, si existía tu madre. ¿Cuántos años tienes? ¿Ya mi padre estaba casado cuando naciste? Y dime quién fue tu madre.» Quería oírlo de su boca. Al fin escuchar el nombre de la mujer que por tanto tiempo lo dejó huérfano a él también, medio borrado en la mirada distante de su padre, en los asedios histéricos de la madre. Aquella mujer no le perteneció nunca, pero que también lo parió como era, hijo del silencio, entre las piernas de Minerva, de Lucille, entre las piernas de tantas otras mujeres que esquivó, huyéndoles siempre.

Pero cayó Manila y le perdió el rastro a su hermano.

Soldado 67544. Roberto Fernando Fornarís. Cayó Burma y ya no supo dónde encontrarlo. Héroe en la batalla de Guadalcanal. Estacionado en Trípoli, promovido a teniente en asistencia a Francia por recuperar Argelia. Siguió buscando entre los informes militares. Destacado bajo el mando del almirante Vernon, asistente del general Clark en el desembarco en Sicilia y la toma de Nápoles. Aun cuando intentó olvidarse, lo buscaba con los ojos en cada taberna, en cada puerto a donde viajaba. Cae Normandía, los aliados liberan Calais. De vez en cuando recibía cartas de su padre, conversaciones con un hijo ausente que ahora se le hacía doble. Luis Arsenio se preguntaba si en algún lugar del globo no estaría ahora Roberto, su mitad, recostado contra una mesa, leyendo una carta similar, o una carta diametralmente distinta, como escrita sobre otra superficie. El pecho se le llenó de una nostalgia extraña. Luis Arsenio y Roberto Fernando, un hermano y otro, Fornarís de piel a piel. ¿Quién sabe si pudieran, quién si encontraran cómo disipar las neblinas del miedo o del recelo, del silencio impuesto por aquellos que no supieron hermanarlos en el mundo?

Ahora estaba de frente a su hermano. El contratista Roberto Fernando Fornarís lo miraba de verde a verde al centro mismo de los ojos. Las palabras completas de su historia le bajaban tranquilas por la garganta. «Llegué a capitán en el ejército. Me iban a condecorar, no sé por cuánta vez. Pero la guerra me acabó el coraje que tenía. Por ahí Lisandra debe tener guardadas las medallas. Desde chiquito fui una alimaña, pero ver tanta gente rota cambia a uno.»

«Pedí que me trasladaran. Entonces subí a buscar a Madrina a la montaña. Estaba vieja, loca. Me hablaba de venganzas y de cobrar con sangre y todas esas tonterías; yo que venía harto de ver tanta sangre correr. Botó a Lisandra de la casa, dijo que la culpa era de ella por haberme cambiado. Que yo era tan traicionero como mi madre. Entonces me dijo su nombre. Isabel Luberza Oppenheimer.» Hablaba con el mismo timbre de voz de hacía tantos años, cuando le tomó la deposición en las Filipinas. Pero esta vez los ojos de su hermano no esquivaban a los de Luis Arsenio ni tenían el brillo de la rabia. Lo miraban de frente, mientras hablaba, prestándole atención a cada respiro.

—Las cosas que uno ve en la guerra, ¿verdad? Lo que uno es capaz de hacer. ¿Te acuerdas de mi caso en Filipinas?

—¿Tú sabías de mí en Filipinas?

—Desde el cuarenta y uno. Te vi antes de que supieras que yo existía.

—¿Por qué no te acercaste?

—No encontraba qué decirte. ¿Y tú?

—Tampoco.

Se rieron ambos, pero a Luis Arsenio se le formó un taco en la garganta. Les habían fallado las palabras, se les quedaron angostas a ambos, y por eso tardaron tantos años en saber cuánto pudieron haberse acompañado. Pero entonces su hermano mayor lo miró con ternura. «Las cosas pasan cuando tienen que pasar. Como el día que te vi bajándote del portaaviones. Yo hacía la fila reglamentaria para subir al barco. Naval trasladaría campamento. El *SS. Seaborn* acababa de atracar porque había caído Malasia. Cientos de soldados nos pasaban por el lado de la fila. Ni yo fui quien te noté. Fue Moncho, un compadre del mismo barrio que me encontré por allá. "Adiós Roberto, mira a ese tipo, el doble tuyo, pero blanco." Así fue. Como si me viera en un espejo, con esa misma cara de siempre estar mirando lejos; de buscar lo que no se le ha perdido a uno y después volver p'atrás a tocar base y así ir avanzando, poquito a poco. El mismo cuerpo cuadrado, tú más flaco, pero igual. La misma barba cerrada que hace a uno verse más viejo. Pero fueron los ojos los que me lo dijeron. Pasaste de largo y ni te diste cuenta de que yo te estaba mirando. Por eso no me atreví cuando te tuve de frente en la sala de detención. Quizás tú sabías más que yo, aunque siempre sospeché, que el licenciado tenía otra familia. Quizás el licenciado a ti te lo había dicho, y tú estabas allí obligado y no te querías acercar.»

—Entonces no fue odio lo que te adiviné en la mirada.

—¿Odio? No señor, eran nervios, ganas de acercarme.

—Pensé que me odiabas...

—No, hermano. Me odiaba yo.

Luis Arsenio observó las manos de su hermano, idénticas a las del padre. Reposaban tranquilas sobre los brazos del sillón en el balcón de la casita donde se sentaron a conversar. Manos reposando, como las de Fernando Fornarís, sentado en el asiento de su Packard. Manos de años cruzando la Piquiña para ir a ver a ese otro hijo que crecía en Hormigueros. «Quise desentenderme, pero no pude. Bastante que me lo recriminaba tu abuelo. Un hombre tiene derecho a salirse del redil de vez en cuando, a tu mujer que se acostumbre. Hijos realengos debo tener yo tres o cuatro y aparte de pasarles unos centavos, la cara no me la ven, ni el doblez del apellido. Pero la madre lo abandonó recién nacido. Ni se lo quiso pegar al pecho. Después abrió el salón de baile aquel en las mismas tierras que yo le regalara y no quiso atenderme ni un reclamo. Yo no sé por qué la quise, pero la quise, debe ser. Las quise a las dos y se me partió la vida. Pero ¿qué iba a hacer yo con ella, dónde podría ponerla a vivir, que me aceptara ese lugar que era el único que podía darle? No hubo forma de convencerla. Tu madre se dio cuenta de primeras. Me olía las veces en que intenté disuadir a Isabel, mandándole recados para convencerla de que aceptara el hijo, otra casa en otro pueblo, que me dejara ocuparme. Y pues, tú sabes el resto.»

Estuvieron hablando largo y tendido aquella tarde, comparando historias. Luis Arsenio traía una de la boca del padre, la media con la que le contaba Roberto.

—Así se fueron a pique todas las tierras de la familia. Lo siento.

—Por mí no te preocupes. Me va bien con el trabajo. Además me queda la finquita de Hormigueros. Cuando se murió Madrina, pasó a mi nombre, sin que tuviera que alzar un dedo. Me imagino que fue el licenciado. Además mi madre...

—¿Isabel?

—Me quiere ver.

—¿Y tú?

—No sé. Me da miedo que me vuelva la rabia.

Un silencio se hizo entre los dos. El primero de la tarde. Pero faltaba una serie de preguntas y Luis Arsenio no se iba a ir sin ponerlas sobre el tapete.

—¿La viste alguna vez?

—Una, cuando pequeño, pero Madrina no quiso que me acercara. Se veía bien elegante. «Esa mujer es mala», me dijo, y seguimos caminando.

—¿Te hizo falta?

—Uno no echa de menos lo que nunca tuvo. Así lo quiso ella.

—¿Tú crees, Roberto? No te lo pregunto por molestar, pero, ¿tú crees que ella lo quiso así?

—No, a estas alturas ya no lo creo. La mitad de mi vida me lo comprueba. Me he pasado haciendo cosas que no quiero hacer.

—Entonces, ¿por qué no la vas a ver?

—He vivido siempre a la sombra de ese abandono. Ya es tiempo de que me marquen otras cosas.

Cuando aterrizaron Luis Arsenio y el Señor Dougald, el sol de media tarde caía en pleno. No había tiempo que perder. Almorzaron ligero y después llevó a su cliente a ver las tierras de San Antón. Ya a las cuatro de la tarde cerraron el trato. El señor Dougald pondría un por ciento de la inversión más le daría al licenciado la exclusiva de sus piezas.

La construcción de los almacenes debía comenzar de inmediato, si querían tener todo listo para operaciones competitivas antes del cierre del año financiero. Ahora caía la pieza en su lugar, las piezas que Luis Arsenio persiguió toda una vida.

—¿Quién se hará cargo de la fase de construcción del proyecto?

—Tengo un socio contratista que levantará los almacenes en menos de lo que canta un gallo.

—¿Y a nombre de quién hago el cheque?

—A nombre de Luis Arsenio y Roberto Fornarís, S.A. Hermanos.

ÚLTIMA PLEGARIA

Entonces lo llevé para que me lo desbrozaran. Lo llevé para que también Él le guardara rencor. Tu madre es como las putas del Viento, tu madre es de las que se venden por nada. No se lo dije, pero se lo mostré. El licenciado no quiso atenderme. «Estoy ocupado, doña Montse.» No quiso decirme lo del otro hermano. Ahora me estoy muriendo y no puedo contestar el mensaje que me enviaste a contestar. La vieja resuella en la cama. Está sola en la casita. Ve que una sombra se le acerca. ¿Eres tú, Madre? No peleemos más. Doña Montse, doña Montse, doña Montse, Virgen en su trono, Virgen negra con niño blanco en el regazo. No te apures Montse, no estas sola. Yo no me llamo así. Soy María de la Candelaria Fresnet y ésta es la hora de mi hora. Sólo te pido un favor, Madre. Dile que mi vida entera es Él.

—Madrina, soy yo. Soy Roberto.

—Rafael.

—Estoy aquí, estoy aquí, agárrame la mano.

Hijo del Padre y del Espíritu Santo, el Nene regresa de la guerra hecho Hombre, hecho Ángel encarnado en su uniforme de fatiga. Ya me cansé de tanta lucha. Ay, Madrina, dijo aquel que regresaba de la guerra, y lloró. El Nene hecho hombre lloró. «No quiero luchar más». Madrina Montse, he vuelto a casa sano y salvo; ya no quiero odiar. Yo le acaricié los rizos, escancié mis ojos, le besé las manos.

Sisisisí, yo María de la Candelaria Fresnet beso las manos del hijo que quiere perdonar al Padre, que quiere abrazar a la Madre, que quiere estrechar al hermano que nunca apareció por la gruta a pagar el diezmo de mi soledad. Que se llevara a la Arpía, que traicione los destinos que con tanta faena tejí para él. Que el también me abandone. Pero por dentro lo maldije, lo maldije. Te maldigo.

Antes de partir dejo en tierra mi maldición. Yo yoyo-yoyoyo la que provee, yo la que resguarda, yo la que azuza el toro de la Vergüenza. Yo maldigo al Hijo y me muero de vieja y con la rabia intacta en el pecho. Maldigo al Padre y me muero con la rabia hecha un quiste maloliente. Maldigo a la Madre y me la llevo conmigo al otro lado de la Muerte. Porque es ella la más próxima a mi culpa. Ella se morirá conmigo en este final. En este final yo soy quien gano y me la llevo me la llevo me la llevo. Ella es la virgen puta que tengo metida entre los huesos. Mis huesos son la tumba, son su único lugar. Los cirios queman al reverso de los cielos donde es Ángel y Demonio, donde es Montserrate e Isabel donde es María de la Candelaria y la rabia de los cielos que se desmadejan hasta dejarla limpia de los dedos de la Ausente. Que baje Dios y me bendiga la furia que de quien nunca se atrevió a decir otra cosa sisisí, se dejó comer por los caimanes, por las alimañas del monte de su despecho. Me la llevo y gano esta partida. Ya es la hora de la última hora. Me la llevo y no la suelto. Enciéndanle velas por los siglos de los siglos amén.

De tu regazo Señora, agua inversa negra negra negra. Dame el agua negra para yo beber. Dame la noche de la cual eres señora. Ahora que estoy vieja y me estoy muriendo. Ven levántame una gruta tú a mí. Hazme lo que te hice. Cobra tus buenos centavos por exhibirme, que los feligreses babosos me vean sentada en un trono de marabú, ábrete de piernas Virgen, véanla. Véanla por veinticinco centavos, que se postren y me vean vestida con las sedas más lujosas, envuelta en el humo de los sahumerios, en tu santuario de Hormigueros, en San Antón que se revuelquen en el Hormiguero de mis salivas puta tu virgen puta yo virgen Negra con un niño blanco en el regazo. De dónde sacaste a ese niño. Derrota al Enemigo que late en mi cabeza, el Enemigo era el Señor y yo sisisisí Montserrate, Montserrate, doña Montse. ¿Cómo es que me llamo? Madrina. María de la Candelaria Fresnet. Candelaria Fresnet María Magnánima de la Noche como todas las vírgenes del universo cuando pude haberme quedado sin apellidos sin sobrenombres, sin mantos y sin coronas y sin hijos del mismísimo Santo. Mujer María de los Montes y sin María, que me dejen tranquila ahora que me muero y que me llevo la rabia para mi tumba por lo que las Arpías de mí misma no me dejaron ser.

Roberto le sostiene la mano a la vieja. Mide sus resuellos. Llora. Su Madrina se va a morir. Roberto la ve mover la boca. Piensa que está rezando. La vieja tiene la mirada perdida.

Me quedas tan sólo tú, sisisisí Madre, sí. Acoge a esta vieja que se arrodilla ante ti a la hora aproximada de su muerte. Acógeme en esta finca vacía y no dejes que demore mi fin. La espero, Madre, te espero, Fuente de Paciencia, Mensajera del Cielo, Madre Bienhechora. Que me coman las hormigas que me arranquen la piel en esta la Última Hora; para lo que me ha servido. Esta vieja que ya no quiere ser la Candela confundida, la burla de su herida, su absolución. Se burlaron, Madre, hasta dejarme sin nombre y sin rostro, pareciéndose a ti, Virgen Negra con Niño Blanco en el regazo, Santísima Virgen de los Temerarios, Madonna Oscura, Virgen Santa de la Montserrate. Ampárame Señora que ya no quiero ser la Envilecida. Yo tan sólo quiero descansar.

FINAL DE VANIDAD

Letanía Final

Virgen Santa, en tus días gloriosos, no olvides las tristezas de la tierra. Echa una mirada de bondad a los que están sufriendo, luchando contra las adversidades y no dejan de mojarse los labios en las dificultades de la vida.

Ten piedad de los que amaban y quedaron separados.

Ten piedad del aislamiento del corazón.

Ten piedad de la debilidad de la fe.

Ten piedad de los objetos de nuestro cariño.

Sálvalos de nuestro amor, sálvalos de nuestro estrecho amor.

Ten piedad de los que lloran, de los que tiemblan, dales esperanza y paz.

Virgen de la Soledad, ruega por nosotros
Virgen de la Novena, ruega por nosotros
Virgen del Rosario, ruega por nosotros
Virgen de la Paz, ruega por nosotros

Virgen de la Luz, ruega por nosotros
Virgen del Buen Consejo, ruega por nosotros
Virgen de las Mercedes, ruega por nosotros
Virgen de la Misericordia, ruega por nosotros
Virgen del Desamparo, ruega por nosotros
Virgen de la Consolación, ruega por nosotros
Virgen del Traspaso, ruega por nosotros
María Egipcíaca,
María Gitana

María Magdalena, negra como la Rabia, como la noche más fértil donde se da el Hijo, donde hinca su cayado florecido el padre reverdecido,

Tota Pulchra est María et Mácula Originalis non est in te/ Nera sum sed formosa.

1

La primera vez que Isabel Luberza Oppenheimer vio al hijo del licenciado Fornarís por poco se lo come con los ojos. El chiquillo caminaba por el centro mismo del bar, meciendo su mediana estatura y su barba cerrada. Desde que abrió las puertas del Elizabeth's había visto a cientos de aspirantes a hombre pasearse así por el lugar. Su lugar. Algunos eran soldaditos más perdidos que un juey bizco, que no sabían cómo habían ido a parar a las costas de esta isla de la cuál casi no sabían el nombre. Otros eran niños jugando a héroes huelgarios, o retoños de macho celebrando que ahora tenían un poco de dinero con qué pagar sus estrenos en las sábanas profesionales del puterío más famoso de la Isla. El Elizabeth's Dancing Place. Así, en inglés, para que de entrada la gente supiera que su ranchón era un lugar con valía.

El hijo del licenciado venía a estrenarse. Se le notaba en el caminar deliberado. Como todos los que venían a eso, apoyaba con fuerza los pies sobre la tierra para no traicionarse y salir corriendo. Tenía los mismos ojos verdes de los Fornarís, los del padre, y se llamaba como don Luis, el abuelo. Otros tres mozalbetes lo acompañaban. Los vio cuando conversaban, dándose ánimos, para acercarse a su poltrona de paja tejida desde la cual se fumaba un cigarrillo con boquilla. «Saben las reglas. Tienen que venir a saludarme.» Los vio aproximarse echando pecho, plantarse frente a ella, «Buenas noches, doña Isabel». Ella no lo supo

entonces, pero uno de ellos es ahora el Enemigo. Debió ha-
bérselo imaginado. Debió haberse resguardado aquella
noche, tirárselo de carne de cañón a una de sus pupilas
más expertas, para tenerlo bajo mirilla y supervisión. Pero
¿quién se iba a imaginar que alguno de aquellos muchachitos iba a crecer hasta convertirse en su incesante adversario? Se veían tan terneros, temerosos pero apechando,
cada uno con su chaquetón abotonado, sus pelos llenos de
Yardely's Hair Tonic, su Tiparillo en las manos. Pero detrás de la oreja ella les podía oler la leche de la madre. Todavía amamantándolos. Y ellos allí, escapados, venían a po-
sarse precisamente aquella noche a su bar. Precisamente
ellos, precisamente el hijo del licenciado. Por poco se lo
come con sus ojos. «Fornarís» le dijo. «Conozco bien a tu
familia, aunque no frecuenten mi casa.» No le pudo des-
pegar las pupilas del rostro, de su mentón cuadrado, sus
mejillas pecosas y su pelo negrísimo, color azabache. El
muchacho se derretía bajo su mirada, por poco le da un
síncope y para de respirar. Pero ella seguía prendada de sus
facciones. Las mismas quizás que tendría su hijo ahora, si
lo tuviera allí, frente a ella, presentándose.

Por aquellos tiempos se le aparecía en sueños, en medio de un prado de mariposas amarillas, las mismas que
ella había hecho pintar en una de las paredes del Elizabeth's. Ella lo llamaba, desde lejos «Ven, hijo, regresa, no
te me pierdas más». Pero el hijo no hacía caso. Se metía en
la maleza cerrada de las riberas del río. Entonces ella lo seguía desesperada. A cada paso, creía atisbarle un pedazo
de hombro, una pisada, una manga de camisa. Una rama de
algún árbol le nublaba la visión. Las alas de las mariposas
no la dejaban ver. Y entonces entraba en un claro de bosque. Entre la maleza había dos cuerpos tumbados que
olían a legumbres, a algo tibio y aceitoso que sudoraba.
Era ella y era él, el Padre licenciado, refocilándose como
los perros en los matorrales. Ella no quería verlo, no que-

ría, pero allí estaba, otra ella, pero allí, lejos de su hijo que se le volvía a escapar por los matorrales del río Portugués. Quizás más oscuro, más mulato, pero con esas mismas facciones. Así se le aparecía entre sueños. Por eso, cuando vio al joven, no pudo despegarle la mirada. El muchachito no tenía con qué aguantar en peso la almendra profunda de sus ojos, ni la densidad de su sueño. Isabel se le metió con ansia en cada poro de la cara, en cada temblor de la quijada. Los otros tres muchachos empezaron a tirarse de las corbatas, ansiosos. El que ahora es el Enemigo le dijo algo, no recuerda qué. No, aquel muchacho no sabía nada. Isabel cayó en el fondo de sí misma y apareció la otra, la mujer sentada en su trono de paja tejida, que emergía de una nube de humo como una aparición. Tersa piel azul enmarcada en amarillo.

—Pidan lo que quieran muchachos. La primera vuelta va por la casa.

Un año más a lo sumo tendría su hijo, el hijo de su sueño, al que tuvo que dejar perder. Esa pérdida ahora la reclamaba.

El bar está lleno a capacidad. Isabel encendió otro cigarrillo. No le gusta el sabor del tabaco en su boca, pero le sirve el efecto en que la envuelve, una mujer cubierta en la neblina de un humo que de repente desaparece. Su nube se convierte en el escenario de su aparición. Desde allí puede observar. Ver, por ejemplo cómo los muchachos, se sentaron en una mesa apartada. Ninguno se atrevía a moverse, a sacar a las pupilas a bailar. Se limitaban a mirar a la concurrencia, tal vez asustados de que alguien los reconociera; pero su bar estaba lleno de gente importante. Allá al fondo, un senador de la nueva coalición unionista se daba algunos tragos con un juez federal. En la esquina opuesta el representante Merced, del distrito número 4 discutir estrategias de partido con un líder de la Cámara de Comercio. Mae Lin le acababa de abrir la puerta a otros dos personajes de influencia. Y estos muchachitos se escondían en la penumbra como si sus presencias fueran a desatar un cataclismo. Así es siempre con los niños de familias bien. Se creen que todos los están mirando.

Le hizo un gesto a Altagracia para que se les acercara a tomar la orden. «Del Cibao me la traje, el trabajo que dio. Si no fuera por las conexiones de don Jaume...» La recogió de la calle medio muerta de hambre y de parásitos. Ahora la mujer no le suelta ni pie ni pisada. «Yo por usted, doña Isabel, hago lo que sea.» Era otro de sus ojos y oídos del lugar, de sus múltiples antenas. El Elizabeth's Dancing Place estaba lleno de ellas; antenas estratégicas escuchando todo lo que tomaba forma en su salón —transacciones comerciales, convenios políticos, alianzas partidistas—. Ella se enteraba de todo y después «Senador, fíjese que a mis oídos llegó lo del plan de su partido para las mejoras a la plaza. Me gustaría hacer un donativo, claro, en calidad anónima». Lo aprendió en su vida anterior. Había que ganarse los favores de aquellos hombres influyentes que por casualidad llegaban al Elizabeth's. Ella no los buscó, llegaron solos, en caravana, atraídos por lo apartado del bar, por los frescores de la carne y del río. Quería saber lo que hablaban los muchachos, el hijo del licenciado. Que Altagracia les cogiera la orden, los supliera del mejor alcohol, quizás así soltarían las lenguas.

Uno de ellos se paró de la mesa, se abotonó el chaquetón. Se preparaba para la batalla. «Ahora, poco a poco, se irán todos a donde las muchachas.» Se equivocó de cálculo. El hijo del licenciado no podía decidirse. «No te apures, niño, yo lo hago por ti.» Le hizo una señal a Minerva. Era la más hermosa de sus muchachas oriundas de San Antón que tenía entre su recua. La rescató de un tío que la estaba desgraciando. Minerva respondió a la señal y se fue acercando a la mesa donde el solitario paseaba la mirada por las paredes, por los techos, se alisaba el pantalón, tragaba fuerte el humo de su cigarrillo. Minerva avanzó como una gata. Isabel asintió desde su trono. «Así, desfachatada, que no le dé tiempo ni a pensar.» Vio a su niña agacharse hasta la mera altura del oído. La observó musitar una frase, asaltar al muchacho que no se lo esperaba, a aquella mulata firme desbordándose en la punta de su oreja «para qué perder el tiempo en preámbulos», girarse hasta tropezar con su cara, «desde que entraste, no vi a nadie más». Se dejó conducir manso hasta el matadero de los muslos de Minerva. Isabel La Negra, la Señora de San Antón, la Patrona, sonrió satisfecha. El hijo del licenciado mordió el señuelo, porque Minerva tenía un nosequé para enganchar hombres. Una vez la probaban, no podían despegársele del tiento. La pobre muchachita ni cuenta se daba. Pero para eso estaba ella allí, para cerciorarse de que las muchachas les sacaran el mejor partido a sus habilidades. Y la habilidad de Minerva era retener. Eso quería, retener al hijo del licenciado en sus dominios por un tiempo. No tenía idea de por qué, pero se le hacía necesidad.

El sueño de las mariposas. Cada vez se le hacía más frecuente, pero por aquellos meses se despertaba de tenerlo con una voz resonándole en el pecho. Era más bien un barrunto, apenas un resto de algo sonoro que se le instalaba en el pecho. Un maullidito de gato, de animalito nuevo. Se levantaba sabiendo que lo tenía allí, de fondo. Ella sufriendo al verse como las perras, encajada a los pies del licenciado, y su hijo escapándosele entre las malezas y las mariposas. Se levantaba con aquellos fantasmas de sonido encabritándole el respiro. Eran días malos los días del sueño, no lograba orientarse.

Pero allí estaba el otro, la contraparte de su culpa y de su mácula. Allí en el Elizabeth's Dancing Place se encon-

traba Luis Arsenio Fornarís, hijo del licenciado y de aquélla por la cual su vientre fue invertido. Desde su trono de
paja puede ver cómo Minerva se lo llevó por la trastienda hacia los cuartos. A «iniciarlo», a hacerlo hombre. Allá
iba a comenzar con el rito de siempre, a comerse su primera mulata, negra, para después intentar dejarla atrás.
Allá va a que la carne se le parta en dos, su deseo en dos,
lo presiente. Por un lado los afectos verdaderos, por otro
el miedo a lo que su cuerpo le pide. Porque no se sale in-
mune de las camas, eso lo sabe ella ahora. Ella que ahora
es La Escindida, la del mil nombres Isabel, La Negra, la Señora de la Noche, la Patrona, Protectora y Tentación del
Caminante. La que salva y la que pierde, eso es ella. Sentada en su trono de paja, vio al hijo del licenciado perderse
en las penumbras de su casa. Soltó una bocanada espesa
del humo de su boquilla. Si pudiera desaparecer así, entre
los humos. Pero no, su casa la reclamaba. Hasta ella se
acercaban otros dos clientes. Parecían empresarios. Hay
que atenderlos bien. «También saben las reglas», pensó al
verlos acercarse.

—Bienvenidos, señores, al Elizabeth's Dancing Place,
pónganse cómodos. Un placer tenerles en mi casa.

2

El 3 de enero de 1974, a las diez y media de la noche murió frente a su establecimiento Isabel La Negra Luberza. Dos impactos de bala ultimaron su vida, el primero hundiéndose en el omoplato de la Madama, el segundo entrando por el costado derecho y alojándose demasiado cerca del corazón. Las detonaciones alarmaron a todos los que se encontraban en el bar. Era una noche lenta. Manuel Hernández, hijo de crianza de la occisa, entraba por la puerta trasera a devolver una radio de transistores en la que había estado oyendo el juego de pelota de los Leones de Ponce contra los Piratas de Arecibo, once a ocho en la novena, no fue necesario irse a *overtime* para asegurar victoria. Sonaron dos detonaciones y Manuel pensó que serían los titeritos de río Chico, probando los petardos ilegales que habían sobrado de las celebraciones de fin de año. Caminó hacia el bar, preocupado por su madre de crianza, que por undécima vez iba a tener que sobornar al juez de distrito para no tener que presentarse a los tribunales a encarar una nueva acusación de tráfico de ilegales y prostitución. Isabel había ido esa misma tarde a llevarle el transistor y a decirle que ya todo estaba arreglado, que no se preocupara. Ella sabía muy bien cómo jugar el juego; por algo había durado cincuenta años en el negocio que pronto le dejaría como herencia «a ti y a una persona más».

Las últimas semanas se había comportado de una manera extraña, más apartada que de costumbre, encerrándose por horas en su despacho, con la oreja pegada al auricular. Manuel admite que se sintió intrigado por la advertencia anterior y que decidió ir al bar con el pretexto de devolver la radio de transistores para sacarle más información a Isabel acerca de ese otro heredero misterioso. «Parece que presentía algo», declaró a la prensa.

El abogado de la occisa, licenciado Chiro Canggiano, le aconsejó a Manuel Hernández que no contara más. En reportaje televisivo pasó a narrar cómo fue que el susodicho oyó nuevas detonaciones y decidió pasar por la puerta delantera del Elizabeth's Dancing Place para espantar a los muchachos que explotaban los petardos. Entonces encontró a su madre adoptiva en el suelo, tirada en medio de un charco de sangre. Se acercó a socorrerla. Cuando llegó a su lado tuvo tiempo de oírle las últimas palabras. «Hijo, llámalo...» y a Isabel se le acabó el aire en los pulmones. Pero con los labios mudos, sin emitir sonido, siguió hablando. Manuel entendió. En su mano quedó un papelito arrugado en el cual iba escrito un número de teléfono. El abogado volvió a interrumpir.

En la sala de su casa Luis Arsenio Fornarís apagó el televisor. Notó que le temblaba un poco el pulso cuando retiró la mano de los controles y no supo a ciencia cierta si era la edad o la emoción que lo sobrecogió al escuchar la noticia. Isabel Luberza Oppenheimer había muerto. Tenía que regresar a San Antón.

«¿Quién la habrá matado? ¿Quién la habrá mandado a matar?» susurró por lo bajo Arsenio en medio de la carretera, hablando solo en el carro mientras escuchaba por la radio las miles de declaraciones que el público ofrecía sobre Isabel La Negra. Juanito Rosario cantaba pedazos de una plena que le había compuesto a la occisa en el mismo tono en que cantara las novenas a los Reyes Magos que

Isabel le pagaba por trovar en sus famosas fiestas para el barrio de San Antón. Comisionados de la policía la acusaban de pervertidora de menores y tratante de muchachas, muchas de las cuales llegaban con papeles y edades falsas desde Panamá, Curaçao y la República Dominicana. La regia Ruth Fernández declaraba que Isabel Luberza fue su amiga, una de las primeras que la apoyó en su carrera. «Una mujer muy fina, muy dada a los demás.» El reportaje pasaba a nombrar decenas de actos de caridad auspiciados por el bolsillo de La Negra —la remodelación del asilo de ancianos de la archidiócesis del pueblo, un cuarto de millón de dólares donado a la Cruz Roja, la escuela primaria de San Antón—. «¿Quién la habrá mandado a matar?», repitió Luis Arsenio y un escalofrío le recorrió el pecho. Le volvieron a temblar las manos sobre el volante.

Era definitivo. El obispo se negaba admitir que el cadáver de la benefactora fuera velado en los predios de la iglesia. «Su dudosa moralidad» no la dejaba a la misma altura que las damas de bien, que las otras damas que preferían una vida modesta a venderse y vender a otras para obtener lujos y aceptación. Cuando el reportero le pidió declaraciones al obispo acerca de por qué había aceptado los innumerables donativos de la patrona, el prelado evadió contestaciones. Luis Arsenio no pudo evitar una risotada. Tanta vanidad, tanta hipocresía. Alguien debió advertírselo a la pobre Isabel.

El cadáver sería velado en su antigua casa del barrio Bélgica, casona señorial que Isabel se hizo construir por el polaco Necodoma, para admiración y envidia de los ricos del pueblo. Por poco Necodoma pierde su augusta clientela. ¿Cómo se prestaba a poner su talento al servicio de una regentadora de putas? «El fin justifica los medios», había respondido el arquitecto, «y mi fin es revolucionar el diseño en este lugar» se limitó a contestarle a los que se atrevieron a atajarlo. Necodoma hizo bien su trabajo y le propinó a Isabel una casa de la que pudiera enorgullecerse. Allí, en su mansión, la irían a velar. La comitiva saldría para el camposanto a las tres de la tarde en caravana. El entierro en el cementerio municipal sería a las cinco. Luis Arsenio hizo una nota mental.

Llovió la tarde entera del entierro. El cielo se desmadró a las once en punto de la mañana. Después del mediodía el aguacero amainó, convirtiéndose en una llovizna informe que no cesó hasta que Isabel durmiera su último sueño en el seno mismo de la tierra. Con todo y eso, una multitud se dio cita en los predios de la casa del barrio Bélgica. Eran personas de todos los caminos de la vida. Putas niñas y matronas, antiguos clientes que se quedaron debiéndole a Isabel algún favor, representantes de todos los partidos políticos, ancianos y lavanderas, cantantes de poca monta y artistas de renombre internacional. Todos fueron a darle el último adiós a La Negra. La cola para entrar al responso era enorme y enorme la comitiva que esperaba afuera a que empezara el desplazamiento que recorriera el pueblo entero. Bajo paraguas, apertrechando de cuerpos el balcón de la casona, una muchedumbre esperaba silenciosa.

Se presentó a la casa del barrio Bélgica, pero no quiso entrar. Desde afuera localizó a los allegados de Isabel, una china vieja y enlutada que soltaba volutas de humo sobre el féretro mismo de la occisa. La reconoció; no podía ser otra, Mae Lin. Sintió el peso inexorable de la nostalgia. A la derecha de Mae Lin, un hombre joven posaba su mano sobre el hombro de un mulato robusto con cara de niño desamparado. Manuel Hernández, hijo adoptivo. El pueblo entero lo sabía parido por una pupila que Isabel siempre se negó a señalar. Detrás de Manolo, parada, gimoteaba la encargada del bar, una tal Altagracia Ribeira que, según los noticieros, siendo apenas adolescente, Isabel la había ayudado a entrar en Puerto Rico de manera ilegal. Pidió a gritos que la dejaran asistir al entierro, que si querían, después la deportaran.

Luis Arsenio prosiguió su inventario por el salón del velorio. En sobresalto, sus ojos se detuvieron en un doliente. Allí estaba, escabulléndose detrás de la empleada dominicana y ocupando su lugar a la diestra del licenciado Canggiano. No se había puesto su uniforme de teniente retirado. Allí estaba su hermano. De Isabel sólo había heredado el color. Se recordó, cigarrillo en mano, oyéndole al fin la historia entera de su vida, contándole la suya, atando cabos, pudiendo al fin perdonar al padre y a la madre, al pueblo entero. El pecho se le llenó de la tibieza de un alivio.

«¿Quién la habrá matado?» volvió a preguntarse en voz alta, acodado en el dintel de la puerta de la mansión de la difunta. Alrededor se oían rumores de que habían apresado a los dos tipejos que supuestamente le dispararon. En el interrogatorio coincidieron con la versión de que apretaron los gatillos creyendo que el cuerpo que se asomaba era el del guardaespaldas del lugar, con quien la noche antes habían sostenido un altercado. Se rumoreaba también que no, que así no era, que por algo el guardaespaldas los había echado, que aquellos eran traficantes a quienes Isabel no les permitía vender desde su local, porque «tú sabes cómo era ella con eso de las drogas». Pero él se temía otra cosa.

La Negra traficaba secretos. Habrá querido negociar con uno demasiado grande. Y ya tú sabes, le limpiaron el pico.

Pero Isabel tenía conexiones, influencias…

Hasta las influencias se desgastan.

A Luis Arsenio le volvieron a temblar las manos. Se acercó a una señora que en esos momentos encendía un cigarrillo. Le pidió uno.

—Usted es de los Fornarís de aquí del pueblo, ¿verdad?

Luis Arsenio fumó, sonriendo. Le preguntó a la doña cómo lo supo. «La misma cara del abuelo, los mismos ojos…» Una amplia bocanada de nicotina escapó de su pecho.

Salió la comitiva cargando el féretro. La intención original era pasear el cuerpo en carroza fúnebre desde Bélgica a San Antón, de ahí hasta la iglesia del pueblo. Pasar por frente al arzobispado, para dramatizar la afrenta de que al cuerpo de Isabel no lo dejaran entrar a la parroquia que ella misma había ayudado a construir. Pero la multitud quiso cargar el féretro, así que la carroza siguió delante, vacía. Manuel Hernández iba al frente, sin soltar el mango. Mujeres y hombres se acomodaron cerca del ataúd, para socorrer a los penitentes, o tomar el puesto de quien se cansara en el trayecto. Luis Arsenio se fue acercando lentamente, buscando trasponer el espacio más cercano al cuerpo muerto.

Lloviznaba, pero nadie parecía darse cuenta. Ya se iban acercando a San Antón cuando un repique de cueros se sumó a la comitiva. Se cantaron plenas celebratorias a nombre de Isabel. Decenas de pleneros se sumaron tomando turnos para cantar todo el trayecto hasta el pueblo. Dejaron de tocar cuando ya iban bordeando la plaza, acercándose a la iglesia. Entonces Manolo, que no había tomado ni un solo descanso desde que salieron de Bélgica, se dejó caer exhausto por el peso de su madre muerta.

Antes de que las rodillas del hijo adoptivo tocaran el suelo, dos manos fuertes, oscuras, tomaron su lugar. Luis Arsenio se acercó aún más al féretro. Se ofreció para cargar el ataúd justo del otro lado de aquel hombre que tomaba la cabecera de la comitiva y que nadie conocía. Alguno protestó, gritando «Más respeto, la delantera es nada más que para los allegados». Manuel hizo señas para que lo dejaran tomar su lugar. «Es familiar» gritó, «es familiar.» Y se le quebró la voz. Luis Arsenio aprovechó para agarrar el féretro él también. Mientras tanto, la gente miraba al sustituto, sus ojos verdes, su barba cerrada, su mentón cuadrado y se preguntaban quién era aquel, por qué su cara se les hacía tan conocida. Hasta hubo quien lo mirara para después posar su vista en Luis Arsenio y encontrar asombrosos parecidos. Dos brazos firmes, uno blanco y otro negro, cargando el féretro al mismo tiempo.

Luis Arsenio miró a su hermano. Por un momento pensó que de nuevo se le había escapado la pregunta por la muerte de Isabel en voz alta. Pero eran tantos los culpables de aquella muerte. Se concentró de nuevo en su mirada, que dirigió como un dardo hasta que aquel hombre al otro lado del féretro se viró para mirarlo, para abrir los ojos amplios, para reconocerlo. Doblaron la curva hacia el camposanto. Luis Arsenio le dirigió una sonrisa. Pensó que su hermano le devolvía otra en complicidad. Estaba allí en representación, donde a su padre le habría gustado estar; si hubiese amasado suficiente valor. Otras manos vinieron a relevarlos.

Los dos hermanos Fornarís caminaron lento entre las tumbas. La de Isabel La Negra se abría en una esquina del cementerio. Manolo se sentó en la fila de deudos. Roberto, su hermano, también. Luis Arsenio decidió permanecer en pie. No habló ningún sacerdote, ningún representante de la Iglesia. El licenciado Canggiano se ofreció para decir algunas palabras, hablando de falsas moralidades, aprovechando el momento para acusar a quienes usaron a La Negra para después olvidarla en aquel hueco de tierra. «Nunca obtuvo el respeto que se mereció.» Luis Arsenio vio cómo en algunas caras se contrajeron muecas de disgusto, murmullos de «ahora que se muere, la pintan de heroína», de «¿y qué de las que La Negra usó?».

El servicio fue corto y escampaba. La gente comenzó a marcharse. Los pleneros volvieron a sacar sus panderos y a tocarle algunas plenas a Isabel. A la distancia se oía el rumor del viento y de una vellonera que sonaba boleros. La multitud se dispersaba, la gente se iba despidiendo. Hasta hubo quien le presentara condolencias a Manolo, a su hermano y a él.